碎片里的两宋

宋朝

阐史官

Narrator of
Song Dynasty
History

赵大胖 著

民主与建设出版社
·北京·

图书在版编目（CIP）数据

宋朝阐史官 : 碎片里的两宋 / 赵大胖著 . -- 北京 :
民主与建设出版社 , 2023.10

ISBN 978-7-5139-4366-6

Ⅰ . ①宋… Ⅱ . ①赵… Ⅲ . ①中国历史—宋代—通俗
读物 Ⅳ . ① K244.09

中国国家版本馆 CIP 数据核字（2023）第 179265 号

宋朝阐史官 : 碎片里的两宋
SONGCHAO CHANSHIGUAN SUIPIAN LI DE LIANGSONG

著　　者	赵大胖
责任编辑	程　旭　刘　芳
封面设计	东合社·安宁
出版发行	民主与建设出版社有限责任公司
电　　话	（010）59417747　59419778
社　　址	北京市海淀区西三环中路 10 号望海楼 E 座 7 层
邮　　编	100142
印　　刷	北京天恒嘉业印刷有限公司
版　　次	2023 年 10 月第 1 版
印　　次	2023 年 12 月第 1 次印刷
开　　本	710 毫米 ×960 毫米　　　　1/16
印　　张	19
字　　数	205 千字
书　　号	ISBN 978-7-5139-4366-6
定　　价	65.00 元

注 : 如有印、装质量问题，请与出版社联系。

前言

我小时候曾经打碎过镜子，低头整理的时候发现，地面上散落的碎片里，每一片都映出一个并不完整的自己。我知道，尽管每一块碎片里各有各的映像，但把它们拼凑到一起，就能成为一个完整的"我"。

在我看来，研究历史也如是。

我们需要一条完整的时间脉络，来告诉更多人这片土地上曾经发生过什么惊心动魄的大事；我们需要一位重要人物完整的传记，来隔着时空了解这是怎样一个可歌可泣的人；我们需要一个清晰的事件因果，来思考那些影响历史发展的重要决定……但是我觉得，我们同样需要去了解一些历史上看上去微不足道的小细节、小人物。他们虽然细小，但是依然是构成这段历史的一部分；他们也许不足以影响历史的进程，但是我们能通过他们了解历史。

因为我坚信一点：什么样的土壤，就能孕育出什么样的人和事。同理，我们也能够从那些细小的人和事里去尝试着了解，当时的社会存在着怎样的一片土壤。这与大开大合、波澜壮阔的历史洪流不一样，但是同样很有意义。

这本书里的宋史小故事，都是我这些年读书的时候看到的一些不大但是我认为很有意义的小细节。我努力地把它们写了出来，每一篇都不长，都能独立成篇。篇幅很碎片化，主题很碎片化，阅读的时间也可以很碎片化。它不用像看长篇传记一样需要一个记忆上的连贯性，也不用像看主题专著一样需要一个时间的连续性，我希望读者拿到它的时候，可以利用自己的碎片时间随看随停。

我们经常说历史是一面镜子，现在，我就想把这些被有意无意打碎的片段呈现出来，让大家自己到里面去拼凑历史的映像。也许每个人拼出来的映像都不同，但是我想，帝王将相、士农工商、渔樵耕读……将他们拼到一起，这才是历史缤纷璀璨的真实面目。

谢谢你们的阅读。

读宋史的赵大胖

2023年3月23日

目录

第一章　皇家

第二章　名流

第三章　案件

第四章　冷门

皇　家

屡教不改的驸马爷

众所周知，我的主业是读宋史。一般来说，我用这样的话作为开头，就是要单纯地讲一个宋代的历史小故事。

宋仁宗没有儿子，于是将皇位传给了自己的堂侄、濮王赵允让的儿子赵曙（世系为赵光义—赵元份—赵允让—赵曙）。

赵允让是一个特别能生孩子的人，他一共生了至少二十五个儿子以及十八个女儿，宋英宗是他的第十三个儿子。宋英宗虽然不到三十五岁就英年早逝，但是也继承了父亲的这个特质，在有限的时间内生下了四儿四女。

今天，我们要聊的是他的第二个女儿，宝安公主。

宝安公主比大哥神宗赵顼小三岁，从小就知书达理，为人和善，在宫里的口碑相当之好。神宗登基以后，就做主把这心爱的妹妹嫁给了一个进士王诜。

在神宗看来，王诜这个孩子是挺不错的，名门之后，是太祖朝的开国名将王全斌的后人，而且浑身散发着浓厚的"艺术细菌"：书法、绘画、诗词都是一把好手，身边的朋友都是苏东坡、黄庭坚、米芾这样的名流。

据《宋史·公主传》记载，宝安公主嫁给王诜之后，说实话那是相当贤惠了，对这个艺术家驸马爷恭恭敬敬，一点都没有皇家的傲气。

王诜的父亲早逝，母亲卢氏寡居，宝安公主专门把婆婆搬到自己家附近，每天派专人给她送饭送菜。卢氏生病了，宝安公主还亲自调和药汤给她送过去。

宋代对于公主下嫁是非常讲究的，为了体现皇家的尊崇感，宋真宗嫁四妹的时候就规定了，公主嫁过去之后辈分自动升一辈，这个规矩一直执行了六十多年，直到神宗登基之后才废除。

尽管宝安公主嫁过去的时候，这个规矩已经废除了两年多了，但是公主的尊崇地位还是相当受重视的，她能够亲力亲为到这种程度，一方面是从小接受的教育还不错，另一方面也是她对驸马爷王诜的真爱。

但是如同所有对待感情不认真的男人一样，老婆越爱他，他就越放肆。

王诜此人本来是有政治抱负的，但是因为宋代为了提防外戚干政，不让驸马参与具体的事务。王诜觉得自己满腔才华无处施展，文艺爱好也无法耗尽他的精力，于是就开始四处寻欢，频频纳妾，并且对宝安公主的态度相当之恶劣，动不动就恶言相向。

天下没有不透风的墙，神宗很快就有所耳闻，但是宝安公主选择了忍让，神宗和高太后每次询问的时候，她都不说实话，只说自己过得很幸福，搞得神宗也不好对王诜下手。

直到元丰二年（1079年）苏东坡的乌台诗案，王诜因为给苏东坡传递重要涉案信息被牵连的时候，神宗才抓住机会将他象征性地处分了一下，以"结交苏东坡、不配合调查"和"对待公主不礼貌、宠妾压妻"两大罪状，将他的职务全部罢免，只保留驸马爷的待遇，留在开封的家中反省。

这个处分听上去很严厉，但是对王诜根本没什么伤害。原本他的职务都是无权的，而且他背靠神宗宠爱的妹妹也不缺钱，基本上就算是在开封优哉游哉继续享受生活，散发自己的"艺术细菌"。

宝安公主跟王诜生过一个儿子，三岁就夭折了，此后公主身体一天不如一天，也没有再育。到了元丰三年（1080年），公主的疾病越发严重。

元丰三年四月，公主已经到了病入膏肓的地步，神宗问她有什么愿望，公主还在为驸马求情，希望神宗恢复王诜的官职，神宗只能照办。

到了五月，在宝安公主弥留之际，高太后和神宗先后去探病，说到遗愿的时候，宝安公主都只是感谢神宗给王诜复官，别无他言，可见她对这个驸马爷的爱情之深。

宝安公主去世以后，王诜越发乖张，有人终于看不下去了。

这人就是公主的奶妈。

奶妈向神宗告状，说公主病重期间，被罢官的王诜在家肆无忌惮，甚至当着病床上的公主的面跟小妾寻欢作乐，小妾还多次对公主出言不逊，希望她早死。

神宗大怒，看来王诜屡教不改都是因为此前对他的处罚太轻了，没有伤筋动骨，导致他以为自己犯的事是小事。

神宗的处罚很快就下来了：办完宝安公主的葬礼之后，王诜被发配至均州（今湖北丹江口），王诜的八个小妾受杖刑之后被送军营当营妓。

当然，神宗也没对王诜斩尽杀绝，还是给他留了一条活路。

到了哲宗年间，王诜回到了开封，又办了一件大家熟悉的大事——给当时还是端王的徽宗，推荐了一个蹴鞠高手，高俅。

看来还是惩罚得不够狠。

宋代猖獗的人贩子

宋人洪迈编撰的《夷坚志》里记载了这样一个离奇的故事。北宋宣和六年（1124年）正月十五日，京城开封内城宣德门一带张灯结彩，按照惯例准备大庆元宵节。街边耍杂技的、卖小吃的、变戏法的、弹琴唱戏的鳞鳞相切，乐声嘈杂十余里。至于那些皇亲贵胄、宠臣大将之家，为了游玩方便，更是在自家门外就近搭建棚廊，里面布置各种彩灯、杂耍，自己欣赏的同时，也提供给开封市民参观游玩，图一个"与民同乐"。

然而，就是这个彩灯棚廊，引发了当时轰动一时的王爷女儿被劫案。

有一个宗室王爷，也就是跟皇帝血缘很亲的赵姓王爷，家住在开封的城东。

王爷家里有一个女儿，小名叫真珠，十七八岁还没嫁人，生得非常漂亮，而且平时衣着华贵，妆发秀丽，很是讨人喜欢。

王爷有一个姻亲，也是开封的大家族，住在城西。正月十五日傍晚，姻亲派了一个下人来王爷家里，说自己家里的棚廊布置得非常不错，邀请真珠去观赏。

真珠是一个喜欢玩耍的姑娘，一听说有人邀请，再加上对方也算得上是亲戚，于是就开开心心答应了。亲戚家里的下人就说："既然小姐去，我们就去准备轿子来接。"

没过多久，一顶轿子从西边过来停在了王府的大门口，真珠开开心心上轿走了。真珠走后，王爷还在家里开开心心地吃晚饭，刚吃完没多久，姻亲家里的这个下人领着一顶轿子过来接真珠了。

王爷大惊失色地说："不是已经被你接走了吗？"

下人回答："没有啊，我就是老爷派来接人的，我之前没有任何人来啊！"

王爷赶紧派人跟着下人一起到姻亲家里去找，果然没找到，这才意识到自己的女儿已经被奸人拐走，赶紧去开封府报案。

开封府一听是王爷家的女儿，也非常重视，派人到处寻找。王爷家也悬赏二百万钱征集女儿的线索，但是非常遗憾，始终找不到女儿。一直到一年多以后的宣和七年（1125年）三月，开封的市民出城去春游的时候，在野外发现了一顶轿子，里面有女人的哭声。热心市民隔着窗户一问，对方说自己就是真珠，这才通知王府把她接了回去。

回到家中的真珠头发散乱、面无妆粉，一副非常落魄的样子，见着父母之后扑地大哭，哭了好久才开始慢慢地倒出了这一年多的悲惨遭遇。

原来当天姻亲家的下人跟王府下人约定用轿子来接的时候，被门外的人贩子听见了，他们于是抓紧时间准备了一顶轿子，打了一个时间差，抢先把真珠给接走了。真珠上轿之后，人贩子快速将她抬进了一个昏暗的小巷子，然后把她送到一个破旧的神堂，一群人假冒神仙鬼卒，以她"玷污灵宇"为由，将她扒去衣衫施以杖刑，足足打了二十杖，打得真珠昏死过去，然后送到一个密室里面疗伤。

真珠在密室里被藏了一个多月才渐渐康复，一方面不见天日心生恐惧，另一方面被神仙鬼卒给吓住了，只能乖乖听话，让说什么就说什么，让干什么就干什么。等伤刚好能够起身的时候，真珠就被人贩子强奸，然后被卖给了开封周边的一个富人家里做妾。

年轻貌美的真珠很快就颇得富人的宠爱，这就引起了其他小妾的嫉妒。某一天小妾们一起洗澡的时候，发现了真珠背上的伤疤，于是就给富人告状说："真珠背上的伤疤是杖刑，一定是以前跟人通奸被罚的，这种品行不端的女人，老爷你为什么那么宠她？"

富人将信将疑，就把真珠叫过来仔细盘问。真珠无奈，这才不得已说出了自己的身份。

富人一听，大惊失色，想不到自己身上担着这么大的一个干系。而且他也是一个有点见识的人，他也意识到，真珠作为一个近宗王爷的女儿，即便是犯错了也应该由宗正司来处理，绝不会轮到官府来处罚。至于什么神仙鬼卒，不是真珠说谎了就是人贩子说谎了，反正里面的关系复杂得很。

于是，他当机立断做了一个决定：把真珠退给人贩子，当初买人的钱也不要了，保命要紧。

人贩子接到真珠以后，也觉得是一个烫手山芋不敢再卖一次，加上此前卖她的收入也相当不菲，干脆就找了一个轿子将她装起来趁夜将她放回开封城外，这才让真珠捡回了一条命。

这起轰动京城的王爷女儿被拐案到此就结束了，很快北宋王朝就迎来了一场大惨剧，也没什么时间和精力来穷追猛治这些人贩子了。

最后说一句，这件事的可信度还是蛮高的，这是宋太祖和宋太宗的弟弟赵廷美的七世孙赵彦端给洪皓的儿子洪迈亲口讲述的，宗族说宗族，按理不会抹黑虚构，毕竟是自己家的事。

一个十分入戏的假"赵家人"

南宋绍兴九年（1139年）正月，宋金和谈，金国把河南、陕西这一片地方归还了赵构。对南宋政权来说，这是一个非常好的消息，尤其是三京尽复：东京开封是国家根本所在，收回来之后才谈得上恢复中原；西京洛阳紧挨着巩义皇陵，收回西京可以修复祖宗墓地；南京商丘既是太祖龙兴之地，也是高宗登基之所，纪念意义尤其重大。除了北京大名府，北宋的京城都算是回到了赵构的手里。

《三朝北盟会编》记载，赵构一开心，就下了一道诏书：寻找靖康、建炎年间因为战乱逃亡的宗室，欢迎赵家人自投简历，一经核实，到杭州来，定有荣华富贵。

诏书传达下来之后，安徽宿州砀山县（当时属于单州）一个染坊老板宋从，人在家中坐，祸从天上来。他十七岁的儿子遇僧突然找到他谈话，说："老宋，告诉你一个振奋人心的消息，我是少帝的儿子。从今往后，你按照我说的做，保你荣华富贵一辈子。"

少帝，指的就是宋徽宗的儿子、赵构的大哥，宋钦宗赵桓。

宋从心里有点吃不准，因为这个儿子不是他亲生的。靖康事变之后，他趁着闲暇时间去商丘地界卖枣，在刘婆（《宋史·宗室传》里写作留婆）家里发现一个小孩，名叫刘遇僧，长得很是清秀可爱，特别有眼缘。

宋从本来没有儿子，正巧刘婆也不想继续养，于是宋从就拿枣子从刘婆手里把这个孩子换走了，带回砀山家里养着，改名为宋遇僧。

砀山当时是金人的地盘，有在京城打过仗的金兵在宋从家里看到了宋遇僧，眼前一亮，说："咦，这孩子长得像赵桓啊。"父子俩不以为意，当成一个笑话听。但是没过多久，开封一个猪贩子张四来砀山做生意，也看到了宋遇僧，又感叹了一句："这孩子跟赵桓长得一模一样啊！"

说者无心，听者有意，宋遇僧心里开始打起了算盘。此后，每次看戏的时候他都特别用心，把戏里凡是涉及皇宫的知识都牢牢记住。

机会总是降临给有准备的人，赵构寻访宗室的诏书下来之后，宋遇僧马上就开始将自己的准备付诸行动。

宋从虽然知道这个孩子是自己用枣子换来的，但是还真是拿不准这孩子的真实身份。既然孩子这么说，而且还有一辈子的荣华富贵，不如博一博。

于是，宋从开开心心就把这件事给知县汇报了。知县也想不到寻找宗室能够寻找到这么尊贵的人物，首先要做的当然是辨别真伪。

一个小小的知县是肯定没这个能力的，他找了手下的监酒，老石。

为什么找到老石呢？因为老石的身份也很厉害，他的亲哥哥叫石端礼，是当今陛下的伯父、哲宗皇帝的驸马。老石虽然没进过皇宫，但是多多少少从石端礼这里听说过皇宫的事情，总比他一个什么都不知道的知县要好很多。

老石于是恭恭敬敬地找宋遇僧聊天，其实就是对质。

说到宫里的事情，宋遇僧对答如流，老石自己也没进过皇宫，只能凭想象判断。但是宋遇僧扔出了一张王牌，把老石炸蒙了："遥想我当年在宫里的时候，亲眼看见我两个小叔叔坐在爷爷的怀里玩儿。对了，我爷爷的腋下有一个黑疣子，他最喜欢用手去捏疣子玩，你听说过吗？"

老石顿时无言以对，他的身份和履历，当然不可能知道这么隐秘的事情，只能换个话题，问宋遇僧是怎么流落到砀山来的。

宋遇僧说："开封城破的时候，我爹派黄院子（杂役）张全夫妇背着我逃出城，逃到了夏邑县。遇到一个贪财的刘统领，看上了张全夫妇身上的玉钩，于是就杀了他们两口子。我一看情势不对，找了个机会逃到了砀山，多亏了开染坊的宋从收留了我。"

砀山距离夏邑也就几十里路，老石一看，这事好办了，去夏邑找刘统领问一下就真相大白了。

一问刘统领，这事儿居然是真的，刘统领连杀了张全两口子这样的罪行都承认了。看来，宋遇僧的身份，越来越真了。

老石不知道的是，宋遇僧是一个很谨慎的人，在表明身份之前，他已经先去夏邑找刘统领对好了口供。

他是这样给刘统领说的："我是少帝的儿子，你把我给你说的话记熟，到时候有人来问你，你就按这个回答。"

刘统领听完就炸了："不对啊，你让我承认杀人，这是掉脑袋的事情，我不干。"

宋遇僧说："你要是不答应，我就把你这些年作奸犯科的事情全部抖出来，看你怕不怕！"

刘统领说："你说我作奸犯科我是个死，说我杀人我也是个死，我凭什么要听你的？"

宋遇僧说："你是不是傻？我是少帝的儿子，我要保你一命，那不是顺手的事情？"

刘统领终于被说服了，于是成了宋遇僧手里最扎实的一枚棋子。

砀山知县相信了，于是就汇报给自己的上级单州知州叶夏卿，叶夏卿不敢怠慢，赶紧派船往杭州送。

宋遇僧也是一个高调的人，除了自己去，还带了一群平常关系好的无赖泼皮，以及单州、徐州一带的富家子弟，一路吃喝玩乐着往杭州进发。

走到泗州的时候，知州王伯路采用高规格进行了接待，然后他手下的司法参军孙守信看着这帮货色，越看越怀疑，于是就跟王伯路说："老王，这事儿有点不靠谱，你还是先不要往杭州送了，你好吃好喝把他们扔这儿供养着，然后派人去杭州问问清楚了再做打算，万一弄错了，你输不起。"

王伯路也是一个听得进话的人，立刻同意了孙守信的建议，派人去杭州汇报。

很快，杭州的回信来了："各种档案都查遍了，渊圣皇帝（即赵桓）并无第二子。”

王伯路一听，感叹孙守信看人真准，于是将宋遇僧以及那帮想要谋个富贵的泼皮无赖全部下狱。

谁知道宋遇僧等人在泗州的这段时间一点都不低调，这一来，全城都知道陛下的侄儿被下狱了，人情恟恟。

当天晚上，监狱上空出现了红光，大家更是深信不疑，排着长队去监狱里给宋遇僧一行人送酒饭。

这个阵势吓坏了负责审理此案的孙守信，他也不敢过分为难宋遇僧，通过宋从到商丘去找到了孩子的家人刘婆，总算是弄明白了事情的真相，最后给这个假冒钦宗儿子的十七岁孩子的量刑是：脊杖二十，刺配琼州。

因为宋遇僧的名气太响，负责刺字的人不敢下狠手，刺的字又浅又小。负责行刑的李俊也不敢用力打，棍子只是轻轻拂过宋遇僧的后背而已，一点伤痕都没留下。

结果，"挨棍子不受伤"也成了宋遇僧的特异功能，市井百姓认为他是奇人一个，称之为"赵麻胡"，意思是"赵半仙"。

宋遇僧在被发配到琼州的路上，依然有很高的名望。他经过滁州的时候，正巧滁州城里失火，城里人纷纷传言，赵麻胡经过的地方，都有大火跟随，说不定真是皇侄（按照五行之说，大宋是火德，又称火宋）。

经过来安县兴国寺的时候，他还在墙上题了一首诗，感慨自己的身世，显然是入戏太深："三千里地孤寒客，十七年前富贵家。泛海玉龙惊雪浪，权藏头角混泥沙。"

单从这首诗来看，他还颇有几分文采。

最后补充一点背景资料：钦宗长子名叫赵谌（chén），被封为太子，如果没有靖康之变，他今后登基的话，将是大宋第一个嫡长子嫡长孙皇帝，徽宗非常喜欢他。钦宗确实生有老二，名叫赵训，但是是钦宗被抓到北方以后才出生的。

让官民苦不堪言的皇室腐败毒瘤

北宋太宗雍熙元年（984年）正月，宋太祖赵匡胤、宋太宗赵光义的弟弟赵廷美在房州（今湖北房县）病逝，年仅三十八岁。赵廷美是因为谋反被贬到房州的，关于他谋反的真实性，史书上众说纷纭，但是他的死，最大的受益人就是他的哥哥赵光义。

因为到此为止，赵光义可以名正言顺地撕毁所谓的"金匮之盟"，把皇位传给自己的儿子，而不是自己的弟弟或者侄儿了。

十多年以后，到了太宗至道元年（995年），赵光义眼看着赵廷美的儿子们都还算听话，终于下了一个赦令，赵廷美在开封的儿子们才有机会学习和就业，重新走上皇家生活的正轨。

真宗即位之后，觉得自己的皇位已经稳当了，也不再担心帝位继承的合法性问题，开始为赵廷美恢复名誉，到了咸平二年（999年）闰三月，下诏将赵廷美改葬到距离巩义皇家陵园两百多里以外的汝州梁县新丰乡（这个地名今已不存，据考古发掘，基本确定为今汝州市陵头镇陵头村）。

赵廷美死的时候虽然只有三十八岁，但是在生儿子这件事情上"傲视群兄"，一共生下了十个儿子。等到赵廷美恢复名誉的时候，他的后代也已经枝繁叶茂，成了一个庞大的家族，并且在朝廷中有着相当大的势力。

所以，这个家族就把新丰乡赵廷美的墓地当成了自己的家族坟墓所在地，赵廷美的后代不管在哪儿死了，都要运到这里去埋葬。久而久之，这里就变成了一个很大很气派的坟场。据《宋史·吴育传》记载，每年的清明节，留在开封的宗室都要派人去先人的陵墓祭奠，赵廷美的后人当然也不例外。

这帮人仗着天高皇帝远，在汝州作威作福，渐渐变成了让当地官民无法忍受的一颗毒瘤。第一，在这里负责陵墓安全、维护的人员，在当地飞扬跋扈，长期跟州县两级官吏发生纠纷，而且朝中有人打起官司来从来没输过，称得上"汝州必胜客"。第二，每逢清明、忌日等需要上坟的时候，从开封来的皇家子弟一路要钱要人要物资，汝州所辖的五个县，全部成为勒索对象，不但找政府要，还要找当地的百姓要，官民苦不堪言。第三，这些人来上坟的时候，浩浩荡荡，驾车牵狗，从来不管农田里有什么庄稼，一路蹚着过去毫不留情，基本没有人敢管，百姓也只是敢怒不敢言。

到了仁宗朝的时候，汝州官民每逢新年以后就战战兢兢，害怕一年一度的赵廷美子孙上坟仪式。

但是偏偏汝州辖区内的襄城知县吴育，不信这个邪，他一定要跟这帮人死磕到底，坚决不认怂。这个在赵廷美后人眼里芝麻大小的一个官，给朝廷上疏，痛陈这帮人的腐败恶行，然后提出了一个非常具有可行性的方案：你们来上坟我可以理解，你们沿途需要的物资钱粮我们也能提供，毕竟你们是赵家后代。但是，请你们出发之前下发一个计划书，需要多少人员随从、需要多少猪羊等祭品、需要当地官员准备什么接待，你们全部在计划书里给我列好，我照单执行。这个计划书下发以后，凡是有超出预算的，对不起，我绝不提供。如果你们不通过官方途径想要私下找老百姓索要，那我就跟你们死磕到底，看谁怕谁，大不了到开封去找仁宗皇帝评理去。

赵廷美的后人没想到一个知县这么硬，一边生气一边看不起他，决定挑战一下他的权威。他们经过襄城县的时候，故意大半夜去砸县衙的大门，声称自己的牛死了，要吴育送几头牛过来供他们驾车用，看吴育到底敢不敢不给赵家后代面子。

结果让人大吃一惊，吴育直接回答了一句："下班了，有事明天拿着计划书来办公室找我。"愣是连门都没开。

经此一试探，赵廷美后人才知道这个小小的知县玩真的，一点面子也不给，今天敢不开门，明天就真的敢去开封告御状。他们家虽然是赵家人，但是毕竟不是赵光义的后人，祖上也是受过处分的，也不太好意思闹到皇帝那里去，想了一下决定认尿，在襄城县乖乖听话，去祸害另外四个县。

吴育的这个操作，给襄城县留下了两个成果：第一，襄城县在这件事情上的接待费用节省了一半，给百姓减轻了很大的负担；第二，赵廷美的后人进入襄城县境内后，都相互戒约，要求大家管好自己的车辆和猎犬，不要损害了庄稼，免得吴育去开封告状。

就这样，困扰襄城县多年的一个皇家清明祭奠腐败毒瘤，被一个小小的知县给搞定了，也不知道其他四个苦不堪言的知县是怎么想的。

难得的是，吴育并没有受到打击报复，到了仁宗庆历五年（1045年）四月还被提拔为参知政事，算是走上了自己仕途的巅峰。

宋徽宗最荒唐的一次醉酒

北宋的皇帝里面，最不靠谱的恐怕就是宋徽宗了。这人擅长写诗、填词、画画、写字，酒品又好，说话也好听，即便是搁到现在，随便在哪个城市，都能成为交际达人。

事实上，宋徽宗在经过了即位之初的崇宁、大观之后，到了政和年间，就已经开始把自己的重心转向了玩乐方向，谋求自己在行为艺术方面的更高发展。

具体的操作是这样的：

宋徽宗宠幸的大臣先组一个酒局，名为"行幸局"，布置好了之后，徽宗就在宦官的簇拥下，乘着小轿子，借着夜幕的掩护溜出皇宫，喝得烂醉。第二天一早，能上朝就上朝，不能上朝就让宦官传旨，说陛下皮肤病发作，让群臣自己办公。

徽宗一直采用这样的操作方式，瞒了大臣们很久。那段时间，大家伙发现徽宗动不动就要皮肤病发作，都准备弹劾御医了，然后这件事情就露馅儿了。

导致露馅儿的人是宰相蔡京。

《宋史·曹辅传》中说，蔡京不知道是想炫耀，还是没留神，在一封谢表里写了八个字："轻车小辇，七赐临幸。"意思很明白，徽宗微服私访，至少七次悄悄到蔡京家里去玩儿。

谢表是公开文件，是要拿出来给大家传阅的。群臣一看，光是蔡京家就去了七次，更不用说其他宠臣了，这还得了！

于是就有不怕死的言官上疏批评徽宗，让他端庄一点。

徽宗已经"玩嗨"了，他的应对措施也是八个字：不听不听，王八念经。虽然并没有处理言官，但是依然故我。不过，徽宗还是有一条底线：即便是出去喝酒，也不能让群臣知道。

这条底线，跟职业道德无关，跟他的政权安稳有关。稍微有点分析能力的人都知道，假如有臣子（尤其是武将）知道他不在宫里，趁机发动一次宫廷政变，他失去的恐怕就不仅仅是工作岗位了，脑袋能不能保住都难说。

但是，据《三朝北盟会编》记载，还是有一次，徽宗把事情闹大了。

那是宣和年间，他当时最宠幸的大臣王黼拜相之后的事儿。

王黼这人，形象气质还算过得去，史书上说他"面洁白若美妇人，而目睛须发尽金黄，且豺声"。我斗胆翻译一下，王黼就是一个头发金黄、有着黄色美瞳、操着一口烟熏嗓的伪娘小鲜肉——可能正好符合徽宗的审美，再加上有一定的艺术修养和文学修养，深得徽宗的青睐。

王黼拜相之后，徽宗就赐了他一个城西的大宅子。

宣和五年（1123年）八月，借着朝廷收复了燕山地区的喜讯，王黼跟徽宗说："我家的屏风生了两朵灵芝，一朵像虬龙，一朵像祥云，这是天下的祥瑞，陛下你要不要来欣赏一下？"

徽宗正巧酒瘾犯了，一大早就轻车熟路地到了王黼家，再加上梁师成、谭稹两个大宦官一起，喝得大醉。这一醉就醉得有点严重，直到下午都还不省人事。

当天可能正巧是朝会的日子，百官在宫门外聚集，等着上朝奏事。

王黼膨胀了，他不知道是要展示自己跟皇帝的亲密程度，还是自己也喝醉失去理智了，竟然私自传旨，告诉大家陛下喝醉了，今天不能上朝，让百官和侍卫解散。

消息一出，大家惊恐万分。

徽宗不上朝的案例很多，但是这种由某一个大臣出来通知，并且明确表示徽宗在他家里喝醉了的情况，实在是太离谱了。且不说担心皇帝的安全，百官都是读过书的，挟天子以令诸侯的事儿人人都知道，王黼现在可以传旨让大家今天不上朝，明天就能传旨解除某人的职务，甚至废掉太子、杀掉重臣。后果简直不堪设想。

于是，从侍卫到百官，大家齐刷刷地聚集到了王黼的门前，强烈要求见皇帝一面，第一确定皇帝在王黼家里，第二确定皇帝能够独立自主。王黼当然不愿意让醉醺醺的皇帝出来见人，于是双方僵持不下，甚至闹到了快要撕破脸的地步。

实在没办法的时候，还是王黼妥协了。

于是，徽宗在梁师成和谭稹的搀扶下走了出来，跟大家见了一面。但是徽宗的状态已经非常不好了，不但站不稳，连语言功能都已经暂时丧失（上醉不得语矣）。

见了徽宗之后，守在门外的百官和侍卫才勉强相信，徽宗确实活着，只是喝醉了而已，于是散去。徽宗回到王黼的家里继续睡觉，一直睡到凌晨才稍微清醒一点，在十多个宦官的接引下，从暗道回到了皇宫——《水浒传》里说宋徽宗临幸李师师走的地道，是有历史依据的。

当天晚上，所有在开封值班的禁军全部进入紧急状态，都在校场上集合，防备意外情况的发生。

徽宗这场酒醉得如此之厉害，第二天白天都没能上朝，直到午后酒醒，能够正常跟人交流，手下们才开始安心。

史书上是这么评价宋徽宗这次荒唐之举的：祖宗以来，临幸未之有也。也就是说，大宋建立以来，这么不靠谱的皇帝，徽宗算是头一份了。

他不亡国，真的是天理难容。

宋仁宗的"不仁之举"

如果不算三国时刘禅被追封的那个名不正言不顺的庙号的话，北宋的第四任皇帝、真宗的儿子宋仁宗赵祯，是中国历史上第一位以"仁宗"为庙号的皇帝。而赵祯的为人处世，也确实当得起这个"仁"字。他对大臣仁慈，对盟友仁慈，对宫女仁慈，对内侍仁慈，有时候甚至到了"看上去挺假"的地步。

比如说他有一次吃饭的时候，吃到了一颗石子，把牙齿硌坏了。他的第一反应是赶紧跟身边伺候他的宫女说："千万别出去声张，否则厨师要挨罚了。"

但是，就这么一个宅心仁厚的善人，对谁都好，唯独对自己的皇后不好。

仁宗的第一任皇后是平卢节度使郭崇的孙女，于天圣二年（1024年）被立为皇后。不过，她被立为皇后，并不是因为仁宗喜欢，而是因为仁宗的养母、当时权倾朝野的章献太后刘娥喜欢。

这段感情从一开始就有点强扭的瓜不甜的味道，而且郭皇后自己的情商也不是太高，脑海里从来没想过"太后有很大概率是要比我们先死的，她死了我就没后台了"，所以对待仁宗的性生活有点苛刻，不让他跟其他的嫔妃接触。这让正值青春期的仁宗非常苦恼，憋了一肚子的火。

明道二年（1033年），刘太后病逝，失去了后台的郭皇后果然被仁宗收拾了，成为北宋第一个被废的皇后。

这件事情的导火索，是宋仁宗跟尚美人嬉戏的时候，郭皇后赶过来试图像刘太后还在的时候那样抓奸，但是她错误地估计了形势，反而被尚美人当着仁宗的面痛损了一顿。郭皇后一怒之下伸手就给了尚美人一个耳光，谁知道这时候仁宗偏要冲上来英雄救美，结果这一巴掌就把仁宗的脖子给挠了一道血印。

仁宗把这十一年来刘娥对他身世的欺骗、对朝政的把持、对郭皇后的力挺以及郭皇后对自己性生活的控制的反抗，全部在这一件事情上发泄了出来。他竟然当着群臣的面把脖子上的血印子亮出来，以此控诉郭皇后的飞扬跋扈、不守妇道，证明自己废后的正确性。

景祐元年（1034年）年初，仁宗不顾范仲淹、孔道辅、孙祖德等人的强烈反对，终于把郭皇后废掉，送到了道观里软禁着。

按道理说，仁宗废掉了郭皇后之后，就该放飞自我了。但是他这时候又开始想起郭皇后的好了，开始"撩"人家。

撩的方式简直是花样百出、可萌可贱。

他先是给郭皇后写了一首情诗，含含糊糊表达了自己的思念之情和后悔之心。郭皇后修道的日子也不是特别舒坦，看见仁宗来撩，也温情脉脉地回了一首诗。仁宗一看这事儿有可行性，于是胆子就大了一些，派人跟郭皇后说："要不，你晚上过来陪我？"

郭皇后跟了刘娥那么多年，也是个硬气的人，据《宋史·后妃传》记载，她当时直不愣登地回了一句："想召我侍寝，当着百官的面重新把我册封为皇后，我就回来。"（若再召见者，须百官立班受册方可）

仁宗一看，挽回的方式代价太大，终于也就放弃了。

一年之后的年底，郭皇后生病，仁宗派了宦官阎文应带着御医去给她看病。阎文应是郭皇后的仇家，当初废后就是他撺掇的，朝廷内外都怀疑阎文应要使坏。

果不其然，阎文应去探视了郭皇后之后没几天，郭皇后就病逝了。在所有人都在怀疑阎文应下毒的时候，仁宗采取了"不听信、不追究"的原则，只是追复了郭皇后的名号，给了她一个皇后的待遇——安葬待遇。

现在我们回过头来说说，为什么郭皇后要求仁宗重新册封她为皇后的时候，仁宗放弃了。因为这时候，仁宗又有了皇后了。

这个皇后姓曹，是开国大将曹彬的孙女。但是非常遗憾的是，这个姑娘依然不是仁宗自己选的。

仁宗废掉郭皇后之后，就有点飘飘然，太后和皇后都没有了，自觉没人管得住他，于是就选了一个开封富豪陈子城的女儿，准备封为皇后。

这次站出来反对的是他手下的官员们，大家费了好大的力气才让仁宗收回了这个想法，在另一个养母杨太后的指令下，娶了门当户对的曹皇后。

第二次强扭的瓜，也是不怎么甜的。

仁宗和曹皇后的感情也不见得那么好，而且曹皇后的相貌也不是很出众的样子，于是仁宗又开始上演"宠幸美人、冷落皇后"的戏码，迷恋上了漂亮的张贵妃。

在仁宗的支持下，张贵妃不但在言语上处处对曹皇后不敬，甚至在日常用品的使用上也处处僭越，以皇后自居。

庆历八年（1048年），仁宗在曹皇后宫中过夜的时候，正巧碰上了侍卫作乱，作乱者都已经开始来砸寝宫大门了。仁宗手忙脚乱不知所措，得亏曹皇后将门虎女指挥若定，一面叫人守住门窗、稳固防守，一面安排人护驾，作乱的侍卫愣是没能攻破寝宫大门，只能乘夜逃窜。

曹皇后更厉害的在后面。从小就听惯了兵法的她，立刻判断出来叛乱侍卫的下一步行动是放火，当机立断安排人手拎着水桶去追。果然，对方一放火，追踪的士兵就一桶水泼过去，将一场本来要引起严重后果的叛乱干脆利落地镇压了下去。

平叛之后论功行赏，你猜仁宗奖赏了谁？不是忙前忙后的首席功臣曹皇后，而是躲在自己的房间、啥事情都没干的张贵妃，连大臣们都看不下去，张方平就上疏说："你这么做，让皇后心里怎么想……"

哪怕曹皇后如此隐忍、兢兢业业，但是依然没能得到仁宗的喜爱。

至和三年（1056年），仁宗重病、神志不清，竟然在床上大喊"皇后和侍卫张茂则要谋反"，上来就给人扣这么大一顶诛九族的帽子，吓得张茂则差点上吊，曹皇后也不敢去侍奉仁宗。

曹皇后就这么唯唯诺诺地在后宫熬下去，直到嘉祐八年（1063年）仁宗驾崩之后，曹皇后经历了英宗、神宗两朝，群臣才发现，这个在仁宗身边一声不敢吭的女人，竟然是如此深藏不露。

英宗生病的时候她垂帘听政，自幼熟读经史兵法，处理政务的时候公正果断；英宗病愈之后，她识大体顾大局，立刻还政英宗，毫不恋权；身为太后，她从来不为自己娘家人谋福利，为了避嫌不见自己的堂弟；神宗即位之后，她反对盲目北伐、建议暂缓苛政、奋力拯救乌台诗案被下狱的苏东坡，直到元丰二年（1079年）才病逝。

这么说吧，曹皇后表现得越优秀，就越显得仁宗"不仁"。

一次改变南宋王朝运势的误诊

北宋和南宋的中段，各有一个在位时间比较短的皇帝。一个是北宋的英宗，在位四年，主要的工作就是给自己的亲爹濮安懿王争皇帝的名分。另一个是南宋的光宗，在位五年，主要的工作是跟自己的亲爹宋孝宗闹矛盾。这两个皇帝在各自的岗位上，都起到了让王朝由盛转衰的重要作用，堪称是王朝坠落的推进器。

英宗能够当皇帝，是因为仁宗没能留下子嗣。

而光宗的即位就比较厉害了，是因为一次误诊。

光宗是孝宗第三个儿子，他的大哥叫赵惇，比他大三岁，而且是孝宗的嫡长子。

赵愭这个人，为人十分贤良忠厚，他（干）爷爷高宗赵构和父亲孝宗都极其喜欢他。乾道元年（1165年）十月，孝宗登基才三年，就早早地将赵愭立为太子。这时候，赵愭只有21岁，父慈子孝，一副前程似锦的样子。

在太子这个岗位上，赵愭的工作也完成得相当之好，对孝宗表现得毕恭毕敬，对工作表现得兢兢业业，对手下表现得和蔼可亲。我这么说吧，从现有的史料来看，历史上出现的那些太子的坏毛病、皇帝和太子之间的小矛盾，赵愭一个都没有，绝对是一个非常好的接班人。

但是老天爷偏偏要跟孝宗开一个残酷的玩笑。根据《宋史·宗室传》记载，两年之后的乾道三年（1167年）七月，赵愭生病了，不大不小的一个病，"暍"，也就是中暑。

这一年的天气，确实有点热。《宋史》里记录气象资料的《五行志》，关于这一年的天气有很清晰的记载。

一条是"乾道三年，冬温，少雪无冰"。也就是说，这一年是个暖冬，只是偶尔飘了一下雪花，都没结冰。这个暖冬天气到了夏秋之际，就转变成了酷热，然后引发了全国的旱灾，直到九月结束了才开始有效降水。在这个酷热的天气里，住在杭州的赵愭不知道因为什么事儿，中暑了。

中暑这个事，说大不大说小不小，严重起来是要死人的。

根据史料记载，赵愭的中暑程度其实并不怎么严重。按照我们现在的医学术语来看，可能处于热痉挛和热衰竭之间的一个阶段，就像我们夏天跑马拉松的时候看到有人跑晕倒了，给他降降温、补补水就能缓过来一样。

但是太子的医官杜楫在给太子急救的时候，不知道是诊断错了，还是治疗方法错了，反正给太子用药的时候，犯了一个巨大的错误。太子的病情加重了，可能上升到了热射病的地步。

眼看着太子的病越来越严重，高宗和孝宗都坐不住了，两条"巨龙"亲自来到东宫探视，做出了重要指示，不惜一切代价把太子救活。

为了表现自己的诚意，孝宗还宣布大赦天下，祈求上苍的保佑。

但是并没有什么用，三天之后，太子病逝，年仅24岁。

那么优秀的接班人就因为一次误诊没了，孝宗怒火中烧，决定把这个犯错误的医官杜栖狠狠收拾一顿。他先是把杜栖从东宫医官的岗位除名，也就是取消了他的行医资格证，开除公职，然后发配到昭州编管，相当于送到今天的广西壮族自治区桂林市平乐县去监视居住。想来想去，孝宗还不解气，觉得这个惩罚太轻，又下了一道命令，把他发配到了琼州（海南岛）监视居住。

史书上没说杜栖的结局，估计在那边日子也不会太差，毕竟曾经是东宫的医官，给当地人瞧瞧病也能混口饭吃，怎么着也不至于饿死。

但是孝宗可就比较惨了，嫡长子病逝，孝宗也没啥强迫症，也就不怎么在乎年龄顺序了，经过一番权衡，放弃了老二赵恺，直接选择了自己更喜欢的老三赵惇。

乾道七年（1171年），赵惇被立为太子。

淳熙七年（1180年），比赵惇大一岁的老二赵恺病死。一直对放弃老二选择老三有点心理阴影的孝宗居然长叹一口气，说："当初没有选他，就是因为他福分差了点，你看，果然吧……"（向所以越次建储者，正为此子福气差薄耳）

淳熙十六年（1189年），赵惇登基，从此开始了自己莫名其妙的五年执政时光，把孝宗"乾淳之治"的向上势头生生掐断，南宋王朝开始不可避免地走向下行之路。

一场诡异的帝陵工程事故

北宋的开国皇帝赵匡胤系武将出身，基本上是一个从低级别军官成长起来的励志典范。不单单是赵匡胤，他爹赵弘殷也是一个刀口舔血的武将——如果还要说得具体一点的话，是一个独眼龙的武将。

早在后汉乾祐元年（948年），赵弘殷在陈仓作战的时候，左眼中了一箭，从此就只剩了一只眼睛。

到了后周显德三年（956年），57岁的赵弘殷病逝。在开封上班的赵匡胤，就在开封城外东南的一个山坡上，将赵弘殷下葬。

四年之后，赵匡胤发动"陈桥兵变"当上了皇帝，就觉得把自己的父亲匆匆下葬不怎么讲究，于是就想着给父亲找一个风水更好的地方。一来算是尽孝，二来也好保佑赵宋国运昌盛。

第二年夏天，赵匡胤的生母杜太后驾崩，需要跟赵弘殷葬在一起。

于是，给赵弘殷重新寻找陵墓这件事，终于提上了议事日程，选来选去，选中了开封和洛阳之间的巩义，命名为安陵。

乾德元年（963年）闰十二月二十三日（阳历为964年），赵匡胤派了精通术数的司天监赵修己，和武将内客省使王仁赡到巩义工地去占卜，确定了这个地方的确是一块风水宝地，然后就抓紧时间施工。

但是，《宋史·太祖本纪》里面写着，工程进行不到两个月，工地上出事了，而且是一件大事。

古时候的皇帝陵墓都是要向下挖地宫的，赵弘殷的地宫算是浅的，只有57尺。挖地宫，就需要先修坑道。

乾德二年（964年）二月初十，安陵地宫的坑道突然塌陷，压死了正在坑道施工的200名役兵（丁巳，治安陵，隧坏，役兵压死者200人）。

我查了一下当时的资料，二月份不可能下暴雨发大水（也没有当天下大雨和暴雪的气象记录），当时也没有地震记录，隧道就这么塌陷了。按照常理来分析，这件事应该可以排除不可抗力的干扰，确确实实算是一场特大工程事故了。

但是，这么严重的一起工程事故，却充满了各种各样的疑点。

第一，塌陷的只是坑道，不是整个地宫。我们先前说了，赵弘殷的安陵深57尺，也就是18米左右。我们就算坑道有100米长，这个坡度已经足够缓了，也就是说，在坑道塌陷的时候，坑道里每一米的距离都站了两个人。这帮人，不好好地挖地宫，都到坑道里站着干吗？阅兵吗？

第二，如果这里出了工程事故，200个不明不白的人死在了这里，赵匡胤有很大的概率是不会让自己的父母继续埋葬在这里的，因为这么做兆头不好。但是赵匡胤并没有改变自己的原计划，两个月之后的四月初九，赵匡胤就把自己父母和老婆孝明皇后都葬到了这里，没有受到丝毫影响。

第三，既然这里出了工程事故，那就一定得追究当初占卜的赵修己和王仁赡的责任，因为他们事儿没办好。但是我查了两个人的传记，赵修己没有受到丝毫处分，王仁赡更是从内客省使（一个负责接待工作的办公室主任），升成了枢密副使（相当于国防部副部长），而赵匡胤对这件事情的所有处理，也只有一项：命有司瘗恤，也就是让相关部门安葬死者、赔偿家属。

彼时赵匡胤刚刚夺得天下不久，他又一向以仁义爱民自居，这样的处理方式，实在是有违常理。所以，我虽然不是阴谋论者，但是这件事情的确让人不由自主地联想到一个古老的墓葬风俗——人殉。

种种不合常理只有在"人殉"这样的模式下来思考，才是最符合逻辑的。

赵匡胤的父亲戎马一生杀人无数，为了防止他在阴间被仇家报复，所以给他派下去200名亲随，随时保护他。精通术数的赵修己负责选择日子，武将王仁赡负责去挑选士兵，于是决定在二月初十这一天搞一个意外事故，将200名士兵送到赵弘殷的身边去当保镖。

这么一看，逻辑总算是通顺了。只不过，这200名士兵也没能保护好赵弘殷的坟墓，靖康之乱以后，赵弘殷的坟墓也没能幸存，被伪齐刘豫的手下孟邦雄盗掘一空，今天只剩下一个依稀可辨的土堆。

一起大快人心的赈灾逼捐事件

南宋理宗景定二年（1261年），江浙一带发了大水灾，导致当年的收成极差。到年底，杭州和周边地区的粮食不够了，开始闹起了饥荒。

古时候饥荒还是挺普遍，但是杭州是南宋的都城，都城都开始闹饥荒，那就太说不过去了。于是，二月初一，面子上过不去的理宗下了一道圣旨，让地方官员赈灾。

首当其冲的地方官，就是马光祖。根据《宋史·马光祖传》里面的介绍，他的职务很复杂，提领户部财用、兼临安知府、浙西安抚使，总而言之就是责任和权力都挺大的一个人。

赈灾，尤其是赈饥荒并不复杂，开仓放粮就行了，这是谁都能想到的办法。但是马光祖接到任务之后就发现，问题没那么简单——他手里没有余粮。浙西路的粮食，是要保证临安府的；临安府的粮食，是要保证京城的；京城的粮食用度，是要从上到下来分派的。那么多的皇亲贵胄在这里生活，要轮到饥民，恐怕有点玄。

但是马光祖跟他的老师真德秀一样，有一个不怕事的犟脑袋。他明察暗访，终于在杭州找到了一个大粮仓，粮仓的主人很有来头：荣王赵与芮。

赵与芮有两重极其尊贵的身份。第一个身份，他是宋太祖赵匡胤的十世孙，当今陛下理宗赵与莒同父同母的弟弟，跟理宗的关系非常好。第二个身份，他是当今太子赵禥的父亲。

解释一下，因为宋理宗没有儿子，所以就把赵与芮的儿子赵禥收养为自己的儿子，并且在景定元年（1260年）把他立为了太子，就是后来的宋度宗。

偏偏赵与芮不是一个古道热肠的人，他有点舍不得自己的粮食，所以不管马光祖怎么号召、怎么动员，他都不发粮。

马光祖急了，决定亲自上门去要。

第一天，马光祖上门，传达室大爷说，你没有预约，今天见不着。马光祖说，好，我现在就预约，明天见！

第二天，马光祖再上门，传达室大爷说，我们王爷出门去了，不知道什么时候回来，你今天还是见不着。

第三天，马光祖三顾王府，传达室大爷说，王爷还没回来呢……马光祖也不管了，直接冲进王府，躺到荣王府的客房里要赖不走。

赵与芮没办法，只能出来接客。

马光祖见到这么尊贵的大人物，也不来虚的，竟然敢厉声对赵与芮说："现在全天下谁不知道大王你的儿子是太子，现在正是你替儿子收买民心的机会，你还不好好把握一下？"

话都说到这个份上了，赵与芮还是有些不顾大局，他说："道理是这个道理，但是现在大饥荒，地主家也没有余粮啊，我实在是心有余而力不足。"

马光祖早就料到这一招，从怀里掏出一张纸，读给赵与芮听："某庄有多少多少粮，某仓有多少多少粮，据我所知，这些都是荣王你老人家的吧？"

赵与芮无言以对，只能开仓放粮，"活民甚多"。

事情办完之后，当年十二月，理宗没有收拾马光祖，给他升了官，同知枢密院事。

两年多之后的1264年，理宗驾崩，赵与芮的儿子赵禥登基，赵与芮权倾朝野，没有收拾马光祖。

再过了三年，马光祖升任参知政事；再过了两年，马光祖再升官，直至去世都没被收拾。

而被迫开仓放粮的赵与芮，愣是在南宋灭亡之后都还活了11年，最终以80岁的高龄在元大都（今北京）去世。

宋钦宗在五国城的讨俸生涯

北宋的末代皇帝钦宗赵桓，是一个特别没有存在感的皇帝。

他是"文艺青年"宋徽宗赵佶的长子，规规矩矩地成长，在宋徽宗政和五年（1115年）二月被册封为太子。10年之后的徽宗宣和七年（1125年）二月，赵桓从父亲手中接过皇位。

几乎每一个皇帝接皇位的时候都会推托一下，钦宗也是一样，徽宗在活着的时候就把皇位传给了他，吓得钦宗"泣涕固辞，因得疾。又固辞，不许"（《宋史·钦宗本纪》）。

这句话什么意思呢？徽宗非要把皇位传给钦宗，钦宗打死都不想当这个皇帝，哭得鼻涕眼泪一起流，都吓出病了，依然没能逃脱当皇帝的命运。

跟其他皇帝虚情假意地三辞不一样，钦宗是真不想当这个皇帝，因为他知道，父亲是让自己去背锅的。

在他接任皇帝的时候，庞大的北宋帝国已经风雨飘摇，东线金兵斡离不直扑开封进行斩首行动，西线金兵粘罕强攻太原抄宋军的后路。

北宋都城开封，岌岌可危。

在这样一个环境下接任皇帝的钦宗，苦苦支撑了两年之后，终于迎来了靖康之耻，开封城破，北宋灭亡。靖康二年（1127年）三月底至四月初，徽宗、钦宗连着一大帮子人，被金兵押着北上，一路的痛苦和屈辱，简直是不可胜数。

这一走就是一年多，南宋高宗建炎二年（1128年）八月，徽宗和钦宗经过一路颠簸，终于走到了黑龙江哈尔滨，先是被逼穿着孝服祭奠金国的开国皇帝完颜阿骨打，然后被发配到五国城（今哈尔滨依兰县）。

金太宗完颜吴乞买给两人各封了一个很难听的爵位——徽宗叫昏德公，钦宗叫重昏侯，继续他们痛苦的囚徒生活。

我在开头就说过，钦宗是一个特别没有存在感的皇帝，守开封的时候就曾经表示全部都听老爹的，后来被金国人抓住以后，金国人也明白，钦宗差不多就是一个傀儡，真正说话管用的，还是他爹宋徽宗。

所以，到了金国安顿下来之后，徽宗能够足额地从金国朝廷那里拿到属于自己的俸禄（昏德公也是公爵），我查了一下《金史·百官·俸给》，昏德公作为一个国公，拿的至少是从一品的俸禄，月俸是200两银子加上200石粮食以及其他过年过节的赏赐，但是包括钦宗在内的其他人就比较惨了。

惨到什么程度呢？我现在已经查不到比较权威的数据了，但是《金史》和《建炎以来系年要录》里面有一个很心酸的小细节。绍兴三年（1133年）八月，徽宗的第十五个儿子赵梴，因为实在看不惯自己父亲的挥金如土和纸醉金迷，联合徽宗的女婿——也不知道是赵梴的姐夫还是妹夫刘文彦一起，向金太宗揭发徽宗谋反，以此作为自己获得赏赐和进阶的砝码……

当然，这件事的最终结果，是徽宗证明了自己的清白，赵梴和刘文彦一起因为诬告被杀。

两年之后，绍兴五年（1135年）四月，徽宗在五国城去世。

又过了六年，绍兴十一年（1141年）二月，金熙宗大赦天下，把本来是侯爵（重昏侯）的钦宗，擢升为郡公，给他封了听上去还很高雅、以赵氏郡望天水为称号的"天水郡公"，把他死去的父亲徽宗追封为"天水郡王"。

按道理来说，钦宗提升为郡公之后，月俸应该从70两涨到150两（《金史·百官·俸给》里的标准），但是不知道是朝廷缺钱还是故意收拾他，迟迟不给他涨。

钦宗好歹也有一大家子人要养活，眼看着活不下去了，穷了这么多年，终于熬到涨俸禄了，却一直不兑现，这得把人急死。

想来想去，钦宗也不管自己是个亡国之君的身份了，这年年底，也就是1141

年十二月，钦宗终于鼓起勇气上了一个折子：乞本品俸。也就是请求按照自己现在的级别给俸禄。

就在一个月之前，金国和南宋之间达成绍兴和议，南宋每年给金国上贡白银25万两、绢25万匹，手里有钱的金熙宗大笔一挥：同意！

不但如此，第二年的九月，收到了南宋岁贡的金熙宗更是大发慈悲，又下了一道诏书：从今天起，徽宗的儿子、侄儿、女婿，以及钦宗的儿子，都可以拿俸禄了！

又过了一年，金熙宗再下诏书，徽宗的孙子和钦宗的女婿，也可以拿俸禄了！

从靖康二年（1127年）被俘北上，一直到绍兴十三年（1143年），经过了16年的苦熬，徽宗和钦宗的后代们，才终于在金国有了稳定的收入，告别了捉襟见肘的拮据生活。

当然，这样的幸福生活也没持续多久，绍兴三十一年（1161年），金国海陵王南征之前，为了永绝后患，下令杀尽在金国的耶律氏和赵氏的男子，一共130余人。被俘北上的赵氏血脉，就此全部断绝。

宋徽宗最后的快乐时光

如果非要按照现在的划分方法给宋徽宗定一个宗教信仰的话，那么他是一个坚定不移的道教信徒。根据《宋史·徽宗本纪》记载，政和七年（1117年）四月，他册封自己为教主道君皇帝；宣和元年（1119年）一月，他大刀阔斧地对佛教专属称谓进行了道教化的改革：佛改名大觉金仙，其他的菩萨等称为仙人、大士，和尚改名为德士，尼姑改名为女德。

可以说，非常简单粗暴。

靖康之变之后，徽宗和钦宗被金兵押着北上。为了避免把鸡蛋放在一个篮子里以防北上途中遭义军劫救，金兵把北宋的两个皇帝拆分开来，分头北上。

东路的斡离不押着徽宗，从滑州（今河南滑县）、尧山县（今河北隆尧县）、真定（今河北正定县），然后到燕京（今北京）。西路的粘罕押着钦宗，从怀州（今河南沁阳市）、绛州（今山西新绛县）、云中（今山西大同市），然后到燕京跟徽宗会合。

虽然斡离不一向对徽宗比较尊重，还给他安排了一辆车，但是俘虏毕竟是俘虏，徽宗的日子还是蛮难熬。

曹勋《北狩见闻录》记载了一个小细节。

徽宗走到尧山县至真定府之间的时候，大约是农历的四五月间，天气已经颇有些炎热。45岁的徽宗即便是坐车，也觉得口渴难耐，正巧看到路边有一树桑葚，便摘了一把来解渴。徽宗一边吃桑葚一边给曹勋感叹："我小时候曾经看见奶妈吃过这个东西，我趁她不注意偷偷吃了几颗，觉得味道挺不错，然后就被奶妈抢走了，说我这样尊贵的身份不应该吃这种东西。想不到今天再吃的时候，已经是这个遭难的境地，看来桑葚是要伴随我一生、为我送终了。"

根据赵子砥《燕云录》记载，五月十八日，徽宗一行人抵达了燕京。刚刚到达的时候，斡离不还保持着对他非常尊敬的态度，安排了欢迎仪式和酒宴，还请徽宗看了一场马球赛。

随后，徽宗被安排在燕京的延寿寺，也就是今天的北京琉璃厂一带，虽然寺庙没了，但那儿现在还有"延寿街"这样的地名。

虽然是重兵把守的囚犯待遇，但是徽宗的生活水平并不差，燕京毕竟是大都市，而且斡离不给他的物资供应也算充足，甚至连徽宗的老婆、儿子、女儿、女婿都一起在这里生活，也算是享受天伦之乐，其乐融融。

徽宗在这里住到了七月初，钦宗终于赶到了燕京。

不过，父子俩并没有被安排在一起，钦宗被关押在了悯忠寺，也就是今天大名鼎鼎的法源寺，直线距离只有不到两千米。

两个皇帝在开封的时候关系并不好，基本上不怎么说话。从开封出发之后，两人被分成两路，直到燕京之后才被金人安排见了一面。

七月上旬一大早，金兵就押着徽宗、钦宗两大家子人一起出发，去了昊天寺。

昊天寺曾经是一座非常有名的寺庙，只是现在已经没有了，遗址位于北京西便门内大街，现在是一家酒店。

两家人到了昊天寺之后，在金兵的监视下，进行了一次并不愉快的聚餐，从早上喝到中午，然后各自回家。

几天之后，徽宗的郑皇后生病，收到消息的钦宗向金兵申请之后，带着夫人朱皇后前来延寿寺问候，一直在这边待了足足四个小时之久。

徽宗在燕京延寿寺的快乐生活一直持续到了九月十三，才被押着继续北上，取道辽中京（今内蒙古赤峰宁城县）去哈尔滨。

从五月十八到九月十三，徽宗虽然只能在延寿寺里关着，但是当时算是北京最好的季节：天气不冷，没有柳絮雾霾沙尘暴，老婆孩子在身边，有酒有肉能写能画，时不时还能看一场马球。

可以这么说，一生笃信道教的徽宗，这辈子最后的快乐时光就是在燕京的寺庙里度过的。

为什么说是最后的快乐时光呢？因为继续北上之后的徽宗从此以后再也享受不到这么自由和舒适的生活了，一方面是对他非常友善的斡离不已经病逝；另一方面，越往北生活条件越差，他即便是拿钱也买不到这么好的服务。

举个小例子吧，到了辽中京之后，他们的生活物资全靠燕京这边每两个月送过去一次。徽宗和钦宗两个皇帝的待遇稍好，他们也只能在中京的辽国相府大院挤一挤，其他一千多人的生活待遇就更不用说了。

至于那些留在燕京没能一起去辽中京的家眷们，总数有1800多人，被安排在了燕京的仙露寺，也就是后来的增寿寺，原址位于北京广安门内大街，现在已经不见了。

这帮人的生活待遇是这样的：每天一升米，每半个月一升盐，其他的就有什么吃什么。

一年之后，这1800多人死了近八成，只剩下398人。

所以，徽宗在国破之后还能活八年，真的是主角光环加持，再加厚脸皮忍耐了。

赵家人的贵族精神

喜欢看历史的朋友，经常能够看到这么一个描述，说英国的贵族很有贵族精神，作战的时候冲锋在前，撤退在后。有人还专门统计了英国贵族在两次世界大战里的阵亡率，据说远高于普通士兵的阵亡率。其他的朝代我不太清楚，没仔细研读过相关的史料，但是在宋代，国破家亡之际，还是有不少的贵族子弟捍卫了自己的皇家血统的尊严。

比如南宋初年的宗室赵不试。按照皇族的家谱来排列的话，他应该是宋太宗赵光义的六世孙，跟宋钦宗赵桓、宋高宗赵构是一辈的。但是因为太宗一支的后人实在太多，他也不是嫡子，所以没享受到什么恩惠。到了靖康之变的时候，他只在相州当了一个通判，相当于相州的副长官。

相州在今天的河南安阳附近，不是什么军事要塞，也不是什么战略要地，这里之所以在靖康年间成为焦点，是因为康王赵构——也就是后来的南宋高宗在这里躲过一段时间。

因为王云的坚壁清野政策，相州躲过了金兵第一轮的进攻，但是到了靖康元年（1126年）的十二月二十五日（阳历为1127年），金兵还是把这里围住了。

金兵围攻相州，是因为得到情报，宋徽宗唯一出逃的儿子赵构在这里，想来抓他。但是这时候，赵构已经逃走了，跟他一起逃走的，还有相州知府汪伯彦。

汪伯彦走了之后，整个相州没有了主心骨，于是，通判赵不试就站了出来，说："我既是相州的副长官，也是赵家的宗室，如果大家相信我，那就由我来带着大家守城。"

赵不试平时在相州挺有威望，大家也服他，于是，在相州最危急的时刻，赵不试就接过了守卫相州的重担。

这一守，就是接近两年。

相州孤悬北方，没有援军，没有退路，没有粮草，没有军械，相州人就在赵不试的带领下，一直守到了建炎二年（1128年）十一月中旬。

这两年里，相州百姓的艰苦卓绝，是外人无法想象的。

到了十一月二十二日，城里实在是坚持不下去了，赵不试把全城百姓集中起来，对他们说："现在的情况大家都很清楚，我也不瞒大家。粮食已经吃完了，牲畜也吃完了，城里人吃人的情况也时有发生。援军看样子是再也不会来了（其实这时候赵构已经逃到了扬州江都），我已经尽力了，相州马上就要守不住了。"

这些话很动摇军心，羸弱的军民们看着赵不试，不敢说话。

赵不试接着说："我是皇族，我不能投降番人，你们都是普通百姓，今天我让你们自己选择，是战死还是投降求生。"

大家依然不敢说话。

赵不试看到这个场景，知道大家心中在顾虑什么，于是主动把话递到了大家的嘴边："要不，投降？"

一听到赵不试说出这句话，军民们满脸的凄凉，但是心中似乎又燃起了求生的欲望，有人支支吾吾地小声答应（众虽凄惨然有唯唯者）。

赵不试长叹一口气，走到城楼上，对着城下的金兵说："如果我开门投降，你们能保证不屠城吗？"

金兵攻城攻了两年，也厌倦了，于是就答应了赵不试的条件。

赵不试回到自己的衙门，写了一份降书交给手下，让他们开门送到金兵营中。然后，他把自己剩下的家属叫到一起，全部推到了井里，自己纵身跳下。站在一旁的提辖按照他事先的吩咐，带领士兵们填土掩埋。

赵不试就这样以自杀作为代价，完成了自己的使命。

我看到这个史料的时候，正是清明节。突然之间，我觉得这可能就是当时最珍贵的贵族精神：国破的时候不逃避，勇敢站出来挑起自己的重担；打仗的时候不退缩，一直战斗到剩最后一颗子弹；城破的时候不贪生，用生命来捍卫自己贵族血统；守节的时候不绑架，留给全城的百姓求生的机会。

说实话，虽然他最后选择了开门投降，但是我对他，恨不起来，反而有一些敬仰。

中国历史上少有的长寿公主

北宋仁宗嘉祐三年（1058年），仁宗皇帝赵祯的周贵妃给他生了一个女儿。这是他的第十个女儿，也是他存活下来的第二个女儿，不知道叫啥名字，我们姑且叫她十公主吧。

事实上，仁宗一共生了十三个女儿，夭折了九个，百分之三十的存活率，确实不算什么值得骄傲的事情。

据《宋史·公主传》记载，嘉祐五年（1060年），仁宗一看这闺女都已经两三岁了，应该算是能养活了，就按照规矩给了她一个封号——庆寿公主。

三年之后，也就是1063年，仁宗去世，养子赵曙即位，是为宋英宗。

宋英宗一直对仁宗没什么特殊感情，倒是对自己的亲爹念念不忘，所以对十公主这个干姐姐也没给啥特别的优惠。治平四年（1067年），一开年英宗就驾崩，轮到神宗上台，大赦天下兼大加恩赏，才给十公主这位姑加封了一个许国大公主，然后给这位9岁的姑姑找了一个驸马。

这位驸马倒也和公主门当户对，是吴越国王钱镠的后人、钱惟演的孙子钱景臻，当时12岁。

百家姓的前两位联姻，倒也是一番佳话，这位岁数小但是辈分高的公主，从此就开始了自己传奇的一生。

元丰八年（1085年），神宗去世，神宗的儿子哲宗即位，十公主活着，从皇帝的姑姑变成了皇帝的姑奶奶。

元符三年（1100年），哲宗去世，哲宗的弟弟徽宗即位，十公主虽然没升辈分，但是神勇地又熬死了一位皇帝。

宣和七年（1125年），徽宗甩锅把皇位传给了儿子钦宗，十公主又升了一辈，变成了太姑奶奶。

接下来，就是宋王朝最惨烈的一道坎——靖康之变。金兵攻陷开封之后，索要了大宋所有宗室名单，要求全部带到北方去。67岁的十公主，一是因为年纪太大，二是因为是前朝的公主，早就不在这个名单上，竟然奇迹般地在开封活了下来。不过遗憾的是，她的丈夫钱景臻死于这场兵乱，福泽无穷的十公主变成了寡妇。

高宗赵构即位之后，虽然兵荒马乱的，但是也不能坏了即位之后大赦天下和大加恩赏的规矩，终于又想起了家里还有这么一位太姑奶奶，于是给她封了一个秦、鲁国大长公主。

开封打仗越来越频繁，十公主虽然运气好，但是也觉得自己扛不住，于是带着孩子们南逃，去投奔地位逐渐稳固的赵构。结果南逃途中又碰到了强盗，不但被洗劫一空，连儿子钱愕也被杀了。十公主一家就这么凄凄惨惨地赶到了扬州，跟赵构见了面。

赵构一看十公主来了，也没法不接待，这毕竟是他们家族里辈分最高的一位，比当时位高权重的元祐太后、哲宗的孟皇后还要高出两辈，比赵构整整高出四辈。

赵构规规矩矩给太姑奶奶作揖请安，然后老老实实地对这位老祖宗说："虽然我现在驻跸扬州，但是这儿也不太安全，时不时要打打仗，你老人家岁数大了，跑起来不方便，要不继续往南边走走，到福建去躲一躲？"

十公主出于安全考虑，倒也没啥意见，开开心心就去了福建，一直住到绍兴二年（1132年），还时不时从福建跑到杭州去找赵构聊天。

其实，十公主这么大的年纪去找赵构，并不是单纯的聊天，她是去给儿子要福利了。十公主的老公钱景臻一共有四个儿子——钱忱、钱愕、钱愐、钱恺，但是只有钱忱、钱愕是她亲生的，另两个是钱景臻的小妾生的。

钱愕在南逃的时候被强盗杀死了，于是十公主就只剩一个亲生儿子钱忱，所以对他特别上心。靖康年间，钦宗按照规矩给外戚封节度使，其中就有钱忱。

节度使虽然没什么实权，但是俸禄特别高，加上各种乱七八糟的福利，也算是高收入阶层了。十公主出身于皇家，对这一点还是门清的，于是就找到赵构，要求他给钱忱恢复节度使的待遇。

这么大一把年纪的老公主、比高宗高出四辈的老祖宗拄着拐杖来找赵构，赵构确实不好拒绝，只得给钱忱封了一个泸川（今四川泸州市）节度使。封完之后，赵构专门对外戚们下了一个命令，说："这是特事特办，不能作为惯例啊，今后你们别拿这种事儿来烦我！"

十公主得了好处之后，还不满足，过段时间又去找赵构要待遇，赵构没办法，又给钱忱送了一个加俸的级别——开府仪同三司。

绍兴三年（1133年），江南局势渐稳，十公主从福建搬到了浙江台州，去找赵构更方便了。

这时候，赵构终于忍不住了，我这边正打仗呢，金国不断南侵，刘豫的伪齐政权又在闹腾，钟相、杨么又在造反，到处都要用钱，你身为皇族，这时候不想着帮忙，还要不时添乱，简直太过分了一点吧。

《建炎以来系年要录》里记载了一个小细节，赵构于是鼓起勇气，开始训诫这位比自己高四辈的化石级老公主："老祖宗，仁宗皇帝的那么多子女，就你能活到今天，全靠仁宗皇帝四十二年来的行善积德留下来的福分。老祖宗你要赏赐也不是不行，但是你能不能学学仁宗皇帝这样，对每个孩子都一碗水端平，不要老想着给自己的亲生儿子要福利。"一番话，说得十公主有点羞愧难当，从此再也不好意思找赵构要这要那。

绍兴十四年（1144年），十公主病逝，享年86岁。

十公主去世之后，赵构出于礼貌，辍朝五日，专门跑到她在台州的家里去祭奠，还给她的子孙都加官一级。

你以为十公主算是高寿了吗？其实不然，她妈周贵妃，活了93岁。

这一家子的长寿基因，确实吓人啊。

"死而复生"的宋真宗及其背后的政坛变局

据《宋史》记载，北宋真宗天禧四年（1020年）二月，大内传出一个不太好的消息，大宋王朝的第三位皇帝宋真宗生病了，而且病得很严重（二月，帝不豫）。

真宗的病是中风，实际上他中风已经有一段时间了，有史料显示，最早是天禧三年（1019年）的事儿，当时真宗已经不能处理政事，把朝廷大事就交给了一个女人，也就是自己的皇后刘娥（三年……时真宗得风疾，刘太后御政于内）。

真宗的病情一直反反复复，御医和臣子们都想了很多办法，甚至在天禧三年的七月和八月，先后用上尊号和大赦天下的方式来为真宗祈福，但是效果依然不明显。尤其是到了冬天，开封很冷，大家心里都有一种隐隐的担心。真宗身体本来就不太好，如果天气再恶劣一点，谁都不知道会发生什么事情。

真宗从天禧三年中风之后，偶尔还会出来露露面，证明自己身体正处于良好的康复轨道上，主要参加一些祈福类的活动。但是天禧四年二月这一次生病，已经严重到无法出席任何活动了，一病，就是两三个月。

真宗长时间不露面，外面的传闻很多，也引起了不少人的怀疑。当然，怀疑的人都是因为距离权力核心太远，他们得不到第一手的信息，但是，大宋帝国的权力核心们，对这一切是门清的。当时，他们分成三派：一派是以帝国政坛的老熟人、起起落落多少次的宰相寇准为首的元老派；一派是以参知政事丁谓为首的新兴势力，希望搞掉寇准一派的势力取而代之；一派就是暂时掌权的皇后刘娥。虽然大家都知道她现在权力很大，但是另两派都在想：一个附庸在皇帝身边的女人而已，呵呵。

真宗皇帝身体刚刚出现问题的时候，寇准就意识到了这事儿对于大宋政局的影响，接下来肯定是权力交接。皇权的交接必然影响到相权的交接，寇准好不容易才重新回到这个位置上，他是舍不得丢弃的。

于是，寇准开始布局。他的思路主要是两条：第一，扶正太子（即后来的仁宗赵祯）。寇准趁着真宗清醒的时候，先江山社稷之忧而忧，对真宗说："皇太子人所属望，愿陛下思宗庙之重，传以神器。"第二，清除反对势力，换成自己的盟友。他甚至当着真宗的面走了一步险棋，开始为真宗的继任选择顾命大臣："择方正大臣为羽翼，丁谓、钱惟演佞人也，不可以辅少主。"

真宗听到这样的建议，点头称是（帝然之）。

寇准得到了真宗皇帝的点头，就开始放手去做了，但是他忽略了一个很大的问题：真宗只是表示了同意，并没有提出一个明确的时间表。

很有可能，真宗的意思是："等我死了，你们就按照这个方略执行吧。"但是迫不及待的寇准是这么理解的："你们执行吧，这样我临死之前也能放心一点。"

权力欲极强的寇准立刻开始了行动，他为自己选择的搭档有两个：在外，是翰林学士杨亿，他给杨亿许诺的是副相的位置；在内，是真宗一度非常宠幸的宦官、入内副都知周怀政。

寇准紧锣密鼓地执行着自认为万无一失的策略，眼前一度闪出了胜利的曙光。而剩下的两派，就这么静静地看着这个59岁的半老头子上下瞎折腾，寻找他的破绽。

破绽终于出现，寇准率先忍不住，让盟友杨亿上疏，请太子监国。

坦白地说，这个错误不应该出现在寇准这样历经风霜的人身上，因为对于寇准的上级来说，他谁都讨好不了。

真宗觉得：老子还没死，你就想要夺我的权？

赵祯觉得：我老子还没死，你就想让我上去得罪人？

刘娥想：老娘还在，你就当我不存在了？

朝廷上下开始弥漫着一股怪怪的味道，总要有人来捅破这层窗户纸，这个人，就是在旁边盯了寇准好久的丁谓。他不出手便罢了，一出手就必须是杀招。

他说："你把太子扶正，过几天陛下龙体康复了，怎么安排两个皇帝？"

这一招果然惹毛了病榻上的真宗。天禧四年（1020年）六月，被触到大忌讳的真宗一怒之下把寇准罢职，随后丁谓、钱惟演、曹利用等一堆寇准的政敌开始掌权。

寇准终于明白自己出了一个昏招，无可奈何，准备认命。

但是另一个人并不想认命，他就是我们前面说过的，寇准的另一个盟友，宦官周怀政。

周怀政非常清楚，一旦寇准失势，他也不会有什么好果子吃。他一个宦官，没有门生故吏，没有儿孙拱卫，一旦失势就将惨不忍睹。于是，他决定博一把。

说实话，这一把博得有点大，他的想法是：诛杀丁谓等人，促寇准重新拜相，然后废真宗为太上皇，拥太子赵祯登基，让刘娥交出权力。

这里面的每一条，都是死罪。但是周怀政不管了，他要博这万分之一的机会，一旦成功，荣华富贵唾手可得。

周怀政一个人是搞不定的，他找了四个盟友：弟弟周怀信，以及"好朋友"杨崇勋、杨怀吉、杨怀玉，约好了时间准备把丁谓等人一举拿下。但是周怀政看人的眼光不太准，他的三个好朋友有两个背叛了他。在约定时间的头天晚上，杨崇勋、杨怀吉乘夜就去告诉了丁谓，丁谓再连夜带着这两人去了曹利用家里商量对策。

第二天一早，丁谓趁着周怀政还没来得及动手，率先冲到真宗的榻前告发了周怀政的阴谋。

真宗大怒，亲自审问周怀政。势单力孤的周怀政无法抵赖，被斩于城西的普安寺，一场政变就这样被病榻上的真宗扼杀在摇篮里。

真宗余怒未消，把寇准也一撸到底，最后当了一个道州司马，相当于湖南道县无实权的挂名副县长。

真宗甚至想要因此杀掉唯一的儿子、太子赵祯。多亏李迪在旁边提醒了一句："你有几个儿子啊，你就敢杀太子？"（陛下有几子，乃欲为此计？）

当年十月，真宗终于第一次公开露面，到正阳门出席了品尝当年新酒的仪式，向全国人民证明了自己身体无恙。（帝自不豫，浸少临行，至是人情大悦。）

好了，1020年的这场真宗"死而复生"的风波，就此告终，我们来说说这帮人的结局吧。

寇准从此以后再也没有出现在政坛核心，一路被贬，于天圣元年（1023年）死在了边陲雷州。

丁谓虽然暂时性地取得了跟寇准战斗的胜利，但是后来没得到刘娥的待见，也终于被贬，还去过寇准病死的雷州。

两年之后，真宗驾崩，太子赵祯登基，成了我们大家熟悉的宋仁宗。

而这场风波里，最大的赢家，就是在真宗身边掌着大印、静静看着一群男人和几个阉人折腾的皇后刘娥。她成了大宋王朝319年间权力最大的一个女人。

大到什么程度呢？即便是她要当女皇，也没人能阻止她，只是她自己放弃了而已。

宋仁宗：天上掉下个私生子

宋仁宗没有儿子，这是一个非常糟心的事情。

其实宋仁宗也不是没有儿子，他前前后后一共生了三个儿子：长子赵昉生于景祐四年（1037年），当天夭折；次子赵昕生于宝元二年（1039年），两岁夭折；第三子赵曦生于庆历元年（1041年），两岁夭折。从此以后，仁宗就再也没有生过儿子，随着大中祥符三年（1010年）出生的仁宗岁数越来越大，从他自己到臣子们都非常着急。

这事儿呢，确实不能怪他们家重男轻女，说句实话，他们家是真的有皇位要继承的。仁宗已经很努力了，但是生儿子不是努力就能看到结果的。据《续资治通鉴长编》记载，到了皇祐二年（1050年），仁宗40岁的时候，开封府传来消息，说京城里出现了一个叫冷青的人，自称是仁宗的亲骨肉。

这件事情对仁宗来说，应该算是一个好消息，私生子也是仁宗的亲骨肉，将来说不定是可以继承皇位的。

朝廷非常重视，重视到开封府尹亲自来审理这个案子。

开封府尹是大名鼎鼎的钱明逸，钱惟演的侄儿，钱俶的侄孙。按道理说，这样的人是见过大场面的，但是他在和冷青第一次交锋的时候，就生生被冷青的气场给盖住了。

当时，钱明逸坐在开封府的公堂之上，正准备按照老规矩问"堂下何人，报上名来"，结果他还没说话，冷青先说了："钱明逸，你为什么不起立！"钱明逸吓得一哆嗦，赶紧规规矩矩站起来，和和气气地开始询问冷青的身世。

冷青的说法是这样的：他的母亲姓王，曾经是仁宗后宫的宫女，某一天被仁宗宠幸。但是她运气不太好，受宠之后没多久就被放出宫，嫁给了一个叫冷绪的医生，随后就生下了冷青。

为了证明自己的说法，冷青还提供了一个证据——一件绣花肚兜。

这件肚兜算是个实锤，因为仁宗的后宫都知道，他宠幸宫女之后，都会赏赐这么一件肚兜。这事至少证明了一点：冷青的母亲王氏，确实曾经在后宫当宫女，并且被仁宗宠幸过。

钱明逸在气场上输了之后，智商就不那么在线了，问来问去得不出个结论，最后给冷青定了个罪名——"狂言"，准备送到汝州甚至江南去监视居住。

这个方案上报朝廷之后，翰林学士赵槩就提出了反对意见："冷青要真是陛下的儿子，那就认祖归宗；若不是陛下的儿子，那就是冒充皇子的死罪。现在判一个狂言，是个什么道理？"

与此同时，开封府负责刑狱的推官韩绛也表态说："这样的人，送到哪里都是一个定时炸弹，一定要有个明确的结论啊。"

皮球踢到仁宗脚下。仁宗这些年来在宠幸后宫方面非常勤奋，他自己也回忆不起来十多年前是否真的宠幸过这么一个王姓的宫女。好在后宫有档案可查，一查，还真有这事儿。

仁宗有些激动了，他想儿子盼儿子这么些年，现在天上掉下个儿子，那是多么开心的一件事，他决心把这件事情查清楚。

本着谁提议谁负责的原则，他就把这个任务交了赵槩，然后给他安排了一个助手，包拯。

两位老油条一上阵，三下五除二就找到了冷青的破绽，而且这个破绽还十分明显：冷青还有个姐姐。

赵包二人哭笑不得，你哪怕让冷青的姐姐来冒充公主，也比让他来冒充皇子靠谱得多啊。

原来，冷青成年之后，听家里说起母亲曾经在皇宫里被仁宗宠幸过，就到处跟人炫耀，说自己是皇帝的私生子。本来冷青一家人是在湖南、江西一带混日子，但是冷青在到处吹牛皮的时候正巧碰到了一个发配到湖南来的军人高继安。高继安一听，就跟冷青说："你这样光说也挣不了钱啊，现在陛下正好没有儿子，不如我们俩一起去开封，谋一个大富贵。"

冷青一听，闲着也是闲着，不如弄一个大富贵，于是就揣着他妈的肚兜，跟着高继安一起来到了开封，开始一步一步实施自己的创业计划。

你别说，冷青这样的人，还真不怯场，见着开封府尹这样的大人物，还敢当堂呵斥，也算是民间表演艺术家了。

这件事情穿帮之后，是这么结案的：冷青和高继安被杀，钱明逸因为"尹京无威望"——堂堂开封府尹竟被冷青吓得站起来问话——贬为蔡州知府。

仁宗的私生子，就这么变成了空欢喜一场。

酷爱海鲜的宋仁宗

关于宋仁宗，有个流传很广的故事。

某一天早上，睡醒了的宋仁宗对身边的宦官说："昨天晚上我饿坏了，特别想喝羊肉汤，但是一直坚持着没说，扛到现在。"

宦官大惊，说："陛下你是一国之君，你想喝羊肉汤，我让御厨马上做就行了，何苦为难自己，万一饿坏了龙体怎么了得。"

宋仁宗说："御厨要是半夜给我做了一次羊肉汤，肯定就要形成惯例，今后每天都要准备羊肉，这样太浪费了，不好。"

通过这个故事，大家都觉得仁宗是一个非常自律、节俭的人，尤其是能够把控自己的食欲。但是其实，宋仁宗从小就是一个吃货，按司马光《涑水记闻》里的说法，宋仁宗尤其喜欢吃海鲜，甚至因为馋海鲜，迷失了自己的价值观。

众所周知，仁宗是宋真宗和李宸妃的儿子，被皇后刘娥抢过去当成自己的儿子养着。刘娥每天要协助真宗处理政务，实在是忙不开，就叫真宗的杨淑妃帮忙带孩子，所以杨淑妃和仁宗的关系更加亲近一些。

真宗驾崩以后，给仁宗留下了两个太后——刘太后和杨太后，当然，刘太后是实权派，杨太后是听刘娥指派。

仁宗小时候身体就不好，患有风痰，大概就是经常头晕咳嗽，吐的痰发青之类的。刘太后咨询了医生，说仁宗这个病不能吃海鲜。刘娥本来就是一个雷厉风行的人，性格又比较严厉，就给仁宗下了一个命令："从今往后不能吃海鲜，我是为你好！"

但是，仁宗偏偏又特别喜欢吃海鲜，尤其是带壳的——不是说的瓜子儿，是说的虾、蟹一类的海物。在他看来，让他吃海鲜才是为他好，不让他吃海鲜简直就是不让他好。

仁宗非常苦闷，苦闷到每天耷拉个脸，看谁都不顺眼。终于，杨太后看不下去了，她趁刘太后不注意，悄悄地藏了虾蟹到自己的宫里，然后把仁宗叫到自己房间来给他吃。

看着眼前这个十三四岁的小孩子狼吞虎咽地吃着虾蟹的样子，杨太后心疼得不得了，甚至眼泪哗哗地摸着仁宗的小脸蛋说："看这孩子给饿的，太后何苦这样虐待咱儿子，他还是个孩子啊！"（太后何苦虐吾儿如此。）

次数一多，仁宗就开始觉得杨太后对自己好，刘太后对自己不好，称呼刘太后为"大嬢"，杨太后为"小嬢"。等刘太后驾崩之后，仁宗顺理成章把杨太后奉为正牌太后，更是对她百依百顺。

好在杨太后是个没什么野心的人，直到景祐年间去世，也没给仁宗出什么幺蛾子。

但是仁宗始终觉得自己对杨太后的报答不够，想方设法都要照顾她的亲戚。仁宗刚登基的时候，就把杨太后的侄儿叫到宫里来，准备给他安排一个管后勤的职务，被杨太后拒绝了。

后来，仁宗又开始照顾杨太后的弟弟杨景宗。

杨景宗本来是一个当兵的，以前宰相丁谓在城南给自家修房子的时候，杨景宗还被安排过去抬土。因为杨太后的关系，杨景宗被仁宗火速提拔，官至观察使（一个虚职，享受知州以上、节度使以下待遇）。等丁谓被贬、抄没家产以后，仁宗一听杨景宗曾经在丁谓府上抬过土，干脆就把丁谓的宅子赐给了他。

杨景宗这样的人，文化不高，素质也不高，骤然得官之后膨胀得非常厉害，脾气不好又喜欢喝酒，动不动就用滑槌打人，开封人送外号"杨滑槌"。后来杨景宗越来越嚣张，甚至"数犯法"，但是仁宗都因为杨太后的关系没有处理他。

那么杨景宗到底犯了些什么事呢？说出来吓你一跳。

他最开始在滑州的时候，跟手下王述关系不好，直接把人家打翻在地，还踏上几脚。

庆历八年（1048年），宫中四个卫士谋反作乱，在宫里放火，甚至都来撞仁宗的殿门了。当时的皇城司负责人就是杨景宗，他是这事儿的第一责任人。然后杨景宗得到的处罚是，去济州当知州，逛了一圈又回到京城。

回京城没多久，他手下的士兵王安带刀进皇城，又被抓住了，然后他又被送到均州去暂避了一阵子后，又回到京城。

杨景宗就这样在仁宗的庇护下，一直在丁谓的宅子里住到皇祐年间才无疾而终，死后被赠官节度使兼太尉。

由此可见，当年杨太后悄悄给仁宗藏的海鲜，真的是给仁宗的印象太深刻了。

南北饮食文化之争，较起真儿来那是要死人的

我们生活在一个地大物博的国家，长江流域和黄河流域这两大区域的土壤、气候、物产，导致了南方人和北方人在饮食文化方面的某些差异。

在互联网已经足够发达的今天，很多饮食文化的差异都已经到了可以拿出来开玩笑的地步。但是，在信息封闭的年代，这样的差异，很有可能是要死人的。

比如，五代时期后周显德三年（956年）发生的一件事。

这年春天，后周世宗柴荣决定御驾亲征南唐李璟，想要一鼓作气解决这个盘踞在江南的政权，把富庶的长江下游地区纳入自己的版图。后周的军队如狼似虎，很快就把淮河流域军队打得七零八落，南唐军队节节败退，柴荣没费什么大

力气就攻下了军事重镇寿春（今安徽寿县）。

柴荣对这里挺满意，决定把这里当成自己的临时指挥部，等大军朝自己靠拢之后，再重新部署兵力，渡过长江直取江宁（今江苏南京）。

据《宋史·太祖本纪》记载，在寿春城里驻扎的时候，柴荣就遇到了一件挺奇葩的事情。

柴荣亲征江南，并不是为了杀戮，而是为了收服，不但要攻城略地，还需要降服民心。所以，他一路上还是要刻意表现出爱民如子、秋毫无犯的风度，要求手下跟当地的百姓和睦相处，不能强取豪夺。

结果就出事儿了。

有人来跟柴荣汇报，说："寿春的饼贩子太坏了，卖的饼子又薄又小，短斤缺两，简直就是奸商啊。"

柴荣也是闲得难受，连这种事情都要亲自来管，于是就正儿八经地派人去搞市场调查。很快，调查结果反馈回来了，饼贩子短斤缺两的情况相当严重，而且家家如此。

柴荣一听，拍案而起，太过分了！这样的行为，不但是破坏市场秩序、损害消费者利益，而且是对柴荣他老人家极大的不尊重。他们再是外地人，怎么说也是王师，是正规军，寿春的饼贩子连正规军都要欺负，更别说普通的外地老百姓了。眼瞅着这里已经收归大周王朝的版图了，怎么可能还允许这样的情况发生？今后还怎么管理？

在这种指导思想下，柴荣就准备杀人立威，要让当地的奸商们长个记性。于是，他一股脑抓了十几个饼贩子，捆成一串，准备当街砍头。

寿春虽然是个军事重镇，但是并不是一个大型城市。如狼似虎的后周军队杀过来之后，有钱有势的差不多都逃光了，剩下的都是走不走都无所谓的穷人。这么一个地方，可能差不多也就只有十多个饼贩子还能留下来坚持做生意。柴荣这么一抓，几乎是把当地的制饼业一网打尽了。

柴荣是河北邢台人，根据他的公开履历，在此之前，他一直都在河北、山西、河南等地工作，这一年他35岁，这是他第一次到江南。用我们今天的眼光来看，北方抱在手里啃的大饼子，跟南方捏在手里吃的小饼子，其中的差别那不是天经地义的吗？稍微有点见识的，都能理解这个道理。

但是柴荣是真不知道，不但他不知道，他的很多手下也不知道。眼看着这十几个饼贩子就要莫名其妙地掉脑袋，总算出来了一个救星——从扬州战场赶过来的赵弘殷，也就是大宋开国皇帝赵匡胤的老爹。

赵弘殷虽然也是北方人，但是此前后周跟南唐打仗的时候，他曾经到过南方，他吃过南方的饼子，知道这不是短斤缺两，这只是饮食文化差异而已。知道情况之后的赵弘殷憋住笑，找到柴荣好说歹说，才让柴荣明白了这个道理，放了这十几个饼贩子一条生路，也算是拯救了寿春的餐饮业。

如果寿县的朋友们发现你们那儿的饼子，比南方其他地区的饼子要稍微大一些，那说明，千年之后，柴荣他老人家的余威尚在哦。

茶商功亏一篑的"送女上位"计划

北宋明道二年（1033年）十二月，在一起争风吃醋的厮打事件之后，宋仁宗一怒之下废掉了当初章献太后给他指定的郭皇后。中宫空缺，接下来的事情就要寻找一个新的皇后来主持大局。

《涑水记闻》里记载了这么一个离奇的故事。到了第二年，也就是景祐元年（1034年），仁宗选定了一个姓陈的姑娘，兴高采烈地告诉群臣，他准备立这个陈姑娘为皇后。

众人都惊呆了，因为陈姑娘的出身不够高贵，他的父亲叫陈子城，是一个从寿州（今安徽寿县）来开封做生意的茶商，当然，生意是肯定做得很大的。用今天的话来说，只是一个富二代，不是名门望族的闺女。

于是，群臣就纷纷上疏表示反对，喊得最激烈的人，包括宋绶、王曾、吕夷简、蔡齐等名臣。

仁宗皇帝的态度非常坚决，他一定要娶陈姑娘。他前半辈子一直活在刘娥的阴影之下，现在好不容易有了一次自主选择婚姻的机会，怎么可能再听其他人的意见。

这件事情僵持了很久，甚至仁宗都已经在选日子准备搞正规的册封仪式了，但是一个宦官的话阻止了他。这个宦官叫阎文应，他对仁宗说："这个姑娘的爹叫陈子城，陛下你知道子城代表什么吗？大臣家里的奴仆就叫'子城使'，陛下贵为天下之主，总不可能封一个大臣家的奴婢当皇后吧，这样会被后人耻笑的。"

仁宗犹豫了很久，终于接受了建议，随后封曹彬的孙女为皇后。寿州茶商陈子城女儿的逆袭之路，就在临门一脚的时候被封死了。

现在的问题来了：开封有钱有势的人多了去了，茶贩子陈子城是怎么打通关节，把自己的女儿送到宫里，还差点当上皇后了呢？

史书上没说原因，只模模糊糊提到一句：杨太后曾经许诺，让陈子城的女儿当皇后。

杨太后，就是真宗的杨淑妃，跟刘太后刘娥情同姐妹。当年刘太后把仁宗收为自己儿子之后，没时间照顾仁宗的时候，就是杨淑妃负责带孩子，所以仁宗对杨淑妃的感情，甚至比对刘娥还要好很多。

从这个描述来看，陈子城是打通了杨太后的关节的。

其实不止，甚至连刘太后的关节，陈子城都打通了。

仁宗刚登基时候的天圣年间，陈子城在家里发脾气，打死了一个磨工（大概是在他家茶坊里磨茶叶的）。都出人命了，朝廷自然要下文书抓捕。但是没过几天，刘太后直接下了一道诏书，说这事儿就算了，不追究了。

著名的谏臣"鱼头参政"鲁宗道不服气，就到刘太后垂帘听政的帘前去争辩，说："不能因为陈家有钱就包庇他吧，法律岂能当儿戏？"

刘太后怒气冲冲地问："你怎么知道他家有钱？"

鲁宗道哼了一声道："他家如果没钱，怎么可能打得通你的关系？"

刘太后气得不行，虽然没有收拾鲁宗道，但是也没有继续追究陈子城，这件事情就这么不了了之。

从这两个细节来分析，陈子城在开封城花钱买路，确实是花了不少钱的。

那么，陈子城一个普通的茶商，是怎么搭上后宫两位太后这条线的呢？

我查了很多资料（《宋史》《涑水记闻》《宋代人物辞典》及一些论文），差不多算是把这条线给捋清楚了。

陈子城在开封做茶叶生意很多年，认识了一个开封本地的同行马季良，一来二去就混成了好兄弟。马季良运气非常好，娶了刘美的女儿。

刘美，原名龚美，起初是成都的一个银匠，号称刘太后的哥哥——其实有很多资料显示，他是刘太后的前夫。这么算起来，马季良甚至算是刘娥的女婿。于是，陈子城就通过马季良的关系，搭上了刘太后这条线。鉴于杨太后是刘太后的小跟班，陈子城又顺利地搭上了杨太后这条线。

等到仁宗废掉郭皇后之后，陈子城顿时有了一个大胆的想法，他决定把自己本就很漂亮的女儿好好"包装"一下，利用杨太后的影响力，推荐给仁宗，然后册封为皇后，自己从一个普普通通的茶商变成国丈，不知道有多风光。

于是，这一起精心策划的送女上位事件就这么轰轰烈烈地上演了，若不是阎文应的一番无法反驳的胡扯，陈子城还真的成功了。

现在，我来回答这个最核心的问题：为什么群臣要反对仁宗立陈姑娘为皇后，是真的觉得她出身低微吗？

其实不是的，出身再低微，低得过穷苦人家出身、还离过婚的刘太后吗？

当时的情况是这样的：把持朝政的刘太后刚去世没多久，不管是仁宗也好，大臣也好，都在想尽办法清除刘太后这条线的势力。但是很明显，郭皇后、杨太后、马季良、陈子城，都算是刘太后一条线上的人，大家伙儿好不容易清除了一个郭皇后，如果再换上一个刘太后这条线的陈子城的女儿当皇后，那岂不是前功尽弃、给自己找麻烦吗？

正因为这种错综复杂的关系，陈子城精心策划的送女上位计划才没能成功。

而这一大盘棋里，唯一懵懵懂懂的人，就是色令智昏的宋仁宗。

不争气的宗室的女婿

北宋神宗年间，一个叫王永年的小伙子不知道是人长得帅还是因为才华横溢，在人生道路的起步阶段，就拿到了一手非常好的牌：他娶了一个宗室的女儿，也算是北宋皇族枝繁叶茂的大树上一枚沉甸甸的果实了。

他的老丈人名叫赵叔皮，我查了一下北宋的宗室世系表，赵叔皮应该是赵廷美一支的后代，算起来是神宗的兄弟辈，王永年也就是神宗的远房侄女婿。

虽然是远亲，但是赵叔皮的地位并不低，而且在朝廷里颇有一些地位，从两个细节就能看出来：第一，赵叔皮虽然已经是很远的支系了，但是依然居住在京城开封，并没有去外地；第二，王永年娶了赵叔皮的女儿之后，朝廷的两位重臣杨绘、窦卞都在皇帝面前举荐过他。

但是王永年不太争气，或者叫不太自律，把一手好牌打得稀烂，烂到跟老丈人都公开决裂的地步。

据《涑水记闻》记载，这事发生在熙宁九年（1076年）前后，王永年从南方任满回开封述职，顺便押送了几千缗公款回来。但是王永年有一个挪用公款的习惯，他一路上大手大脚地花掉了上千缗。花到什么地方呢？喝酒，嫖妓，玩乐，总而言之是一点正途都没有。

到了京城之后，王永年就找到赵叔皮，让老丈人帮他还钱。

赵叔皮很生气，因为这不是一回两回了，每次挪用公款回来，都是让老丈人家里帮忙还钱。再说了，你要是把公款拿去铺路修桥，赵叔皮心里还好受一些，你拿去嫖妓，这也太过分了一点吧。

于是，赵叔皮就坚决拒绝，然后翁婿二人就发生了非常严重的争吵，弄得不欢而散。王永年回家之后，气愤不过，把自己的老婆骂了一顿，结果老婆被骂得不行，转身就回娘家向赵叔皮揭发了王永年的另一件事。

王永年此前在朝廷当资料库管理员，这个职务本来不是什么肥缺，但是王永年愣是在里面发现了商机，悄悄把朝廷的老文件弄出去卖钱，卖的钱拿去嫖妓。

久而久之，他偷东西的事情就被老婆发现了，老婆也是一个奇葩，没说"你这样是违法的，你得去自首"，而是问了一个掏心掏肺的问题："你卖文件的钱呢？"

王永年当然不可能实话实说，于是脑筋一转，就说："杨绘和窦卞不是都举荐过我吗，我把钱拿去感谢他们了。"

他平常也零零碎碎地给杨绘和窦卞送了一些小礼品，还主动邀请他们到家里来喝酒。但是这个喝酒就喝得有些过分了，王永年把自己逛风月场的作风带到了家里，他要求自己的老婆双手捧着酒请杨绘和窦卞喝。

我必须强调一下，不是双手端着酒，是双手捧着酒，把老婆的手当成酒杯。

杨绘和窦卞这辈子很少有机会能够享受到亲吻宗室女儿双手的待遇，于是就欣然接受了这种服务。

王永年的老婆当然不乐意，但是老公发话了，她也不好拒绝，但是心里始终是有个疙瘩放着。现在王永年又因为赵叔皮不帮他偿还嫖资在家里发火，终于触动了她心里的底线，把王永年偷盗朝廷文件卖钱的事情告诉了老爹，顺便控诉了王永年生活腐化，让自己给杨绘和窦卞陪酒的事情。

赵叔皮大怒，想不到自己的女儿还受过这种屈辱，堂堂皇家县主怎么就变成了陪酒的，于是就找到专门负责皇家事务的宗正司举报了自己女婿。

神宗很生气，就派人来查这事儿。

王永年一看，好你个老丈人，你竟然跟我走司法程序，你无情我也无义了！

于是，王永年深夜敲开宰相王珪的大门，举报赵叔皮谋反，依据是熙宁十年（1077年）正月十五，赵叔皮和弟弟赵叔敖趁着夜色去算命，算出来自己命中注定要当皇帝，于是回家图谋造反，已经在家里准备好了登基的服装和仪仗，就等着时机一到杀进大内夺取皇位。

这事儿确实闹大了，已经不是宗正司范围内能够解决的问题了，神宗就让开封府彻查，在蔡确、沈括（对，就是那个写《梦溪笔谈》的科学家）的通力协作下，查来查去，总算是还了赵叔皮一个清白，确定了王永年是诬告。

这件事的最终处理结果如下：赵叔皮无罪，杨绘和窦卞收受贿赂遭贬职，在审理过程中包庇杨绘和窦卞二人的开封府判官吴几复遭贬职。

至于王永年，他运气还算不错，收押在狱中的时候病死了。

大宋第一前夫

宋代虽然倡导守节，但是主流社会上并不歧视再婚的女子。这个再嫁，不仅仅指的是夫死之后的再嫁，即便是丈夫活着改嫁，在社会上也有非常高的宽容度，甚至在整个宋代，有三位皇后都有"改嫁"的嫌疑。其中仁宗的曹皇后是老公逃婚，徽宗的韦皇后（后来赵构封的）是给人当丫头，勉强可以不算是改嫁。但是真宗的刘皇后，却是正儿八经给人当过老婆的。

据说，刘皇后叫刘娥，祖籍太原，家在成都，据说祖父是右骁卫大将军刘延庆（同名，不是南宋刘光世的爹）、父亲是嘉州刺史刘通，都是五代和宋初时期的武将。

请原谅啊，我写宋史文章的时候第一次连续用了这么多"据说"，这不是我的错，待会儿我要解释一下。

刘娥还在襁褓里的时候，父母双亡，被老妈这边的亲戚收养，然后就学会了打拨浪鼓，而且打得非常之好，可能到了专业演奏的级别。从这个细节大家可以看出来，刘娥的生活过得可能不是那么美好，需要到市面上演出来换取生活费用。

到了谈婚论嫁的年纪，刘娥也顺利成婚，嫁给了一个叫龚美的成都银匠，都是手艺人，也算是门当户对。两口子在成都的生活过得不是很如意，于是就想着到开封讨生活，这段时间，大概是太平兴国八年（983年）左右。

他们为什么要搬家到开封，史书上没说，我查了一下《宋史·太宗本纪》，这一年全国发大水，造成了非常大的经济萧条，这极有可能是龚美和刘娥两口子去开封讨生活的重要原因。

到了开封之后，龚美发现生活还是过不下去，很可能他的锻银手艺和刘娥的拨浪鼓手艺在开封吃不开，于是就想着让刘娥改嫁——说通俗点，就是把老婆卖了。

《宋史·后妃传》记载，这一年，刘娥刚刚15岁。非常幸运的是，他们遇上了张耆，也就是三皇子赵元休家里的侍卫队长。张耆在人群中多看了刘娥一眼，觉得她长得水灵灵的怪可爱，就把她带回了王府，推荐给了赵元休，从此开创了一段传奇。16岁的赵元休果然跟张耆的审美观高度重合，当场拍板把她买下来，然后刘娥就变成了赵元休的王妃。

但是这件事遭到了赵元休的奶妈秦国夫人的反对，她的理由很简单，刘娥出身低微，而且结过婚，怎么可能当太子妃，就命令赵元休把她赶出宫去，重新给他娶了一个老婆，也就是大将潘美的女儿。

现在，我就可以解释一下，我刚才为什么要用那么多据说了。如果刘娥的出身是真的，这个身份配一个当时并不是太子的赵元休也不算是过分。

赵元休还想犟一犟，秦国夫人一看他不听话，转身就去给他爹赵光义打小报告。赵光义的态度也很坚决，赵元休实在是没办法，只好把刘娥送出王府。但是他多留了一个心眼，并没有把刘娥还给龚美，而是放到了侍卫队长张耆的家里。

这一藏就是13年，其间赵元休时不时去张耆家里跟刘娥私会，倒是长情得很。

至于刘娥的前夫龚美，赵元休是毫不避讳，直接把他带到了自己的王府跑腿打杂。龚美凭借自己的忠心和努力，愣是成了赵元休的亲信（以谨力被亲信），变成了非常有地位的侍从。

到了至道三年（997年），赵光义驾崩，已经改名赵恒的赵元休顺利继位，当上了皇帝，也就是宋真宗。没有了父亲管束的真宗赵恒，终于可以正大光明地把刘娥接到宫里来，然后对外公布了刘娥的家世渊源，表示这姑娘也是有来头的，不是什么来历不明的民间女子。随后，刘娥一路高升，最终成了真宗的皇后。

至于刘娥的前夫龚美，真宗也没有忘记他，刚一登基就把他录用为正式的官员，随后龚美一路高升，帮真宗办了不少差，甚至以钦差的身份去调查边关大将的忠诚度。

至于龚美的身份怎么处理呢？总不可能正大光明地说，这是皇后的前夫吧。

所以，在刘娥刚入宫的时候，真宗就把龚美的身份给公众做了一个交代：他叫刘美，是刘娥的哥哥，当年就是他把刘娥从成都带到开封来的，算是我的大舅哥。至此，龚美就彻底改名刘美，顺利地接过了刘娥的家世，变成了祖籍太原的成都人。

真宗最宠刘美的时候，真宗甚至想让他带兵，刘娥担心影响不好一直不愿意，来来回回推让了四次，真宗才知道刘娥是真的不想让刘美带兵，这才作罢。

刘美自己的情商也很高，虽然有陛下大舅哥的身份，但是为人相当正直，不勾结宦官，不营私结党，似乎也没有什么经济问题——当然，那时候刘娥深得真宗的喜爱，甚至在真宗病重的时候独立处理政事，刘美似乎也没什么勾结其他人的必要。

到了天禧五年（1021年），刘美在"侍卫马军都虞候"（侍卫马军的三把手）的岗位上病逝，享年60岁，被追赠太尉、节度使。

那么刘美的婚姻状况如何呢？

《宋史·外戚·刘美传》记载，他死后，真宗追赠他的亡妻宋氏为河内郡夫人。这个老婆是什么时候娶的，我们不知道，但是《宋史·钱惟演传》里还有一个记载：钱俶的儿子钱惟演为了讨好刘娥，把自己的妹妹嫁给了刘美。

也就是说，刘美至少还有一个姓钱的老婆。

刘美这一辈子，出身低微，身为皇后的前夫，却能深得皇帝的信任，为人正直而善终，真可以算得上是大宋第一前夫了。

最后补充一句：帮真宗照顾老婆13年的张耆，也深得真宗的信任和重用，恩宠无边。他有一个后代，就是大名鼎鼎的张叔夜。

赵光义的"八阵图"

太宗太平兴国四年（979年），赵光义北伐在高粱河遭遇惨败之后，不得已回到开封休养生息。到了下半年，辽圣宗耶律隆绪御驾亲征，攻破了赵匡胤和赵光义的故乡涿州，然后继续南下。

赵光义一看老家都被辽军端了，于是就派刘廷翰率领赵延进、崔翰、李继隆三员大将带兵八万北上迎敌。

《宋史·赵延进传》中记录，出发之前，赵光义找到他们，亲手赐了一张"八阵图"，告诉他们，这是他从诸葛亮"八阵图"里吸取的灵感再加工而成，将全军八万人分成八个大阵，可以说是严丝合缝水泄不通。

赵光义还专门对他们进行了嘱咐：一旦跟辽军开战，必须按照这个执行，不得有丝毫变化。

赵光义这么做，是有执念的。

他登基当了皇帝之后，处处都想做得比自己的哥哥太祖赵匡胤强。

我一直都觉得，北宋的第一名将应该是赵匡胤本人，不管是单兵作战能力还是指挥能力，都是当时的顶尖水平。赵光义一直都不服气这一点，认为自己也是一个很能打仗的人，尤其是当他亲自带兵打下了太原之后，觉得自己干成了赵匡胤都没干成的事儿，那肯定是比老哥哥厉害多了。

所以，他想起了赵匡胤的一个故事。

太祖乾德二年（964年），赵匡胤派了一帮子名将去征讨孟昶的后蜀，两路大军从水陆两路分头向成都进发，其中刘廷让和曹彬负责水路，也就是跟杜甫的名诗《闻官军收河南河北》"即从巴峡穿巫峡，便下襄阳向洛阳"的道路反着来的：从洛阳下襄阳，然后从长江三峡西进进攻成都。

在水路大军出发之前，赵匡胤拿出地图对刘廷让和曹彬说："孟昶派人在夔州横江架设了浮桥，桥上有防御工事，长江两岸有炮具。你们逆流而上来到夔州的时候，千万不要从水路进攻浮桥，这样死伤极重还不一定有效。你们先派步兵从陆路沿江岸穿插，找机会偷袭他们的炮兵阵地和桥头堡，然后水陆同时夹攻他们的浮桥工事，这样才能攻克长江天险。"

刘廷让和曹彬领命而去，发现情况果然跟赵匡胤说的一模一样，他们按照部署，非常顺利地攻克了夔州。

很显然，这个事情在赵光义的心里留下了非常深刻的印象，他也想这么玩一次。

十一月，赵延进等人在满城跟辽军相遇了。辽军声势浩大，"东西互野，不见其际"。崔翰和李继隆没办法，只能按照赵光义交给他们的"八阵图"开始布阵。这个阵法也挺奇怪，每一万人为一个单位，但是每个单位之间距离百步，不知道赵光义要搞什么名堂，但是强迫症是非常明显了。

其实三位久经沙场的战将已经看出来这个阵法形式大于内容，搞不好就要被辽军分割包围聚而歼之。不单单他们仨看出来这个阵型不靠谱，连士兵们都开始怀疑自己的人生，毫无斗志。

三个大将立刻就明白了一个道理：这种时候应该把八万人合兵一处跟辽军正面硬刚。但是一旦合兵就违反了赵光义的圣旨，打赢了还有点理由去跟赵光义说好话，打输了可就毫无生机可言了。这时候，赵延进站了出来，他对崔翰和李继隆说："陛下派我们出来打仗，首要任务是克敌制胜。但是现在我看这个情形，敌军势众我们却要分兵，恐怕有点悬。不如我们合兵跟辽军决战？"

崔翰也是个老油子，不想承担这个责任，回答了一句："万一打输了，咋整？"

赵延进胸脯子一拍："倘有丧败，则延进独当其责！"意思是，打输了我一个人承担责任，这下你们放心了吧！

于是，三人一不做二不休，将八阵合为前后二阵跟辽军决战，果然士气大振，大获全胜。

回到朝廷之后，听完汇报的赵光义自己也觉得有点羞愧，再也没提"八阵图"这种"高科技产品"。

那么，赵延进为什么有这么大的胆子，敢于站出来挑头修改赵光义的阵法呢？因为他的身份比较特殊，他的老婆，是赵光义尹皇后的亲妹妹，他算是赵光义的连襟。

否则，崔翰和李继隆那样的骁将，为什么不敢站出来否定赵光义的瞎指挥，非要心怀鬼胎地等赵延进来当这个带头人？

赵匡胤的陈桥兵变，是跟谁学的

《宋史》上关于赵匡胤的陈桥兵变，是这么记载的。

后周显德六年（959年）十一月，镇州（今河北正定县）和定州的守臣向小皇帝柴宗训汇报，契丹和北汉合兵入侵，河北告急。

显德七年（960年）正月初一，小皇帝决定派御前都检点赵匡胤带兵出征，赵匡胤自己也主动请命了。

正月初三，经过周密准备的赵匡胤带兵出发，当天晚上住在距离开封20千米左右的陈桥驿。

正月初四清晨，赵匡胤的弟弟赵匡义（后避讳改为赵光义）、部下赵普等人带着将士们冲到赵匡胤的门外，持刀逼迫他当皇帝，并且将一件早就准备好的黄袍披在他身上。赵匡胤无奈答应，回到开封掌控全局。

正月初五，赵匡胤宣布登基，改国号为宋，正式建立大宋王朝。

熟悉五代史的朋友，看到这里，可能心里会"咯噔"一下，因为这一段历史，在九年之前曾经上演过，连细节都差不多。

后汉乾祐三年（950年）十一月二十七日，镇州和定州的守臣给后汉留守太后汇报，契丹入侵，太后于是命令枢密使郭威带兵出征。

十二月一日，郭威带兵从开封出发。

十二月十六日，郭威来到澶州（今濮阳），在这里休息了四天。

十二月二十日清晨，将士们违抗了北上抗辽的军令，翻墙来到郭威的卧室门外，将一面撕烂的黄旗披在他身上，逼他称帝。

十二月二十七日，"非常不好意思"的郭威回到开封，"迫不得已"答应了留守太后"请求"他建国的建议。

第二年正月初五，郭威觉得再不好意思就真的没意思了，废掉了皇帝刘赟（yūn），自己登基，建立了大周，也就是后周。

大家看这两段历史，是不是觉得很眼熟啊？

都是契丹入侵，入侵的地点都是镇州和定州，感觉契丹是一个很念旧的民族，九年过去了依然喜欢走老路。

都是说起来很凶残，似乎整个河北都要沦陷了，但是这边的人从开封一出发，他们就销声匿迹，别说进攻河北了，连镇州和定州都没啥战报。

都是头天晚上将士们密谋，然后第二天凌晨冒着杀头的危险，逼迫当事人当皇帝，还要扯一块黄布披到人身上山呼万岁。

这是巧合吗？当然不是。

因为根据《宋史·太祖本纪》的记载，乾祐三年（950年），赵匡胤就在郭威的手下当兵，如果没有特别大的意外的话，郭威在澶州黄袍加身的时候，赵匡胤是亲历者。所以，赵匡胤才能把这个九年前的知识点记得那么牢，而且进行了充分的优化。

优化一：郭威兵变的时候，撕了一面黄旗当道具，但是赵匡胤很显然是一个完美主义者，准备了一件黄袍。

优化二：郭威从出兵到回城，总共花了27天，一直走到了100多千米以外的澶州才动手，赵匡胤为了防止夜长梦多，走了一个半程马拉松的距离就回来了。

优化三：郭威"被逼"登基，只是将士们翻墙请愿，但是赵匡胤的手下却是提着刀冲进来的，显得赵匡胤更加"无奈"一些。

情况已经非常明确了，现在我们需要解决的就是另一个很重要的问题：契丹到底来没来。

乾祐三年（950年），就是辽世宗天禄四年，《辽史·世宗本纪》记载，这一年的十月，辽世宗亲自带兵南下，攻下了安平、内丘、束鹿（今辛集）等城，大胜而还，没有继续深入。

考虑到当时信息传递有一定的时间差，在十一月底说契丹入侵，可能还有那么一点点靠谱。但是赵匡胤陈桥兵变的显德七年（960年），也就是辽穆宗应历十年，那就比较没谱了，《辽史·穆宗本纪》记载，赵匡胤哼哧哼哧出发去打仗的时候，辽穆宗在从南京（今北京市）回上京（今赤峰市）的路上，回去之后还平定了以王子耶律敌烈为首的一场叛乱，根本就没啥时间南侵。

那么，有没有可能是北汉自己南侵，为了壮大声势假装说跟契丹组成联军吓唬人呢？

抱歉，我仔细查阅了薛居正的《旧五代史》和欧阳修的《新五代史》，确实没找到刘承钧主动东侵镇州的记载，而且他在太原自己都活得战战兢兢的，没有契丹撑腰就主动攻击后周，恐怕确实有点不太讲究。

所以，要不怎么说赵匡胤把郭威的方案优化了呢，连敌情都报得那么随心所欲，幌子都懒得找一个了。

人一走茶就凉，哪怕开国皇后也没辙

北宋真宗天禧元年（1017年）九月，开封城内发生了一起因为买卖房屋造成的纠纷。

买方叫王曾，一个大名鼎鼎的人物，北宋第二位在科举中连中三元的大才子，一年半以前被提拔为参知政事。当了参政之后的王曾觉得自己的仕途已经非常稳定而清晰了，于是就开始想在首都换一个大一点的宅子。找来找去，找到了一户姓贺的人家，正好想卖房子。

这家人虽然现在不怎么发达，但是当年祖上是阔过的：北宋王朝的第一位皇后、太祖赵匡胤的原配夫人贺氏就是他们家的。

贺氏的父亲叫贺景思，当年跟赵匡胤的父亲赵弘殷是护圣营的同事，后晋开运年间就跟赵弘殷结成了亲家，把女儿嫁给了赵匡胤。贺氏为赵匡胤生下了两个女儿和一个儿子，儿子就是大名鼎鼎的赵德昭，两个女儿分别嫁给了王承衍和石保吉。

而且，这个宅子就是当年赵匡胤赐给他们家的。

按理说，这样的家庭在开封也算是顶层中的顶层了，一般人都是惹不起的。但是贺家的运气不太好，家道中落得很厉害。

赵德昭因为被太宗训斥而自杀，英年早逝，没能在这时候留下什么雄壮的政治遗产，他家发达要等到200多年以后赵德昭的九世孙宋理宗赵昀登基。

贺氏身体也不太好，在赵匡胤登基之前的两年生病去世，皇后也是被追封的，一天母仪天下的荣耀都没享受过。

贺皇后有一个哥哥，叫贺怀浦，是一个比较猛的武将，也算是很受器重，但是雍熙三年（986年）北伐的时候，作为杨业（就是杨家将的杨令公）的部下，战死了。

贺怀浦还有一个儿子，名气更大一些，叫贺令图，同样是雍熙三年在北伐的时候中了辽军的诈降之计，被辽军俘虏，生死不明。

也就是说，从那一年开始，贺家所有的政治资源就只剩下"前开国皇后"一项，而且……现在的皇帝已经不是她老公那一支的后代了。

可想而知，贺家的生活可能过得不是那么舒坦，所以在几十年之后要开始卖房子了。

那么，这个纠纷是怎么弄出来的呢？

《宋史·王曾传》里说，贺家同意卖房之后，也不知道是"破家值万贯"一直在收拾东西，还是因为王曾太心急，反正双方就在搬家的时间上产生了严重的分歧，一直交接不了房。王曾一怒之下，做出了一个惊人的举动，他派人抬了很多土，直接把贺家的门给堵上了。

贺家觉得，虽然说落毛的凤凰不如鸡，虽然说人一走茶就凉，但是你王曾这样也太过分了吧，你一个"职业经理人（参知政事为副宰相）"，竟然欺负到"前董事长夫人"的头上了，再怎么贺皇后也是当今皇帝的亲伯母吧！

于是，贺家人就跑到皇宫去告御状，直接闹到了真宗那里。你别说，真宗还真把王曾给处分了。真宗自己也懒得管这个糟心事儿，交给宰相王钦若去处理。王钦若一看，大喜过望，立刻将王曾罢为礼部侍郎，然后去应天当知府。

是因为王钦若要帮贺皇后的家人找回场子吗？是因为真宗要照顾自己的伯母吗？不是的，因为王钦若跟王曾不和，正巧真宗也不喜欢王曾，立刻就以此为契机把他给弄走。

只不过，贺家人正好在这个时候去告了一个状而已。

宋太宗登基之后的举动反常吗？反常就对了

北宋开宝九年（976年）十月二十日，年仅50岁、身体素质好得堪比特种兵的宋太祖赵匡胤突然在万岁殿驾崩，他的弟弟赵光义接过了政权，是为宋太宗。

据《宋史·太宗本纪》记载，赵光义登基之后，做了一个非常让人不理解的举动。

他十月甲寅日登基为帝，60天以后，也就是刚好一个甲子之后的十二月甲寅日，他下诏改元，将赵匡胤的"开宝"年号改成了自己的"太平兴国"。

这一天，已经是十二月二十三日，还有七天就到新年，他连这七天都不想等，只能说明一个问题：这个"正好一甲子"对他来说非常的重要。

赵光义对这样的阴阳术数感兴趣吗？

我告诉你，非常感兴趣，甚至他在登基之后，还专门针对全国的术士搞了一个为期一年的大整治、大清理活动。

在此之前的开宝九年（976年）的十一月初八日，他雷厉风行地下了一道诏书："命令全国所有州县将术士全部送到开封来，凡有藏匿者，杀。"

直接用到了"杀"这样的惩罚级别，可见赵光义对于这件事的重视程度。

到了第二年，也就是太平兴国二年（977年）的下半年，该抓的人已经快要抓齐了，赵光义又发现，单纯抓人没用，挡不住有些会写字的术士将自己的知识写下来传给后人，于是在十月十九日补充下发了一道诏书："将天文、占卜类的书籍列为禁书，凡是有私自学习的人，斩。"

同样用到了杀头的处罚级别，赵光义态度之坚决、执念之深沉，让人不寒而栗。

那么，赵光义把这一批人弄到开封来干什么呢？答案很快就要揭晓。

十二月初一，赵光义将这一批从全国抓来的术士进行了一次集中考核，有真才实学的人送到司天台去上班，统一安排，至于那些靠坑蒙拐骗为生的假术士，直截了当刺配海岛，不再给他们继续从业的机会。

到此为止，赵光义针对术士的整治活动成功告一段落。我们今天来看，这一项活动至少达成了以下几个目的：第一，将全国所有有真才实学的术士都牢牢地控制在了自己的手中；第二，从很大程度上禁绝了民间术士们妖言惑众的可能性；第三，非常明确地向全国传递了"禁止私学术数"的要求。

可能很多人都挺奇怪，赵光义为什么要在刚刚登基的时候做出这么一个反常的举动。其实，这件事情，和他登基的过程有莫大的关系。

《宋史·太祖本纪》记载，建隆元年（960年）正月初三，赵匡胤借口契丹入侵带兵北伐，临出城的时候，天空中出现了两个太阳。这是一种虽不常见但是很正常的大气光学现象，名叫幻日，是阳光照射在空中排列整齐的六角形柱体小冰晶时折射出来的虚像。

这时候，熟知术数的军校苗训就对同行的楚昭辅说："两个太阳并立，这就是天意吧！"

随后，赵匡胤发动陈桥兵变夺取了政权。

就在这一年，陕西周至县发生了一件奇事：有一个自称为玉帝辅弼的"黑杀将军"降临在一个叫张守真的县民家中。这个黑杀将军能且只能和张守真对话，预言的事情颇为灵验，久而久之，看到了某种契机的张守真就转行当了道士，并且依托这个"黑杀将军"——也就是后来的"黑煞神"在陕西乃至全国创下了非常大的名声。

大到连赵光义都开始信他。

开宝九年（976年）十月十九日，也就是赵匡胤暴死之前的头一天，被召来开封的张守真请下来黑煞神，说出了一句意味深长的预言："天上宫阙已成，玉锁开，晋王有仁心。"

晋王，就是当时赵光义的封号。

关于张守真为什么会来开封，史料上有两种说法，一种是赵匡胤叫来的，另一种是赵光义叫来的。

至于哪种说法是真实的，相信大家能够有一个自己的判断。

张守真这么一作法，赵光义就跟十六年前他的哥哥赵匡胤一样，"顺应天意"地坐上了皇帝的宝座。

现在，我们终于可以对赵光义那么急迫地要把全国术士统一管理起来的目的进行一个阐述了：他们两兄弟登基都搞了一些神神道道的"天命"，今后难免有人又要用这样的招数来动摇人心，最好的办法就是把隐患全部排除。

至于这个跟黑煞神联手说出"晋王有仁心"的张守真，赵光义也没有亏待他，在张守真的家乡终南山给他修建了一个上清太平宫供奉黑煞神，并且给这个听上去不那么雅观的神仙封了一个新的名字——翊圣将军，成为"四圣"之一。

不过，张守真的结局也挺令人疑惑。

至道二年（996年），赵光义将张守真再召来开封，让他请翊圣下凡来指点迷津。但是张守真这一次失败了，怎么请都请不下来，随后，张守真宣布黑煞神从此以后再也不会下凡。

完成了这一个工作的张守真随即返回终南山，刚到宫观就病亡了。

半年之后的至道三年三月二十九日，赵光义驾崩。

因为这个时间点如此接近，所以后世一直有人怀疑张守真之死是赵光义的安排。真相究竟如何，大家自己判断吧。

宋太宗为什么对他的嫂子那么狠心

北宋开宝九年（976年）十月二十日，宋太祖赵匡胤暴毙，他的弟弟赵光义接过了政权，是为宋太宗。

赵匡胤死后，留下了两个儿子——25岁的赵德昭、17岁的赵德芳，以及一个24岁的宋皇后，也就是赵光义的嫂子。

宋皇后年轻貌美，而且是妥妥的名门之后，她是左卫上将军、忠武军节度使宋偓的长女。他们家在五代和北宋这一段时间的根基极其强大：宋偓的母亲是后唐庄宗李存勖（xù）的女儿，宋皇后的母亲是后汉太祖刘知远的女儿，宋偓另外五个女儿也都是嫁给了北宋的各个武将世家，可以说"近代贵盛，鲜有其比"。

但是，24岁的宋皇后在太祖死后，遭遇了太宗极其凉薄的对待。

据《宋史·后妃传》记载，太平兴国二年（977年），宋皇后被安排到了西宫居住；雍熙四年（987年），又被移到了东宫；至道元年（995年），宋皇后去世，年仅43岁。

在这一段时间里，宋皇后作为前朝母仪天下的皇后，赵光义的嫂子，在朝廷之中没有任何话语权，没有任何政治举动，就这么像一个行尸走肉一般被闲置在后宫，无所事事地等死。

她去世以后，赵光义的行为更是让人百思不得其解。

《宋史·王禹偁传》中是这样记载的：赵光义并没有把她送到赵匡胤的永昌陵去合葬，而是把她的灵柩停放在了赵匡胤和赵光义已经死去的妹妹燕国长公主的旧宅子里，赵光义自己不穿丧服，也不让大臣们为她戴孝举哀。

翰林学士王禹偁（chēng）对此非常不满，私底下跟宾客们议论，说赵光义不太厚道。结果这件事传到了赵光义的耳朵里，赵光义大为震怒，将王禹偁贬为滁州知府。后来这件事闹大了，赵光义才心不甘情不愿地给宋皇后上了一个"孝章"的谥号，把灵柩移到了普济寺。

又过了一年，赵光义才把宋皇后葬到了赵匡胤永昌陵的北面，连她的牌位都没进入太庙，而是放到了其他的庙里，直到神宗年间才得以进入太庙跟太祖皇帝并列。

这一举动，在史书上被后人称为赵光义的三大污点之一（另两个是不到新年就改元，赵匡胤的两个儿子暴死）。

赵光义为什么对自己的嫂子那么狠心呢？

按照常理来分析，赵光义不管是阴谋篡位还是正常继位，都应该对自己的嫂子恭恭敬敬，这才显得自己的光明磊落，好堵住世人的汹汹之口。比如赵匡胤陈桥兵变篡位之后，在明面上对柴家人就非常恭敬，封柴宗训为郑王，尊符太后为周太后。赵光义如此冒天下之大不韪，宁愿背负骂名也要对自己的嫂子那么狠心，导致后世有很多猜测，说什么的都有。

不过在我看来，赵光义这一举动，只有一个目的：不承认宋皇后的身份。

这个结论，从史书上不难发现端倪。

根据《宋史·后妃传》的记载，宋皇后是开宝元年（968年）二月被赵匡胤册封为皇后的，但是非常神奇的是，在《宋史·太祖本纪》之中，没有她册封的任何记载，更关键的是，"开宝元年二月"这一个章节，缺失了！

皇帝册封皇后，在古代如此重要的事件，竟然上不了史书，这种不合常理的结果只能指向一个原因——赵光义在审定《太祖实录》的时候，对这一个记载做出了重要指示："这咕噜掐了，别播。"

以至于后世的史官在编撰《太祖本纪》的时候，没有任何原始材料，所以才导致了这一个章节的空缺。

现在的问题来了，赵光义为什么想要剥夺宋皇后的皇后身份呢？这和他继位时候发生的惊险一幕有关。

根据司马光的《涑水记闻》记载，赵匡胤驾崩以后，宋皇后是在赵匡胤身边的，她当即派了宦官王继恩去通知人来接班，但是不知道为什么，王继恩叫来的人是赵光义。

宋皇后听到门外传来脚步声以后，她的第一句话是："德芳来了吗？"

正是这句话，让赵光义对这个嫂子产生了极大的戒心，所以才一直闲置了她接近20年，并且在她死后也不给她皇后的待遇。

这句话的问题出在哪里呢？

赵匡胤不知道是出于对自己身体素质的自信，还是有其他什么方面的考虑，一直没有立太子。按照以往朝代的正常继位流程，接替皇位的人应该是年长的儿子赵德昭。按照不管真假的"金匮之盟"，接替皇位的人应该是赵匡胤的弟弟赵光义。这两种继承方式，都不会轮到17岁的赵德芳来即位。

但是偏偏，宋皇后通知的人是赵德芳。

这种情况只有三种可能性：第一种是赵匡胤有明确的遗言，想要把皇位传给赵德芳；第二种是宋皇后对朝政产生了非常浓厚的兴趣，想要立一个年轻的皇帝方便控制；第三种是宋皇后和赵德芳之间达成了某种交易，他们事先已经串通好了。

这三种可能性，没有任何一种是赵光义愿意看见的，所以最好的方式就是让宋皇后远离政治舞台，并且失去在太祖旧臣中的号召力和影响力，这样才能保证赵光义的皇位稳固。

正是基于以上的考虑，赵光义才对自己的嫂子如此狠心，甚至都不愿意承认她的皇后身份。

名　流 第二章

如果搞不定他，那就拖他下水吧

宋仁宗庆历年间，文彦博被派到成都当知府。

彼时的成都，从官府到民间都养成了骄奢淫逸的作风，官员们空余时间喝酒聚会、狎妓取乐的事情时有发生。

那时候，文彦博还不到40岁，正值人生的大好年华，很快就跟当地的官员们打成了一片，玩得不亦乐乎。

据《涑水记闻》记载，很快，关于文彦博带领成都官员集体堕落的消息就传到了开封。仁宗皇帝虽然也是一个于美色上十分要紧的人，但是他还是不太愿意有着大好前途的文彦博沉沦下去，于是就想派个人过去核实一下。

很快，这个人选找到了，御史何郯（tán）。

何郯是四川眉山仁寿人，正好来跟仁宗请假，说要回老家去探亲。仁宗就跟他说："你顺路去一趟成都，看看文彦博到底是不是像传言中的那样。"

何郯也是个老资格御史了，因为"言事无所避"，颇得仁宗信任。仁宗有一次问他："古时候有拼着碎首也要谏言的御史，你觉得你能不能做到？"

何郯非常狡猾地回答："古时候有碎首御史，那是因为皇帝听不进谏言；陛下您从谏如流，哪里需要臣碎首呢？"

一番话说得仁宗开怀大笑，欢喜得不得了。

何郯从开封出发以后，立刻就有人把这个消息告诉了文彦博。文彦博素知何郯为人油盐不进，心中也难免有些害怕，担心搞不定他。这时候，他手下一个叫张俞的门客对他说："小事情，交给我。"

张俞得到文彦博的首肯之后，立刻出发北上，先去汉州（今四川广汉市）迎接何郯。两人见面之后，张俞在汉州给何郯安排了一场丰盛的酒宴，并且还叫了营妓出来跳舞助兴，其中有一位营妓面容姣好，舞姿曼妙，特别中何郯的意。

何郯在酒兴之下，也忍不住动了心思，把营妓叫到自己跟前，问人家姓什么。

营妓回答"姓杨"，何郯兴奋地说："这就是杨台柳吧？"

杨台柳，是化用了"章台柳"的典故，暗喻的就是一个进士和一个歌妓的爱情。

张俞见何郯果然动心了，当即取下营妓脖子上的丝巾，在上面写了唐代李回的《题妓帕》："蜀国佳人号细腰，东台御史惜妖娆。从今唤作杨台柳，舞尽春风万万条。"

写完之后，张俞命令营妓将这首诗配上《柳枝词》的曲调唱了出来，何郯听后激动得不行，当晚大醉，非常之尽兴……

几天之后，何郯来到了成都，开始执行仁宗交给他的任务，查访文彦博到底像不像传言中那么不堪。文彦博果然经不起查，何郯很快就得到了不少证据。关键是他的性格也很倔，不管别人怎么说情他都不理，一心只想默默地记在小本子上回去给仁宗汇报。

眼看事态就要控制不住了。

文彦博找机会搞了一个非常豪华的酒席宴请何郯，席间的表演当然少不了歌舞助兴。何郯也不避讳，欣然出席，只当是收集文彦博骄奢淫逸的证据。但是没有想到文彦博和张俞派人去汉州，悄悄地把那个跟何郯玩得非常之尽兴的杨姓营妓接到了成都，混杂在舞女之中。

等何郯开怀畅饮之际，营妓突然开口唱歌，唱的就是张俞在她丝巾上写的那首诗。何郯一听，知道自己已经落入了文彦博的圈套，只能讪笑着陪文彦博喝酒。

休假结束的何郯回到开封以后，在仁宗面前说尽了文彦博的好话，关于他骄奢淫逸的事情，一个字都没提。

此后，仁宗再也不信关于文彦博在成都的坏话了。

士大夫的底线与尊严

北宋熙宁年间，为了增加政府财政收入，解决冗官、冗费、冗兵的"三冗"问题，神宗和王安石开始对北宋的政治、经济、军事、人事等进行了一次全方位的改革，也就是大家熟知的"熙宁变法"。

因为这一次变法的建议者和主要执行者都是王安石，所以也称"王安石变法"。

这一场变法从刚一开始就向王安石证明了"理想很丰满、现实很骨感"这一个道理：他因为缺乏执行层面的经验，所以几乎每一项变法的措施都留下了巨大的权力寻租（即把权力商品化）的空间，财政收入的确大幅度提升了，但是普通百姓的生活却愈加困苦。

朝廷的官员知道吗？其实大部分官员是知道的。

高官们都是混迹政坛多年的老油子，什么样的鬼把戏都见过，他们一看到这些条文的时候就知道哪些地方是有权力寻租的操作空间的。

基层的官员们长年累月跟普通百姓打交道，哪些操作能够压榨百姓，哪些操作能帮助百姓，他们"耳濡目染"那么久，自然一看就明白。

但是这时候出现了一个问题，因为神宗极度宠幸王安石，而王安石又充分行使了自己的人事权，所以凡是提反对意见的人都被贬职，凡是表示赞同的都被提拔。

当时的情势如何，史料上有一段记载非常形象。

从仁宗嘉祐六年（1061年）到神宗熙宁三年（1070年）连续担任了十年宰相

的曾公亮，心里跟明镜一样，但是就是不说话。苏东坡曾经当面批评他说："你明明知道王安石的变法是乱搞，你身为宰相，为什么不拨乱反正呢？"

在《宋史·曾公亮传》中，曾公亮非常直白地回答："陛下和王安石团结得像一个人一样，反对王安石就是反对陛下，怎么反正？"

事情到了这种地步，官员们应该怎么做，局势已经非常明朗了。

彼时朝廷里还有很多有正义感的官员，他们宁愿放弃高官厚禄，也不愿意参与到这场虐民的改革之中去，纷纷提出了辞职。

谁知道这正中王安石的下怀，他趁机开始大范围提拔支持变法的官员为自己效力，改革派的阵营越来越庞大、越来越强壮。

于是，只要是想在仕途上有所进步的官员，就开始睁着眼睛说瞎话，在各种场合夸赞变法好。

比如，据《宋史·陈升之传》记载，知枢密院事陈升之，由于当时朝廷里对变法的反对声音太大，被王安石招过去单独谈话，希望他站出来呐喊几句。陈升之明明知道王安石的做法有问题，但是依然竭尽全力替王安石说话，果然得到王安石的回报，于熙宁二年（1069年）十月拜相。

又比如，据《宋史·李定传》记载，熙宁二年担任秀州判官（相当于秀州知州的助理）的李定，因为被朋友孙觉推荐来到了开封，得以面见王安石。一见面自然就要说到青苗法，李定明知道青苗法极其扰民，依然笃定地说："青苗法给百姓提供了极大的方便，他们喜欢得很。"王安石大喜过望，喜滋滋地跟他说："现在朝廷正在争论这件事，我引荐你去面见陛下，你就照这个说。"

李定见到神宗以后，果然又把这些话重复了一遍，神宗恍然大悟："原来说青苗法不好的人都是在骗我，朕再也不信他们的话了。"

经过这么一番表演，王安石立刻把他提拔为知谏院，后来有宰相反对说这种越无数级提拔不合规矩，这才给了一个太子中允、监察御史里行（相当于见习监察御史）的职务。

然而，即便是在这样的情况下，也有很多人宁愿不当官，也不愿意昧着良心说变法好，来讨好王安石。

比如开封府尹刘庠，据《宋史·刘庠传》记载，王安石非常欣赏他，专门找人带话请他去府上一叙，还专门跟手下打招呼说："今天除了刘府尹，我谁都不见。"

但是刘庠硬是不去，还对前来劝说的人说："我见了他说什么？自从他执政以来，干的事没有一件合乎人情的。要是他问我青苗法、免役法好不好，你让我怎么回答？"

当然，这样硬气的官员是肯定要被调离的，不久以后，刘庠就被找了一个借口调到了太原去任知府，离开了权力中央。

再比如王安石的门生钱景谌（钱俶的后代），颇得王安石的欣赏，王安石也一直想提拔重用他。

据《宋史·钱景谌传》记载，熙宁二年（1069年）王安石任参知政事以后，他按照规矩来开封祝贺老师，王安石就当着其他客人的面问他："你在许州（今河南许昌市）这边，听大家是怎么说青苗法和免役法的啊？"

钱景谌说："利少害多，今后一定会成为百姓的祸害。"

王安石不太开心，知道这人不想参与变法，于是就问："你觉得谁能来帮我办事？"

钱景谌说："我在家居丧不曾结交人事，不认识。"于是辞别王安石回家。

一年多以后，王安石已经拜相，位极人臣，钱景谌又按照规矩去开封祝贺老师。

王安石知道这个门生是个犟脾气，先让自己的弟弟王安国接待他。王安国劝钱景谌说："我哥想让你去帮他。"

钱景谌说："我干什么工作都可以，但是涉及新法的，我一律不会。"

王安国无语。

等见了王安石以后，王安石当着众人的面给他安排工作，让他去峡路（以今重庆奉节县为中心的川东地区）推行免役法，顺便将那边的少数民族叛乱平定了。

钱景谌说："我没去过峡路，那里是什么情况我都不知道。再说了，带兵打仕的事情，也不是我一个书生能干下来的，相公换其他人去吧。"

一番话说得王安石勃然大怒，堂上几十个人都吓得一句话不敢说。

钱景谌面对王安石的暴怒，笑着说："自古以来，追求利益的人多，顾全气节的人少。如果都去追求利益而不顾气节，那跟盗贼有什么区别？"

说完转身离去，从此与王安石绝交，终生没到开封做官，仅仅做到朝请郎这样一个正七品的官职就到头了。

对于刘庠、钱景谌这样的人来说，他们清楚朝廷的大势，明白只要稍微昧着良心屈服一下，就能像陈升之、李定这样获得王安石的赏识，转而高官厚禄加身。

但是他们知道，自己的良心告诉他们应该怎么做，宁愿得罪神宗、王安石，宁愿放弃自己的大好仕途，也要用这样的行动告诉对方：你们这样是错的，我虽然没有能力改变你们，但是我的底线是不参与。

他们用自己的一生作为代价来固守自己心中的"善"，来划清与"恶"的界限，捍卫了士大夫阶层已经为数不多的气节与尊严。

我钦佩他们。

真实的高俅：曾被童贯欺负得大哭

看过《水浒传》的朋友，都对里面一个著名的反派印象极其深刻，他就是中国历史上知名的"足球运动员"——高俅。

高俅在小说里，是以陪当时还是端王的宋徽宗赵佶踢足球起家的，等赵佶当了皇帝以后，他就开始平步青云当上了太尉，位列北宋武官官阶的最高等级。

高俅并不是小说虚构的人物，他在历史上是真实存在的，而记载宋代历史的官方史书《宋史》里，并没有他单独的传记，只零零星星有他五处记载，分别如下：

《宋史·徽宗本纪》：政和七年（1117年）春正月庚子，以殿前都指挥使高俅为太尉。

《宋史·徽宗本纪》：宣和四年（1122年）五月壬戌，以高俅为开府仪同三司。

《宋史·钦宗本纪》：靖康元年（1126年）五月己卯，开府仪同三司高俅卒……辛巳（死后两天），追削高俅官。

《宋史·李纲传》：初，徽宗南幸，童贯、高俅等以兵扈从。既行，闻都城受围，乃止东南邮传及勤王之师……陈东上疏，乞诛蔡京、蔡攸、童贯、朱勔、高俅、卢宗元等。

《宋史·李若水传》：靖康元年，开府仪同三司高俅死，故事，天子当挂服举哀，若水言："俅以幸臣躐跻显位，败坏军政，金人长驱，其罪当与童贯等。得全首领以没，尚当追削官秩，示与众弃。而有司循常习故，欲加缛礼，非所以靖公议也！"章再上，乃止。

《宋史·刘锜传》：宣和间，（刘锜）因高俅荐，特授阁门祗候。

综合以上的信息，我基本上可以这样把高俅的仕途整理一下：

高俅当年是以徽宗的幸臣起家的，被徽宗任命为殿前都指挥使，是京城卫戍部队的一号首长，也就是说，凡是涉及京城守卫和护卫的事宜，都由他来负责。

在宋徽宗执政期间，高俅的地位一直在上升，政和七年升太尉，宣和四年授开府仪同三司，其间还推荐了一代名将刘锜。

靖康元年正月三日，已经退位的宋徽宗担心成为金兵的俘虏，带着蔡京、童贯、朱勔（miǎn）等人南逃镇江，高俅身为殿前都指挥使，竟然也跟着一起跑了。五月六日，跟着徽宗一起回到开封的高俅死亡（应该是病死），当时他还没有被罢职，按照他的级别钦宗还应该素服举哀。但是李若水站出来说："高俅这个人败坏军机，其罪应该与童贯等人相当。现在他能够得全尸已经很不错了，陛下应该削去他的官职示众，根本没理由去举哀的。"连上两章之后，五月五日，钦宗终于接受了李若水的建议，放弃了素服举哀的仪式，追削官职。

从小说《水浒传》和以上《宋史》的记载中可见，高俅此人算是祸国殃民的一代奸臣，但是似乎并没达到童贯等人这样罪大恶极的等级。

第一，高俅在钦宗登基之后的大清算活动之中全身而退，活着的时候并没有被贬职，死后钦宗还想按照规矩给他举哀，说明他并不是很让钦宗觉得讨厌。

第二，太学生陈东上疏要求诛杀的六贼名单，是蔡京、梁师成、李彦、朱勔、王黼（fǔ）、童贯，并没有《宋史·李纲传》里面记载的高俅，说明他并不是这个第一集团的。

而徐梦莘主编的记载两宋相交时期历史的重要史书《三朝北盟会编》里面，关于高俅的记载虽然不成系统，但是更加详细一些。

高俅至少有两个兄弟，分别是高杰、高伸，他们三个的字都是单人旁（杰的繁体字是傑），看上去还是蛮可信的。

徽宗南逃的时候，只有高俅和高伸跟着徽宗一起走了，高杰留在了开封。

但是高俅和高伸在这一路上根本没有什么话语权，一路都是蔡京、童贯、朱勔等人说了算。高俅还给高杰写了一封信，诉说自己的委屈。

在信中，高俅是这么说的："太上皇（徽宗）到了南京归德府（今河南商丘市）之后不愿意继续前进，但是蔡京等人一直逼着太上皇继续南行，太上皇的饮食起居全都被他们控制住了，我们根本没办法接近。到了泗州（今安徽泗县）以后，蔡京等人要裹挟着太上皇继续南下，于是假传太上皇御笔命令我留在这里防守淮河浮桥。过桥的时候，蔡京等人连太上皇的侍卫都不允许一起南行，有侍卫拉着太上皇的车痛哭，童贯甚至命令自己的胜捷亲兵用弓箭射杀太上皇的卫士，坠桥者上百人。我和高伸在道旁也不敢上桥，只能在路边等着看能不能见太上皇一面，好不容易见到了，我们和太上皇相顾流泪，太上皇被他们监控着，一句话都不敢说。"

从这一段描述来看，高俅和高伸并没有能够跟着徽宗一起去镇江，而是留在了淮河北岸的泗州，一直等到徽宗回开封的时候才跟着一起回来了。

可能也正是基于此，他才逃脱了惩罚，得以善终。

不过他的哥哥高杰、弟弟高伸似乎并没有受到牵连，在靖康二年（1127年）正月二日之前都有不错的官职，其中高杰是金吾卫大将军，高伸是延康殿大学士。

但是就是在这一天，他们俩也被贬官了，原因是在京城根括金银赔偿金国期间私藏金银。

轮到高伸家出钱的时候，他派了自己家的女使刘梅寿找了一个叫刘均的人分两次把家里的金银送到高杰家里去隐藏，结果被人揭发了，两人都被权知开封府尹徐秉哲给抄了家。

至于这两人最终的结局，史书上不是很详细了，只知道高伸在狱中死亡，高杰不知所终。

一个月之后，也就是靖康二年二月一日，因为京城百姓实在是又饿又冻，朝廷下令拆毁了高俅的住宅，当成柴火卖给了京城百姓。

高俅家一门三兄弟，就这么告别了历史舞台。

两个由诗而引发的文字狱

北宋神宗元丰二年（1079年），名满天下的大才子苏东坡由徐州知府调任湖州知府。按照朝廷的规定，到任之后他应该写一封谢表，感谢皇帝的恩典。

四月二十日，苏东坡到了湖州，上了一封《湖州谢上表》。

苏东坡是旧党的笔杆子，是跟司马光一起反对王安石的新政的。这些年来，新党的人一直在找他的问题，早在六年之前的熙宁六年（1073年），大名鼎鼎的沈括就曾经上疏说他的诗稿里面有诽谤朝廷的文字，只不过当时神宗心情好，放了苏东坡一马而已。

然而新党并没有放弃，他们又开始逐字逐句地审阅这一封谢表。

皇天不负有心人，他们找到了其中的一句有大问题的话："陛下知其愚不适时，难以追陪新进；察其老不生事，或能牧养小民。"

这句话翻译过来是这样的："陛下知道我愚笨不能适应这个时代，难以跟新进的官员共事；又知道我不喜欢折腾，也许能够让百姓过得舒服一点。"

新党们很兴奋，他们觉得这句话表达了两重含义：

第一，他心怀对皇帝的怨恨，不喜欢这个时代和政策。

第二，现在皇帝的政策就是折腾，让百姓过得不舒服。

这还得了！到了七月，御史台的官员李定、何正臣、舒亶等人连续上章弹劾苏东坡，说他攻击朝廷，反对变法，反对神宗。

这时候的熙宁变法已经进入了神宗认为的关键时刻。

虽然王安石已经离开了相位，现在的宰相已经变成了王珪和吴充，但是把持朝政的依然是新党。民间对于变法的反抗声音越来越大，所以新党对于旧党的打压就越来越严重。

神宗觉得，现在已经进入了一个拉锯战的严峻时刻，也许挺一挺就过去了，朝廷马上就能风轻云淡海晏河清了。

于是，神宗在御史台的拱火之下，下令严查苏东坡。七月二十八日，御史台的官员从开封出发直奔湖州，像抓小鸡一样把四十二岁的苏东坡抓到了御史台的监狱，一边继续查找他以前诗文中的"证据"，一边对他进行了严厉的审讯。

唯一值得庆幸的是，因为苏东坡的名声太过响亮，御史台没好意思对他用刑，让他免去了肉体上的折磨。

很快，审查人员在苏东坡的旧作里面翻出了大量的句子，经过解读之后，认为几乎把新法的每一项措施都讽刺了一遍。

面对这样的指控，苏东坡供认不讳。

御史台于是给苏东坡定下了五条罪行："对皇帝不满，妄自尊大；对朝廷不满，执行不力；对现状不满，哗众取宠；对同僚不满，阴阳怪气；对新法不满，危言耸听。"并且给出了"杀"的审判建议。

随后，案件被移交大理寺。

好在苏东坡的名望确实够高，在各方的说情之下，十二月二十九日，苏东坡被贬为黄州团练副使，保住了一条命。

这便是著名的"乌台诗案"。

在这一件大宋建立以来影响最大的文字狱案件中，有一个人一直都在旁观着。这个人，就是参知政事蔡确。

蔡确为人残酷，做事雷厉风行，算是新党的代表人物之一。王安石罢相之后，蔡确在神宗对新法动摇的时候，否决了吴充废止新法的建议，算是给变法打了一剂强心针。

此前一直有说法，说蔡确在乌台诗案中虽然没有直接出手的记载，但是他算得上是这场文字狱的幕后主使。

这一点，可以从蔡确的履历得到一些印证。

因为史料记载的原因，我无法准确判断四月二十日是苏东坡提交《湖州谢上表》的日子，还是谢表抵达开封的日子。但是不管从哪种情况来分析，五月中旬这封谢表已经抵达了开封。

而这时候，御史中丞就是蔡确——他是五月底才被神宗从御史中丞的岗位上提拔为参知政事的。负责弹劾苏东坡的李定、何正臣、舒亶等人，都是蔡确的老下级。

这帮人有没有受到蔡确的指使，我们今天没有什么明确的证据，但是我们可以知道的是，在"杀不杀苏东坡"这个问题上，帮苏东坡说话的人包括吴充、王安礼、王安石、章惇、曹太后等人，但是没有蔡确。

可以这么说，蔡确即便是没有亲自下手，或者授意御史台穷治苏东坡，至少也是在一旁冷眼看着苏东坡挨整的。

对他来说，少一个旧党的笔杆子，他就多一分安心。

时间很快过去，蔡确在仕途上一帆风顺，在元丰五年（1082年）拜相，并一直在相位上待到了元丰八年（1085年）神宗病逝，大宋王朝迎来了八岁的哲宗皇帝。

哲宗皇帝年幼无法理政，于是他的奶奶、英宗的皇后高太后垂帘听政，开始重用司马光等人废除新法恢复旧法，史称元祐更化。

在高太后的主持下，新党又开始罢职、被打压，蔡确也于元祐元年（1086年）闰二月被罢相，去陈州当知府，随后又去了安州（今湖北安陆市）当知府，再转邓州。

元祐四年（1089年），蔡确迎来了人生最大的一道坎。

一个叫吴处厚的官员，因为当初求蔡确提拔未遂，一直怀恨在心。蔡确去了安州当知府以后，吴处厚是汉阳知府，很快，两人就发生了一起人事纠纷。

吴处厚心想："当初你当宰相我拿你没办法，现在你跟我一样是知府了，我还这样忍着吗？"于是就去翻检蔡确的诗文，果然就让他翻到了问题。

蔡确在游览安州车盖亭的时候曾经写下了十首绝句，吴处厚经过分析，发现其中有五篇涉嫌讥讽朝廷，更有两篇性质恶劣，矛头直指高太后。其中有一句"矫矫名臣郝甑山，忠言直节上元间"，更是利用唐代郝甑山的典故，暗喻高太后想要当武则天，废黜小皇帝自己当女皇。

于是，吴处厚立刻写了一封奏折检举蔡确。

彼时正是旧党想要全面清除新党势力的重要关节，在梁焘、范祖禹、吴安诗、王岩叟、刘安世等旧党的煽风点火下，高太后怒不可遏，下令彻查蔡确。

有了高太后的命令，蔡确遭到了非常严厉的审查，被要求一条一条地写清楚自己写《游车盖亭》时的动机、目的，然后剖析自己污蔑高太后的种种罪行。

我不知道蔡确这时候有没有想起十年之前苏东坡遭遇的一切，但是他跟苏东坡不一样的是，他坚决不认罪——恐怕他也清楚，认罪之后就是死路一条。

但是情势已经由不得他认不认罪了，旧党们给他的判词是："他的罪状一清二楚，剖析不过是狡辩而已，没什么意义。"

于是，蔡确先是被贬为南京（商丘）光禄卿，再流放到新州。

新州，就是今天的广东新兴县，一个以路途遥远、环境恶劣、瘴气杀人闻名的地方，当时流放新州几乎就算是判了死刑。

尽管有范纯仁、王存、吕大防、刘挚等人求情，但是高太后和哲宗依然坚持将蔡确送到了新州。

据《宋史·蔡确传》记载，四年之后的元祐八年（1093年），蔡确在新州病死。

就在这一年，高太后也驾崩，哲宗亲政，随后开始绍圣绍述，重新开始变法，新党重新获用，旧党再次被贬。

可惜蔡确没能等到这一天。

乌台诗案和车盖亭诗案，是神哲两朝两起著名的文字狱。

论民间知名度，乌台诗案因为当事人是家喻户晓的大才子苏东坡，所以知名度比车盖亭诗案要高出很多。但是要论两案的影响力，车盖亭诗案却是不知比乌台诗案大出多少倍。

乌台诗案中被重处的人，除了苏东坡之外，只有驸马王诜、苏东坡的好友王巩、弟弟苏辙，其余张方平、司马光、范镇等和苏东坡有书信往来的人不过是象征性地罚铜而已。

但是经历过乌台诗案之后的旧党们，在此案中看到了党争的残酷性，借着收拾蔡确的机会，对新党势力进行了残酷而彻底的清剿。

一开始是新党成员被贬斥，后来是同情新党的官员被贬斥，再后来弹劾蔡确不积极的御史也被贬斥。

到此为止，在太祖赵匡胤时期开始成型的、经过太宗和真宗朝补充、在仁宗朝达到顶峰并且发挥了极大效力的言官制度，正式宣告坍塌。

从此以后，言官彻底沦为党争的工具，直至靖康。

十年之前，蔡确作为乌台诗案的一个见证者，即便是真的没有动手，也算是目睹了苏东坡被收拾的全过程。

十年之后，蔡确自己也成了诗案的受害者，走上了跟苏东坡一样的道路。

甚至，他比苏东坡更惨，他都没能等到自己被平反。

公开作弊的郑亿年

北宋徽宗政和六年（1116年），郑居中被提拔为宰相。

郑居中是开封人，进士出身，宰相王珪的女婿。他这个身份说显贵也不算显贵，说普通也不算普通，反正当时的朝廷最不缺的就是他这样的人物。他能够在仕途上独步青云，主要是依靠两层关系。

第一层关系是徽宗的郑皇后因为出身贫寒，老爹郑绅就是开封一个卖酒的普通商贩，生意不好，连老婆都跟人跑了。郑皇后被徽宗看上以后，也觉得自己身份不够高贵，担心配不上徽宗尊贵的龙体。正巧郑居中凑上前去，自认是郑绅的族侄，于是双方一拍即合，郑皇后有了比较高贵的身份，郑居中也有了进身的台阶。

第二层关系，是因为郑居中巴结蔡京，然后获得了蔡京的推荐，成为徽宗跟前的红人。

郑居中有两个儿子，老大叫郑修年，老二叫郑亿年，都在徽宗跟前打下手，差不多就等于我们今天的秘书或者助理之类。

郑亿年是一个不太安分的人，想要在科举中拿一个比较好的名次，方便自己在仕途上更进一步，但是他这个能力比较有限，不太像是读书的料。眼看大考就要临近了，凭本事考，是肯定考不上的，怎么办？

不怕，他有一个当宰相的爸爸，就没有搞不定的事情。

据《秀水闲居录》记载，郑亿年先是找了一个老师孙谦亨，然后让他来推荐自己参加考试。用今天的说法，这可能就算是修改学籍参加报名了吧。

然而，这只是第一步，更精彩的在后面。

郑居中一看自己的儿子要亲自上阵参加考试了，就开始了自己保驾护航的统筹安排，把监考和阅卷换成了自己的亲信，名单如下：王安中、李邦彦、宇文虚中、莫俦、黄颖、张志、李质、李舜由。

如此强大的阵容为郑亿年服务，可见郑居中舐犊情深。

考试当天，时任太学官的高宗朝宰相朱胜非亲眼看见了神奇的一幕，并把这一幕记在了自己的回忆录《秀水闲居录》里。

朱胜非走进考场，好家伙，发现郑亿年的座位上坐了两个人，一个是郑亿年，另一个是他找来的老师孙谦亨，郑亿年就这么在老师的指导下写作文。

真的，别人考试带个小抄、带个无线耳麦什么的，都已经非常过分了，郑亿年愣是带了一个活人在身边坐着，也算是肆无忌惮了。

为了防止类似于朱胜非这样低级别的、够不上打招呼等级的考场人员打岔，郑亿年的座位前还安排了一两个官员站岗，但凡有人质疑一下就直接赶走。

郑亿年就在这样的保驾护航下考试完毕，等到阅卷结束之后，莫俦、黄颖宣布了考试成绩："郑亿年排名第九。"

这个排名一出来之后，顿时舆论纷纷，因为大家伙儿都知道郑亿年是个什么样的货色。朱胜非于是把郑亿年的考卷调出来一看，他的论文可以说是稀松平常之极，三篇策论倒是勉强能过关，但是也处于在及格线上下挣扎的那种（估计这三篇就是老师孙谦亨写的）。

朱胜非再仔细看了看这三篇文章，每篇的头尾都有一则"祖宗故事"，朱胜非恍然大悟——这就是郑亿年在卷面上留的暗号，考官即便是糊名之后，也能轻松辨别出他的试卷。

朱胜非虽然没说话，但是朝廷上下对于郑亿年的名次极为不满，甚至还有人写信告到了徽宗那里。徽宗大笔一挥，说："把卷子拿来我亲自看看！"

你猜怎么着？郑亿年的卷子不见了！

卷子不见了是个大事，大家伙儿只能放下工作去找。找来找去，几天之后在考试院的水井里找到了，泡得一团糟，连字迹都看不清楚了。考试院也不管了，将这一团废纸提交给徽宗。

过两天，徽宗的手诏下来了："郑亿年的文章写得非常之好，第九名的成绩一点也不过分。特别值得一提的是，郑居中教子有方，值得嘉奖。"

有了徽宗的定论，这件事情就这么摆平了，郑亿年也顺利地因为科举继续往上爬。

最后，想说一说郑亿年的结局。

靖康之变以后，郑亿年跟着刘豫混，还得了一个伪齐参知政事的高官。后来宋金和谈，河南、陕西被还给了南宋，郑亿年也跟着辖区一起回到了南宋。到了赵构面前，郑亿年拍着胸脯对赵构说："陛下，金人是讲诚信的，一定不会毁约，我拿我家百口性命作为担保。"

结果一年过后，金国果然毁约重新开战。朝廷之上，工部尚书廖刚就对郑亿年说："去年你用全家百口性命作为担保，说金人不会毁约，现在金兵都已经杀过来了，你居然还有脸坐在这里开会？"

郑亿年气塞，不知道说什么好。

但是郑亿年还是被人保下来了，保他的人，就是宰相秦桧。

秦桧为什么要保他呢？因为他们是亲戚。郑亿年的爹郑居中是王珪的女婿，所以郑亿年就是王珪的外孙。秦桧的老婆王氏是王珪的孙女，所以秦桧就是王珪的孙女婿。

扯来扯去，还是血统最重要。

孝之大者，为父"背锅"

南宋初年，金兵多次南下追杀赵构，想要一举搞定南宋王朝。虽然赵构政权在开头几年一直处于风雨飘摇的境地，但是总是能够利用江南的江河湖海闪转腾挪，狼狈是狼狈，终归保全了下来。

金国之所以没能搞定南宋，很大程度是因为没能像后来的蒙古那样搞定四川，从长江上游抄宋军的后路。而他们没搞定四川，主要是吴玠死守住了川陕咽喉仙人关、和尚原等要冲，让金兵一直实现不了抄后路的战略意图。

《宋史·吴玠传》这么评价他的战功：张浚指挥的五路大军遭遇富平之败后，陕甘一大片土地全部沦陷，金兵得陇望蜀，赵构领导的中央政权也开始告急。要不是吴玠，四川早就沦陷了。

非常遗憾的是，绍兴九年（1139年），吴玠这样一位猛将，病逝在了他镇守的仙人关（今甘肃徽县境内）上。

在他病逝之前，赵构正巧给他升职，任命他为四川宣抚使。委任状到达仙人关的时候，吴玠已经病得无法站立，是由手下人搀扶着听命的。

赵构听说了吴玠的病情，赶紧让人到就近的成都去找名医，风雨兼程前往仙人关来给他瞧病，可惜吴玠的病情实在太重，没能扛到名医望闻问切便与世长辞。

吴玠是生了什么病呢？根据史料记载，就是咳血。

他咳血的原因有点自作自受，是因为他长期服用丹药；而他服用丹药的原因也不怎么好摆得到台面上说。

吴玠死后，留下了五个儿子，吴拱、吴扶、吴捴、吴扩、吴揔，这五个儿子里，只有老大吴拱最能打仗，成就也最高，在军事方面颇得吴玠的真传，后来官拜节度使，谥号襄烈。

但是比较好玩儿的是，《建炎以来朝野杂记》中说，吴拱其实并不是吴玠的儿子，而是吴玠的父亲吴扆的儿子。

也就是说，吴拱名义上是吴玠的长子，其实是吴玠的弟弟。

这并不是一个乱伦的故事，确切地说，这是一个怕老婆的故事。

吴扆当兵的时候，娶了一个姓刘的老婆，生了两个儿子，就是吴玠和吴璘。但是这个老婆特别凶悍，就是传说中的"一家姓吴的被一个姓刘的欺负"。

吴宬这个人虽然老婆管得紧，但是还是瞄准机会，悄悄跟家里的婢女私通，使婢女怀上了一个儿子。

婢女肚子大了以后，吴宬认识到问题的严重性了，承认是不敢承认的，扔了也是舍不得的，想来想去，就找到大儿子吴玠，让他来背这个锅。

父命难违，吴玠于是勇敢地把这口锅背了下来，对母亲说："恭喜老妈，你要当奶奶了，这孩子是我的。"就这样，吴玠硬生生把自己的弟弟当成了儿子养，兄弟二人以父子相称，倒也别有一番生趣。

这就是：孝之大者，为父背锅。

有时候你真不知道，怎么突然就穿帮了

南宋高宗绍兴五年（1135年），出了一个叫汪应辰的少年状元，才18岁，和北宋仁宗天圣八年（1030年）的状元王拱辰并列宋代年纪最小的状元。

本来汪应辰的仕途应该是非常顺利的，不但高宗赏识他，朝中也有不少大员看到他之后起了提携英才之心，但是仅仅三年之后，他因为反对议和，被秦桧打压，弄到建州（今福建建瓯市）上班。

汪应辰这人也硬气，一怒之下辞职摆烂，去衢州常山隐居17年，把大好年华都献给了荒山野岭。《宋史·汪应辰传》里说他住的房子，蓬蒿满径，一室萧然，他连吃饭都成问题。

直到秦桧死了以后，汪应辰才得以重新回到杭州朝廷上班，拿着高一点的工资，算是告别了那种穷迫潦倒的生活。

到了杭州之后，汪应辰一直都是以一种铁面谏官的形象示人。没过多久，高宗禅位，孝宗登基。孝宗为了表达自己的孝心，准备给太上陛下上尊号。结果汪应辰自认为读书多，一会儿说这样不对，一会儿说那样不行，即便是最后定下来的"光尧圣寿太上皇帝"这个尊号，汪应辰也在旁边发牢骚。他到处跟人说："没文化真可怕，光字怎么能够跟尧字搭配在一起，唉。"

这句话终于传到了高宗的耳朵里，高宗颇有些生气地说："汪应辰因为反对议和的事被闲置了17年，心里对我一直有气，处处跟我作对。"

但是生气归生气，君臣之间倒也相处得挺正常，高宗没有挟私报复，汪应辰也没有赌气撂挑子——估计那17年的生活实在是太苦了。

到了孝宗乾道年间，汪应辰经过中央到地方再到中央的锻炼，已经当上了吏部尚书。

当时南宋朝廷跟金国和谈成功之后，不用花费大量的财政收入用于打仗，经济顿时宽松了许多，朝廷上下都开始弥漫起一股享乐之风。但是汪应辰依然是一副勤俭节约的好形象，不但自己勤俭节约，还动不动就上疏，劝孝宗节约，让孝宗督促其他大臣节约，不要与民争利，要让百姓安居乐业，说得头头是道。

乾道末年，孝宗想要扩建宫室，汪应辰情绪非常激动地给孝宗上疏表示反对，说陛下不能带头搞这种奢靡的示范效应，更不能以皇权来抢夺百姓的产业，乱七八糟的一大堆。

孝宗很生气，但是又不知道怎么反驳，这事儿就这么一直搁着。

过了没多久，孝宗照例去给太上皇高宗问安，在高宗的德寿宫里游玩。游着游着，高宗就带着孝宗去看自己新修的水池子。这个水池子跟普通的不一样，用石头垒砌而成，里面蓄的不是水，而是水银，上面漂浮着用黄金打造的水鸟和鱼儿，华贵得触目惊心。

孝宗看了一眼，很是羡慕，就问高宗："这么多水银，太上皇你到哪里弄的？"

高宗非常得意地说："现在市面上都没什么水银，这是我从汪应辰汪尚书家里买的。"

一听这话，孝宗顿时就毛了，当场勃然大怒，说："汪应辰不让我扩建宫殿，说我与民争利，他自己居然做水银生意，还做到太上皇家里了！这人怎么当面一套背后一套！"

列位，孝宗之所以庙号叫"孝宗"，就是因为他对高宗极其孝顺。虽然他只是高宗的义子，但是对待高宗恭恭敬敬，比对亲爹还亲。这是史书里面记载的，孝宗唯一一次在高宗面前发火，可想而知他心中的震怒。

很快就有人把孝宗这次发火的事情说给了汪应辰听，汪应辰无话可说，只能辞去吏部尚书的职务，去苏州当了一个知府。

随后，汪应辰不断被曾经得罪的人下烂药，孝宗对他再也提不起任何兴趣，淳熙三年（1176年），这个最年轻的状元病死在家中。

谁能想得到，两个皇帝闲聊，还能把他给弄穿帮了。

包青天是怎么被骗的

北宋仁宗嘉祐元年（1056年）至嘉祐三年（1058年），包拯担任开封府尹（其实是代理），在这段时间里，他闯出了很大的名声，后世"开封有个包青天，铁面无私辨忠奸"的传说，大部分都是在描述他这段时间的经历。

包青天在开封府尹任上的时候，经常亲自提审罪犯，以断案公正、明目善察闻名，但即便是聪明如他，也依然有过被骗的记录，而且是被自己手下的小吏给欺骗。

根据《梦溪笔谈》记载，某天，开封府的一个平民犯法，罪行比较严重，按规矩的话要挨脊杖，也就是大棒子敲背。这个罪犯觉得自己可能扛不住这么重的刑罚，就找到开封府的一个小吏，请他帮忙减轻处分，当然是要给钱的。

小吏收钱之后，看了看排期，胸有成竹地对这个罪犯说："等会儿包大人要亲自提审你，提审完了之后由我来写结案陈词。等我念结案陈词的时候，你啥也不用管，大声喊冤就行了，我说一句你喊一句，越闹腾越好。到时候我们各挨一顿板子，这事儿就摆平了。"

罪犯虽然听不明白，但是觉得小吏很厉害的样子，也就认可了这个计划。

果然，包青天审问完毕之后，让这个小吏来结案。

小吏写完跟罪犯核对之时，罪犯开始按照先前的约定分辩不已，小吏说什么他都不认，大声喊冤。

包青天的脸色越来越不好看，当然，可能本来黑乎乎的就不太好看，但是小吏和罪犯根本没有任何收敛。

最先不耐烦的，竟然是小吏。小吏站起身来，冲着这个罪犯大骂："我说什么就是什么，你在这里啰啰唆唆地说什么？挨了脊杖自己滚蛋，不要耽误我们工作！"

这句话一出口，包青天心里总算想明白了：这个小吏肯定有问题，要么是收了第三方的好处，要么是没收到这个罪犯的好处，所以想方设法要把他的罪行往重了记。这还得了，我包黑子纵横江湖几十年，在宦海摸爬滚打，什么场面没见过，什么暗亏没吃过，你这种小心眼在我这里，简直就是鲁班门前弄大斧，关公面前耍大刀。

包青天一声令下，让衙役把这个贪赃枉法的小吏拖过来，掀翻在地就是一顿打，以惩戒他的不法行为。

打完之后这个罪犯怎么办？

包青天也很快做出了判断。我老人家日理万机，也没啥时间来重新审问这些小细节了，既然这个小吏想方设法要判你脊杖，那就说明你的罪行没达到脊杖的程度，随随便便打一顿屁股就放了吧。

这件事的结果，果然就如同小吏收钱时的预测一模一样。

小吏被开除了吗？

没有，宋代的吏不是在编公务员，无所谓开不开除，能够为包青天做结案的小吏，都是能力出众的，包青天舍不得开革，惩戒惩戒、敲打敲打，继续用就是了，谅他下次也不敢。

小吏被打得惨吗？

当然也未必，在场的衙役都跟他差不多，而且抬头不见低头见，说不定接下来还要分银子喝酒，手底下的轻重还是知道的。

只是包大人，自以为看穿了别人的把戏，却不知道还是被人骗了。

奸臣蔡京的一次高风亮节

北宋徽宗年间，最著名的一个奸臣就是蔡京。

蔡京是福建仙游人，神宗熙宁三年（1070年）的进士。学问呢，是有一点；书法呢，是很厉害。但是在那个才子井喷的年代，他并不占什么优势，甚至于他23岁中进士这个年纪，都显得有点偏老。

举个例子。

他中了进士之后，被朝廷派到辽国去出了一趟差，回来就被任命为中书舍人（类似于秘书）。但是在这个岗位上，他遇到了一个特别尴尬的事情：他的弟弟蔡卞，已经是中书舍人了。

按照朝廷的规矩，中书舍人是以入职先后来排序的，所以，蔡京就得排在弟弟蔡卞的后面。蔡卞不太好意思，所以专门向领导申请，批个特例，让蔡京在自己的前面，免得哥哥没面子。

蔡京虽然起步很晚，但是经过自己的努力，或者叫钻营吧，在徽宗朝愣是爬上了高位，当上了宰相。

古代官场有一个不好的风气，喜欢比门第、攀豪门。

蔡京家族没出过什么优秀的人才，他爹蔡准也就是个普通的进士，最大的职位也不过做到了侍郎，蔡京心里就有点不太开心。

他最先找到的攀附对象是蔡确。

蔡确跟他同姓，同是福建老乡。蔡京是仙游的，蔡确是晋江的，勉强能够扯上一点关系，蔡确也真的帮了他不少忙。后来到了哲宗朝的时候，蔡确失势被贬，到死都没能平反。

蔡京心里就有点不太好意思了，赶紧划清界限，说一个仙游一个晋江，八竿子打不着啊，只是碰巧同姓而已。

但是蔡京还是想跟一个名臣攀上亲戚，选来选去，就选到了仁宗、英宗两朝的名臣蔡襄。蔡襄跟他是正儿八经的老乡，福建仙游人，为人没什么大的缺点，也没犯什么大的错误，颇有官声，更重要的是，他的书法写得极好。对蔡京来说，选择蔡襄还有一个优势：蔡襄比他大35岁，在英宗朝就去世了，所以不管蔡京怎么说，蔡襄都没办法反驳，只能默认。

于是，蔡京就非常主动地认了蔡襄当族兄，总算有了一个声名显赫的家族归宿。

这事儿本来说着玩玩就行了，但是谎话说久了之后，蔡京就觉得是真的了，开始从心理上以蔡襄的族弟自居。

政和二年（1112年）进士廷试，揭榜之后第一名是蔡襄的孙子蔡佃。

当时蔡京正在殿上陪着徽宗听榜，一看是蔡佃，蔡京顿时就想展示一下自己的高风亮节。他走上前去对徽宗说："陛下，现在我在当宰相，我的侄孙当状元，恐怕天下人要说闲话，认为我以权谋私，对陛下你的名声也有所损毁。你老人家看看，是不是调整一下？"

徽宗当时就被蔡京的精神所感动，于是把蔡佃降成了第二，把本来排第二的莫俦升成了状元。

蔡佃本来是凭借自己的真才实学考出来的状元，愣是因为蔡京这种无中生有的亲戚关系被剥夺了状元资格。他倒没有这么高风亮节，《宋史·蔡襄传》记载，蔡佃恨了蔡京一辈子，后来甚至上疏弹劾蔡京。

至于提拔上来的状元莫俦，靖康之后投靠了金国，跟着张邦昌混了一段时间，高宗绍兴年间死于潮州。

韩琦、欧阳修为什么与百官为敌

宋仁宗没有儿子，所以他死后，迫不得已把皇位传给了自己堂兄、濮安懿王赵允让的儿子赵曙，是为宋英宗。

英宗是北宋最没有存在感的一个皇帝，他在位四年，唯一干的一件事儿就是濮议。

这个词看着很生僻，但是说起来并不复杂。英宗虽然不是仁宗的亲儿子，但是既然已经过继给仁宗了，在法律关系上就只能算是仁宗的儿子，跟赵允让没啥联系了。但是这孩子亲政之后，就开始起了另一种心思。他觉得自己跟仁宗没什么感情，还是自己的亲爹更好一点，于是就提出，想要认祖归宗，把赵允让称为"皇考"。

这一个提议，遭到了包括司马光、贾黯、范纯仁、吕诲、吕大防、王珪、吕公著、张唐英等百官的集体反对，认为应该称仁宗为"皇考"，赵允让只能称为"皇伯"。

他们的理由如下：第一，你已经过继给仁宗皇帝了，活着的时候你爹来爹去喊得那么顺溜，现在他老人家尸骨未寒，你就翻脸不认人，不讲究；第二，你是陛下，你的父亲当然也只能是陛下，濮安懿王赵允让显然当不起这个名分，于礼制不合；第三，吕公著的话尤其直白，他说，仁宗是你爹，濮安懿王也是你爹，这样说起来你有两个爹，说出去名声不好听啊。

这几条理由条条都能站住脚，直击英宗的灵魂深处。

但是出人意料的是，英宗的阵营里有两个重量级的人物，他们几乎是想尽办法无条件地支持英宗的决定。

一个是宰相韩琦，一个是参知政事欧阳修。

这两人的地位不需赘述，在仁宗当政时期他们的影响力也是无可撼动。有了他们的支持，英宗愣是花了18个月的时间，一步一步分化瓦解反对派、搞定了曹太后，终于给自己亲生父亲赵允让留下了一个皇考的名分。

但是现在问题来了，韩琦和欧阳修为什么要在这件事情上跟百官为敌、在反对派的理由如此扎实的情况下，依然坚持要让英宗背上"两个爹"的名声，支持濮议？后人在分析原因的时候，大多数理由都指向权力斗争，认为是韩琦和欧阳修想要在英宗上台之后用这样的方式来讨好英宗、巩固自己在朝廷的地位。

这样的说法固然有一定的道理，但是韩琦和欧阳修二人，并不是特别贪恋权势的人。神宗即位之后，言官弹劾韩琦擅权，韩琦当即辞职，谁都劝不住，还真不是做个样子自抬身价。而欧阳修在任参知政事期间，也曾经因为被蒋之奇等人诬告，多次请求辞职。

要说他们要巩固自己的地位，不能说没有这方面的意愿，但是真要用这种与百官为敌的方式来操作，恐怕不是他们这种智商和情商的人能干出来的事儿。

所以，我一直在想，他们两人，极有可能是真心支持英宗册封亲爹的。

能够形成这样的价值观，是一定有生活经历的。

我查了一下两人的传记，发现了他们的一个共同点。

《宋史·欧阳修传》记载，欧阳修于景德四年（1007年）出生于四川绵阳，他3岁的时候，父亲就去世，所以他跟着母亲去湖北随州投奔自己的叔父，过着寄人篱下的生活。

《宋史·韩琦传》记载，韩琦于大中祥符元年（1008年）出生于福建泉州，随后搬家到河南安阳。同样是在3岁的时候，他父母去世，他是被兄长们带大的。

大家可能已经注意到了，韩琦和欧阳修二人在自己的成长经历中，都缺乏父爱。尽管史书上记载，二人的童年生活并不太悲惨，至少能够接受较好的教育，否则也不可能通过科举入仕。但是，谁也不能保证，他们在成长过程中不会受到各种各样的委屈。作为一个未成年人，在这种情况下，非常自然地就会把受委屈的原因归结于"没有父亲的照顾"。于是，在这样的心理暗示下，他们两个人对亲生父亲的遗憾和认同感，是超乎其他人的。

正好，英宗登基之后想要追封自己的亲生父亲，这样的价值观和他们二人简直是一拍即合，所以，这才导致了韩琦和欧阳修不遗余力，甚至与百官为敌也要帮助英宗实现自己的愿望。

童贯的钻营

北宋末年有一个非常著名的宦官，名叫童贯。他为人极度会钻营，而且又舍得花钱，谁在徽宗面前最受宠幸，他就在谁身上下功夫，因此虽然他出身平凡，但是多年以来屹立不倒。当然，童贯自己也意识到了自己"出身平凡"的这个劣势，所以想方设法要攀一个豪门亲戚。

想来想去，他把目光瞄向了仁宗朝一代名相韩琦，想自认是韩琦的私生子。

彼时韩琦已经去世多年，童贯就找到了韩琦的第四子、礼部侍郎韩粹彦，明示暗示很多次，想让他出面来认自己这个失散多年的亲弟弟。但是韩粹彦是一个硬骨头，打死也不给父亲认这么一笔风流债，咬死一句话"我爹以前没干过这事儿"，直接把童贯回绝了。

后来，等童贯越混越好之后，他终于得偿所愿，攀上了另一个豪门，而且是人家自己靠过来的。

据《三朝北盟会编》记载，这个主动靠上来的人，就是神宗朝宰相王珪的次子王仲嶷（nǐ）。

王仲嶷当时正想向上挪一挪，听到消息说童贯一直为出身的事情苦恼，于是找了个机会去拜谒童贯。见到童贯之后，王仲嶷大惊失色，说："童大人长得为什么跟先父如此相似？敢问童大人春秋几何？"

童贯报了自己的出生年月，王仲嶷故做恍然大悟状，说："哎呀，我有印象，当时我父亲在外生了一个儿子，想不到就是童大人你啊，原来我们竟然是相亲相爱的一家人！"

虽然王珪的名望不比韩琦低多少，但时间更近，更有说服力。童贯点头，承认下来这个家门，从此以后就以王珪的私生子自居，而王仲嶷此后也开始平步青云，向上挪了好几挪。

政和之后，童贯力主联金灭辽，被朝廷不少人上疏弹劾。

弹劾的人多了，徽宗也看不下去，于是派了一个调查组去各个部门调查童贯的所作所为，调查组的组长，叫方邵，官职是右司郎官，正五品。

童贯既然是一个善于钻营的人，方方面面的关系都有一些，这种事情，自然有人给他通风报信。方邵带队出发之后，童贯派人一直跟着他。只要方邵记录下来一件事，童贯马上就能知道，然后把这件事的辩解之词写好，找机会到徽宗面前去打预防针。

等方邵把调查工作完成之后，尽心尽责地来到徽宗面前，跟徽宗一一汇报自己调查出来的问题。

但是让方邵极度惊讶的是，他每说一个童贯的问题，徽宗马上就能告诉他："这事你不清楚原委，当时是我亲自下的命令。"或者说："这事我早就知道了，当时我也在场。"

方邵觉得非常不可思议，他了解到的情况跟徽宗说的情况完全是两回事，但是徽宗就是不听他的。他也是个硬骨头，极度愤怒，挡在徽宗的御榻之前不走，一口气把自己调查到的童贯的劣迹都说了出来。

非常不幸的是，童贯的预防针打得极其到位，方邵说得越多，徽宗就越觉得他在骂自己："这事儿都是我拍板的，你这哪里是在骂童贯，分明是在骂我！"

于是，方邵终于惹毛了徽宗，被一撸到底，"终身不复任事"，这辈子就是一个右司郎官的职位就到头了。

从此以后，"天下为贯结舌"，意思就是，再也没有人敢在徽宗面前说童贯的坏话了。

一位动不动就吟诗一首的宋代武将

两宋相交时期，西北有一个叫郭奕（也有写成郭弈的）的武将。此人在《宋史》里面没有传记，也没有担任过什么重要的职务，他的资料散见于两宋之交的各种史料和笔记里，包括《三朝北盟会编》和《建炎以来系年要录》。

郭奕大部分时期的活动范围都是在西北，当过张浚的手下，跟王庶、曲端、吴玠等鼎鼎大名的将领算是同僚。他至少参与了南宋初期跟金人的战斗，很有可能还参与了北宋末年跟西夏的战斗。

他最初震撼住我的，是他在建炎四年（1130年）秋天的一场军事会议上的发言。

当时张浚被任命为川陕宣抚，到了汉中之后就召集所有的将领商量怎么集五路大军于一路，寻找金兵主力决战，然后一举扭转西北战场的局势。曲端、王彦、郭奕等在西北打了多年仗的将领知道这样干不行，提出了反对意见，但是张浚不管，一定要合兵出击。

既然一号长官做出了这样的决定，自然有幕僚为之出谋划策，谈到开心的时候，有一个拍马屁的幕僚顺着张浚的心思说："等我们兵马大集，可以将金人一扫而净。"听到这样的豪言壮语，张浚大喜。

这时候，终于忍不住的郭奕应声说了一句阴阳怪气的话："不知道怎么一扫而净，是用笤帚扫（质软）还是用扫帚（质硬）扫呢？"

此话一出，满座皆惊，连张浚也不知道说什么好。后来，一意孤行的张浚果然大败，还忍不住杀了曲端。

这句话震撼住我之后，我立刻开始去查阅他的资料，果不其然，我发现他之所以能这么毒舌地切中要害，是因为他不但会打仗，而且是一个读书人，更重要的是喜欢写诗。

张浚不听西北将领的劝告，执意跟金兵决战，然后被娄室大败，军械粮草损失无算，"金人得胜不追，所获珍宝钱帛如山岳不可计"。郭奕看到这样的场景，一时文思泉涌，忍不住吟诗一首，诗的名字叫《娄室》，全文如下："大王传语张老，谢得送到粮草。斗秤不留一件，怎生见得多少？"

意思是：娄室大王让人给张浚带个话，谢谢你送来的粮草，但是你不给我们留量斗和杆秤，我们怎么清点数量呢？

张浚虽然心里不爽，但是没收拾他，依然让他在自己手下带兵。

第二年，也就是绍兴元年（1131年）三月二十七，张浚因为战败只能退守自己的家乡四川，经过散关漫天坡的时候，郭奕又诗兴大发，写了一首《漫天坡》："大漫天是小漫天，小漫天是大漫天。只因大小漫天后，遂使生灵入四川。"

这首诗的意思也很明显，讥讽张浚作战不力，要不是因为有漫天坡这样的天险，能不能活着回四川都不一定。

写完了这一首之后，郭奕觉得诗兴未了，于是又写了一首。这一首就文采飞扬了很多，但是阴阳怪气的感觉又增加了不少："秦山未尽蜀山来，日照关门两扇开。刺史莫嫌迎候远，相公新送陕西回。"

意思是你们不要觉得跑这么远来迎接张浚很麻烦，毕竟人家刚刚从陕西（打了败仗）回来，你们好好讨好一下也是应该的。

回到四川之后，张浚带着这帮人驻扎在阆中，郭奕的诗也终于传到了张浚的耳里。张浚现在终于有空来收拾郭奕，给他安排了一个闲官，而且派了一个一直跟他有矛盾的人当搭档。

郭奕知道自己在张浚手下也讨不了什么好，干脆辞官不做，带着自己所有的积蓄去了普州（今四川安岳县），在这里做了一份非常有前途的职业——卖蒸饼。

史书上说，他接下来的日子过得非常舒坦安逸，生活富裕，与世无争。但是他还是没闲着，依然在写诗。

九年之后的绍兴十年（1140年），西北的守将张中孚、张中彦两兄弟从陕西出发去杭州参见赵构。这两兄弟的经历有点复杂，张浚从陕西撤回来之后，就留了他们两人来守陕西，但是兄弟俩眼看着打不赢，就投降了金兵。金人图个便利，就让他们继续守陕西，结果到了绍兴九年，宋金之间达成和议，金国又把陕西连同当地的官员一起还给了南宋。

张中孚、张中彦兄弟觉得特别尴尬，只能去给赵构当面道歉请罪，经过安岳的时候，顺便就去跟老同事郭奕见了一面。

郭奕跟他们见面之后，又写了一首诗作为临别礼物："张中孚，张中彦，江南塞北都行遍，教我如何做列传？"

意思是，你们两兄弟，江南也去过了，塞北也去过了（讽刺他们投降金国又回归南宋），今后怎么给你们立传啊？

偏偏就你不合群

南宋中兴四将之一的韩世忠，可谓战功卓著、大名鼎鼎。据《三朝北盟会编》记载，他有个很怪的爱好，喜欢喝酒时让女人陪酒。战乱年代，没有那样的营业场所供韩世忠消遣娱乐，而且影响还不好，所以韩世忠想喝酒的时候，就会去自己的手下家里喝。不但在手下家里喝，还要求手下把老婆、女儿叫出来陪酒，并且要求手下回避。

情况就是这么个情况，韩世忠位高权重、节制一方、手握兵权、深得赵构信任，手下们不以为耻，反以为荣，经常主动邀请韩世忠去家里喝酒。

这事儿在绍兴十年（1140年）左右，几乎成了韩世忠军中一个半公开的秘密，也是手下们接近和讨好韩世忠的重要手段。

偏偏有个人不合群。

这个人叫呼延通，他觉得自己有不合群的资格。

呼延通是北宋开国之初猛将呼延赞的后代，当然，血统不重要，经过这么一百多年，连赵普家族都衰落了，别说呼延赞这么一个不上不下的武将。但是呼延通在韩世忠手下不但作战勇敢、屡立战功，而且救过韩世忠的命。

绍兴四年（1134年）十月十三日，韩世忠和呼延通一起去扬州大仪镇的路上，遇见了金国骑兵，战斗极其激烈，韩世忠甚至被击落马下，几乎被金兵俘虏，多亏了呼延通拼死把他抢了回来，才算是捡回一条命。

实话实说，韩世忠对呼延通也不错，呼延通对韩世忠也很忠心，但是呼延通就是舍不得自己的老婆和女儿。

眼看着大家都请韩世忠吃饭，呼延通没办法，采取了一个折中的办法：他请韩世忠来家里吃饭，也叫妻女出来陪酒，但是自己不回避。

他寻思，当着自己的面，韩世忠应该不会做得太过分。

当天，韩世忠是带着水军统制郭宗仪一起来的，喝到尽兴（估计韩世忠也不太尽兴）的时候，韩世忠就躺在榻上小睡了一会儿。

这时候，呼延通不知道出于什么目的，鬼使神差地伸手去拿韩世忠的佩刀（可能是想看看韩世忠的刀，也可能是怕刀硌着了韩世忠），结果正好被郭宗仪看见。郭宗仪以为呼延通要杀韩世忠，赶紧伸手按住呼延通的手，大喊一声："统制不可！"

这一声直接把韩世忠喊醒，韩世忠也是一个久经沙场的老将，当机立断起身就骑马回到了自己大营。

到了大营之后，惊魂未定的韩世忠心想："我到你家里陪你老婆女儿喝酒吃饭是给你面子，你不但不回避，竟然还想动手杀我，今天不把你收拾得服服帖帖你不知道厉害。"

于是，韩世忠立刻派人抓来呼延通，宣布了他的罪行之后，把他从统制一撸到底，送到了淮阴崔德明的手下当了一个普通士兵。

得罪了韩世忠的人，崔德明自然也不会给他什么好果子吃，呼延通在淮阴过得十分憋屈。

到了当年的十二月二十三日，韩世忠生日，按照规矩，手下都要给韩世忠送一份厚礼。呼延通觉得这是一个缓和两人关系的机会，于是死乞白赖、唯唯诺诺地跟着崔德明一起，从淮阴去韩世忠的驻地睢宁县古邳镇拜寿。

好不容易等到将领们献礼完毕，普通士兵呼延通捧着寿香去给老上级祝寿，谁知道韩世忠根本不给面子，转身就去了后堂。呼延通跪在地上痛哭流涕，韩世忠始终不出来，呼延通羞愧难当，怏怏起身，出门上马疾驰三百里，回到了淮阴驻地。

事情还没完，崔德明祝寿完毕之后回到淮阴，还要继续收拾他，理由是擅自离军，上级都还在睢宁，你凭什么自己就回淮阴了？

于是，呼延通又被崔德明处以军法，打了几十军棍。

这一顿军棍，彻底打碎了呼延通的自尊和梦想，他从大帐出来，径直去了大运河边，纵身跳下。

运河水深，冬天又冷，同僚把他从水里救出来之后，他已经昏迷不醒，大家伙儿把他倒过来想要控水，但是他当时穿的毛衣衣领很窄，被水泡湿了以后紧紧裹着脖子，导致控水控不出来，就这么活活憋死了（这一段内容是史书记载，跟我们今天掌握的急救知识不符，毋深究，谢谢）。

一代名将之后、韩世忠的救命恩人，就这么被活活逼死。

当然，得知此事的韩世忠还是有所表示，那就是四个字：深自悔恨。

秦桧临终前出的一道难题

南宋高宗绍兴二十五年（1155年）十月，权倾朝野的宰相秦桧病重。当时秦桧已经65岁，他也知道自己的身体可能扛不住了，就想着交代后事。

这些后事，除了自己家的事情之外，更多的是朝廷的事情。当然，这并不是因为秦桧病重的时候依然挂念着国家的前途和命运，而是他想在自己死后，朝廷的布局依然能够按照他的布局进行下去——毕竟他那么多门生故史、亲朋好友的仕途和产业，不能因为他的逝去分崩离析。

据《宋史·汤思退传》记载，病重的秦桧找来了两个心腹董德元和汤思退，到自己房间来听取遗命。

这句话乍一听，感觉董德元和汤思退就是打手。其实，他们都是当朝的实权派人物。

董德元，江西人，绍兴十八年（1148年）的殿试第一名，因为他当时有官职在身，按照朝廷的规矩"官不与民争状元"，于是被降为第二。这一年的状元后来给了王佐，同年的进士还有南宋首席大儒朱熹，可见董德元的功力实在是不一般。董德元入朝为官之后，对秦桧攀附得非常紧，深得信任，在秦桧病死前的两个月，也就是绍兴二十五年（1155年）八月，被从吏部尚书的岗位上提拔为参知政事（相当于副相）。

汤思退，浙江人，虽然在科举方面没有董德元那么厉害，但是因为秦桧特别喜欢他，所以升迁得极其迅猛。同样是在绍兴二十五年，在六月的时候他还是一个礼部侍郎，后被火线提拔成了签书枢密院事（类似于国防部副部长），随后又在十月，也就是秦桧病死的那个月，再被提拔为参知政事。

从这两个人的履历，大家就能看出，秦桧布局的紧迫性以及良苦用心。

秦桧在自己的病床上，仔仔细细交代了后事。可能秦桧也明白，自己死后再也没有能力控制董德元和汤思退，只能靠多加恩惠来打感情牌了。

于是，秦桧聊完之后，给他们每人准备了一个大红包——确实非常大，黄金一千两。

两个副相看到这笔钱，顿时就展开了激烈的心理活动。坦白地说，凭借二人的手段和身家，这笔钱不是什么巨款，更多的是一个态度的问题。两个人在这个问题上，产生了巨大的分歧。

董德元收下了这一千两黄金，他的理由是："如果我不收，秦桧就会怀疑我不愿意听他交代后事，把他当成外人。他能够把我提拔成副相，也能把我从副相的位置上赶下去。现在他虽然病重，但是还能说话，万一得罪了他，他一句话就把我降职了，所以，他说什么我就听什么，他给什么我就要什么，这是最稳妥的办法。"

但是汤思退就没收这笔钱，他的理由也很正当："秦桧是我的老上级，我一直唯他马首是瞻，他交代的事情我从来没有出过差错。有什么好处，事情办成之后他自然会考虑我，从来没有先给我钱再让我办事的道理。现在他弄这么一出，有可能是考验我，我要是一收钱，就是觉得秦桧马上要死了，办事都要拿钱了。

所以，这个紧要关头千万不能得罪他。"

没过几天，秦桧果然病死，高宗开始重新布局朝廷的势力，全面清除秦桧的党羽。

天下没有不透风的墙，秦桧约董德元、汤思退做临终交代的事也很快被人捅到了高宗那里。

高宗得到的信息是：董德元收了秦桧的钱，而汤思退没有收。所以，高宗认为，董德元是秦桧的党羽，汤思退不是。

于是，两个人的仕途从此发生了翻天覆地的变化。

这一年的十二月，董德元罢职，从此以后再也没有进入过朝廷核心层，八年之后病逝。

第二年六月，汤思退拜相，后来虽然被弹劾奸诈，被罢职，但是他没收秦桧红包的事情，始终在高宗心里留下了非常好的印象，没过多久再度拜相，把持朝政多年，直至隆兴二年（1164年）才因为跟金国和谈失败被罢免。

这一千两黄金，收还是不收，真的是太考验一个人的政治智慧了。

当然，运气也是必不可少的一个因素。

范仲淹写《岳阳楼记》，收了滕子京多少钱

北宋范仲淹的名篇《岳阳楼记》大家应该都记得，毕竟是中学课文，要求"朗读并且背诵全文"的。这篇文章开头第一句就提到了一个人的名字——滕子京（庆历四年春，滕子京谪守巴陵郡）。于是乎，这么一个基本上没什么作为也没什么政绩的人，就此名垂青史。

现在问题来了，曾担任副宰相、作为一代战神和一代文豪的范仲淹，为什么要来写这么一篇文章，又为什么要把滕子京捧得这么高（越明年，政通人和，百废具兴，乃重修岳阳楼，增其旧制，刻唐贤今人诗赋于其上）？

这不算狠，更狠的是，写这篇文章之前，范仲淹根本就没去过岳阳楼。也就是说，为了完成滕子京交代的任务，范仲淹连赶到现场采访的时间都没有，就这么看着地图凭空想象出来了这篇《岳阳楼记》。

其中的缘由，我们要从范仲淹和滕子京的关系说起。

滕子京，姓滕名宗谅字子京。他这一辈子最大的成就就是在大中祥符八年（1015年）考中了进士，跟他一起考中进士的人，还有一个叫范仲淹的。同年的进士，那就是铁哥们儿了，大家一起从寒窗奔向仕途的，得相互提携着来。

从后来的发展结果来看，范仲淹的能力肯定要超过滕子京很多，所以范仲淹的成就越来越大，职位也越来越高。据《宋史·滕宗谅传》记载，滕子京虽然能力一般，但是有时候也能跟随潮流做出一些明智之举。

有一年，宫中失火了，火势还挺大。这事儿换到今天，无非就是追查一下责任，排除一下隐患，表彰一些英雄，毁掉一些烂账。但是滕子京就不，他非要弄点新花样出来，他给当时垂帘听政的章献太后写信，说："我们大宋以火德立国，现在宫中失火，肯定是主席台上有做得不对的地方。我看来看去，就是因为太后您老人家不让陛下亲政的原因。太后，你还是不要恋权的好。"

这样一封信本来是要把章献太后惹毛的，但是当时太后身体不好，写信的人又太多，滕子京就这样稀里糊涂混过去了。等太后驾崩仁宗亲政之后，有人就说了，应该把当初上疏请太后交权的人提拔一批起来。于是，滕子京就这样开始走上了仕途的正轨。

遗憾的是，滕子京这个人做官确实不怎么样，除了交上了范仲淹这样一位一辈子的知己之外，做什么事儿都没什么成绩。

首先是口无遮拦乱说皇宫里面的八卦被降级，然后任泾州（现甘肃平凉市）知府的时候跟李元昊打仗的时候打不过，苦苦哀求范仲淹分兵来救他。你别说，范仲淹这人，还真的是一个特别仗义的人。救了滕子京一命之后，范仲淹还向仁宗建议，说滕子京是个打仗的人才，应该提拔才对。

仁宗答应了，滕子京开开心心地在宦海里当着自己的弄潮儿。这时候，大危机来了，有人揭发滕子京在泾州的时候，经济账目不清楚。

古代当官的经济账目不清楚，其实也是一个普遍现象，但是滕子京这个涉案数目，确实有点大，16万贯。宋代一贯的购买力，约相当于现在的300元人民币，也就是说，滕子京有4800万元的账目说不清！

面对调查组的办案人员，滕子京的理由是：跟李元昊打仗要花钱；安抚周围的少数民族要花钱；有时候来一些朋友接待一下要花钱……所以这些钱就这么花出去了。办案人员问："接待了哪些朋友？"滕子京啥也不说，转身就把账本烧掉了！

这种赤裸裸的毁灭证据的行为，让办案人员瞠目结舌，贪官很无耻，但是没想到能无耻到这个地步，禀告陛下严办吧！

这时候，范仲淹又出现了。他当时正担任副相这一个高级职务，《宋史》里记载，范仲淹"力救之，止降一官"。这么严重的经济问题，只降一官，范仲淹的能量的确非同小可。于是，《岳阳楼记》开头这句话出现了，"庆历四年春，滕子京谪守巴陵郡"。

到了巴陵郡之后，滕子京做的事儿其实也就勉强算得上是中规中矩，但是他还想翻身往上爬，于是在庆历六年（1046年），就邀请范仲淹给他写了这么一篇吹捧的文章。尽管当时范仲淹已经被贬出京，但是他在朝廷中和军队中的声望依然极高，还是有那么一些能量。

这篇文章出来之后，滕子京果然得以翻身，第二年就从当时的蛮荒之地湖南岳阳调到了繁华的苏州，当知府。遗憾的是，他命中无福，到任三个月就病死了。

现在回过头来看，范仲淹能在一篇软文中表达出"忧国忧民的崇高思想和伟大情怀"，可见其文学修为之高，确实古今罕见。

那么问题又来了，范仲淹写这篇文章收了滕子京多少钱？不知道，但是我觉得，那说不清道不明的4800万元里面，应该有范仲淹的一大笔。

滕子京筹款重修岳阳楼，还真是个人才

的确，岳阳楼是重修的，这栋楼的历史说起来极为悠久，相传是三国时期鲁肃用来阅兵的城楼。而这座城楼被命名为"岳阳楼"，是因为唐代诗人李白。

唐肃宗乾元二年（759年），李白经过洞庭湖的时候，跟一个姓夏的朋友一起登上这座城楼游览了一番，然后李白写了一首诗来记录当天的动态，诗名就叫《与夏十二登岳阳楼》。

从那以后，岳阳楼这个名字就开始流传开来。

到了庆历四年（1044年）春，滕子京因为在西北泾州（今甘肃平凉泾川县一带）的时候账目不清，挥霍公款无度，被谏官弹劾。于是朝廷派使者来查账，滕子京也是一个狠角色，懒得花时间来做假账，干脆一把火把这些账本全部烧掉，表示"死猪不怕开水烫"。

朝廷的使者一来，也没办法立案，只好回去跟仁宗皇帝实话实说。仁宗皇帝当然知道其中的蹊跷，但是没有真凭实据也不好治罪，于是把他贬到了岳州（今湖南岳阳市）。

很多人不太明白，为什么朝廷把滕子京从西北前线平调到华中的岳阳算是贬。

两个原因，一是当时的经济中心都集中在黄河流域和长江下游一带，岳州这个地方确实算不上富有；二是西北正在跟西夏打仗，军事活动一多开销就多，手里可以支配的资金也充足一点，岳州没啥军事行动，滕子京手里的资金就紧张了很多。

据《涑水记闻》记载，到了岳州上任之后，滕子京就发现了一个问题：岳阳楼是三国时期修建的，到庆历年间，已经过去了800来年，其间受过无数次兵灾火灾，重修了多少次也不太清楚，现在已经破败不堪了。

滕子京脑袋一拍，顿时就想了一个好主意：等我缓过气来，弄一个大大的面子工程，重建岳阳楼，然后请好哥们儿范仲淹写一篇文章来推广推广，说不定还能打一个翻身仗。

但是如前所说，岳州的财政资金跟西北的泾州比起来，那是差太多了。

怎么办？挪用公款吗？

滕子京想了想，没敢，一年之前才在泾州闹了个公款账目不清，要是再被人弹劾，那就不是平级调动的问题了，可能真要被一撸到底。

喜欢捞钱的人，总是善于捞钱。这样的小问题难不倒滕子京，他很快就想出了一个绝妙的主意：不动用政府的财政，不找百姓要钱，也能把工程款给筹集起来！

滕子京于是出了一个布告，内容大致如下：乡亲们，我们的形象工程岳阳楼现在已经变成半危房了，既有安全隐患，也影响投资环境，更对不起李太白他老人家的诗。所以呢，我现在做出了一个艰难的决定——重修岳阳楼。但是大家伙儿不要慌，我不找你们收钱，我想到了一个很好的办法。从今天开始，由我亲自牵头组织一个讨债公司，你们谁家里有收不回来的烂账，统统到衙门来登记，由我们来帮你收账。收回来的钱呢，就用来重建岳阳楼，到时候功德碑上就写你们这些债主的名字，你们看好不好啊？

百姓一看，反正这些烂账也收不回来，早就没抱任何幻想了。现在政府帮忙收债，既能够让那些欠钱不还的鳖孙难受，自己出一口恶气，还能在岳阳楼下的功德碑上落个名字，这种事情划得来。

于是，老百姓纷纷拿着欠条到衙门去登记，滕子京发动自己的"讨债公司"去按图索骥。

果然，官兵去催债，效果简直是惊人，没过多久"所得近万缗"（一缗相当于770钱）。

滕子京发挥了自己的特长，把这些钱都堆在衙门的大厅里，不设会计、不设出纳，"自掌之"。

这么一大堆钱，再加上当地的土豪巨商想要讨好巴结他的人主动捐助了一些，滕子京很快就筹够了重建岳阳楼的资金（甚至还有多的）。

庆历六年（1046年），岳阳楼建成，"极雄丽"，而范仲淹也果然按照滕子京的要求，写了这么一篇软文。

当地的百姓看着雄伟华丽的岳阳楼，觉得滕子京没找百姓要一分钱就把楼修好了，都觉得他有才能。（州人不以为非，皆称其能。）

岳飞不要原配夫人，被韩世忠揭发了

南宋绍兴八年（1138年），赵构否决了定都建康（今南京）的方案之后，终于下定决心定都临安（今杭州），跟随赵构打天下的武将们也明白，杭州今后就是全国的政治、经济、文化中心了。

这帮武将虽然都是刀口舔血、九死一生的杀神，但是从当时的价值观来看，还都是挺重情重义的汉子。据《三朝北盟会编》记载，在此后的几年里，他们稳定下来之后，并没有忘记到处寻找当年因为打仗流落在外的糟糠之妻。

其中最曲折的，就是一代名将李显忠。

李显忠原名李世辅，陕西人，为了投奔南宋费尽周折，连带全家二百多口人被金兵屠杀。局势稳定之后，李显忠在江南频频派人打听原配周氏的下落，皇天不负有心人，他终于探听到了确定的消息——周氏被抓到黄龙府（今吉林长春农安县境内）当绣工去了。

李显忠欣喜若狂，但是自己当然不方便去接，于是派了三个没有南宋官方背景的人去办这件事。他给这三个人开的报酬是：黄金一千两，分两期付款，首付五百两，事成之后再付五百两，然后奏补承信郎。

虽然三个人分一千两黄金分不匀，虽然承信郎只是一个倒数第二阶的武官，但是这三个人还是非常开心地出发了。

你别说，重赏之下必有勇夫，这三个人愣是从江南历尽千辛万苦抵达了黄龙府，找到了李显忠的原配周氏，然后把她藏在家具里，硬是运回了浙江绍兴李显忠的办公室。

李显忠是一个诚信的人，当即就准备支付剩下的五百两黄金尾款，但是搜遍全部身家只有一百两，剩下的四百两还是找绍兴知府娄炤借的。

随后，李显忠还当着三个人的面写了奏札，给三个人申请了承信郎的官职。三个人一开心，就对李显忠说："太尉，我们这次还有意外收获，查到你妹妹在燕山府，反正我们也轻车熟路了，要不要也帮你偷回来？"

李显忠闻言大喜，说："好啊，这一趟再辛苦你们一下，我还有重谢，你们开价吧，要多少钱？"

谁知道这三人挺讲义气，一口回绝了李显忠："太尉都给了我们一千两黄金，还帮我们要了官职，我们怎么好意思再收太尉的钱，这一趟就算买一送一，赠送给太尉的。"

于是，三个人再度出发去燕山府，用同样的办法把李显忠的妹妹也送了回来。

这事曝光以后，朝廷很是不开心，担心破坏宋金两国的关系，还在绍兴十八年（1148年）五月，给了李显忠一个处分，把他从浙东副总管降为平海军承宣使。

其实那时候并不是李显忠一个人在干这事儿，朝廷很多名将都在想方设法寻找自己的原配。

比如杨存中也找到了自己的原配，但是因为新娶的老婆醋劲很大，不敢接回家，只得另外找了一个宅子安置她。

比如韩世忠也找到了自己的原配白氏（梁红玉之前一任），接到身边来同享齐人之福。

张俊也找到了自己的原配魏氏，而且还是一群贼寇从京西沦陷区帮他送过来的。

但是唯独岳飞是个例外，他一直没有寻找自己的原配刘氏，发达了之后对刘氏一直不闻不问。

偏偏韩世忠是个热心肠，愣是帮他找到了，于是给岳飞带了个口信，说："你老婆嫁给了我手下一个押队，我已经帮你把人控制住了，你随时派人来带走，一切手续我都办妥了。"

但是韩世忠左等右等，岳飞始终不派人来。韩世忠有点看不惯岳飞了，怎么着，糟糠之妻不下堂，你现在发达了就看不起原配了？

于是，韩世忠转头就向高宗报告了这件事。

高宗自然要岳飞拿个说法，岳飞也是一个直肠子，说："我当年履冰渡河随陛下征战之前，对刘氏千叮咛万嘱咐，让她在家好好照顾我妈，谁知道我一走，她丢下我妈就改嫁了，还改嫁了两次！这些年我恨她入骨，还想我去接她，做梦吧！那天老韩跟我说了这事儿，我派人给她送了500贯钱，就算把这事儿了了。陛下您看我办得妥当吗？"

高宗无语，倒也没有强求。

孔子后人发飙维护大国尊严

辽圣宗太平七年（宋仁宗天圣五年，1027年）正月初一，北宋派来的使臣抵达了辽国中京大定府（今内蒙古赤峰宁城县），来给辽圣宗耶律隆绪说一声新年快乐。

开封来客人了，耶律隆绪当然也要按照国礼进行接待，于是就在皇宫里搞了一个比较隆重的欢迎宴，大碗喝酒，大块吃肉，把契丹人冬天能够拿出来的最好的美食都用来招呼南边来的客人了。

不但如此，耶律隆绪还在酒桌旁安排了文艺表演。

不是你们想的那种穿得很少的、羞羞的文艺表演，而是让优伶通过语言、神态、角色扮演等方式来逗乐。

但是当天的节目不知道是没经过礼部的审查，还是专门经过了礼部的审查，演员们在舞台上开始恶搞儒家的精神偶像孔子（契丹宴使者，优人以文宣王为戏）。

具体怎么恶搞的，史书上没说，我们只能笼统地用今天的话来说，侮辱了文人士夫夫的万世师表、严重伤害了文人的感情。

这样的事情其实挺常见，两国虽然处于和平时期，但是也经常要用这样的方式互相示威，想要压对方一头。

但是今天，契丹做得有点过分了，因为北宋的使臣里面，有一个叫孔道辅的人。

你一听这个姓，就知道这人的来历不简单，的确，他真的是孔子的后人，第四十五代孙。

而且，他的脾气出了名的暴躁。

他当年在宁州上班，任一个小小的军事推官，相当于军事法庭的庭长，就常常跟军队的长官对着干。有一次，宁州天庆观的真武殿里，出现了一条大蛇，全城的老百姓都觉得是神仙下凡，连州官们都排着队去上香祭拜，还准备作为祥瑞上报给朝廷。

结果孔道辅走过去，也不管大家是什么态度，拿着朝笏就把蛇脑袋敲得稀碎——我一个姓孔的都没敢说自己是神仙下凡，你一条长虫凭什么是神仙下凡？

随着岁月的流逝，孔道辅的脾气不但没收敛，反而越来越大。

他一看自己的祖宗被恶搞，顿时坐不住了，忍无可忍，无须再忍，把酒杯一扔，站起来就往外走，站在北方的天空下，任晚风吹乱他头发。

耶律隆绪一看玩笑开大了，赶紧让负责接待的礼部官员去把他生拉硬拽拖进来坐下。坐下之后，契丹官员还想先下手为强，冲着孔道辅说："诶诶诶，你这个人怎么这样不懂规矩！我们陛下在这里坐着，好心好意请你们吃饭，你居然吃到一半就走了，赶紧给我们陛下道歉，这事儿就这么算了。"

孔道辅一听，简直就是火上浇油，心想："你们先恶搞，现在还倒打一把赖我？讲不讲道理了？"

但是他身为一个外交官，话不能这么说，只能用自己这个级别能表示出的最大愤怒告诉契丹人。据《宋史·孔道辅传》记载，孔道辅说："中国与北朝通好，以礼文相接。今俳优之徒，慢侮先圣而不之禁，北朝之过也，道辅何谢！"

这句话翻译成现代汉语，应该是这样的：我们两国建交之后，彼此都是客客气气的，互相尊重，平等互利。现在你看你们的这个戏子，都到庙堂上侮辱我们的先圣了，你们身为领导，看见了还不制止，这哪里该我道歉，明明应该你们道歉啊！

这句话一出口，耶律隆绪以下的契丹人不知道怎么接话了，"君臣默然"，然后礼部的官员一看场面僵住了，想要缓和一下紧张的气氛，倒了一大杯热腾腾的酒，走到孔道辅面前，说："刚刚你跑出去吹了冷风，来来来，喝了暖和一下身体，舒缓一下心情，大家一团和气，多好？（方天寒，饮此，可以致和气）"

孔道辅还在气头上，一句话就扔了回去："不和，也没啥坏处！（不和，固无害）"

作为外交辞令来说，这句话的杀伤力如何，大家伙儿可以自行揣摩，反正态度是非常的强硬了。

这场欢迎宴的最终结果，就是闹得不欢而散，但是契丹人自己也觉得有点理亏，并没有向开封提出抗议。

孔道辅回朝之后，有言官到仁宗面前参他，说他不讲礼仪，有失体统，万一因为他重开和契丹的战端，他的罪过就大了。

仁宗也觉得这事儿有点凶险，就把孔道辅叫来了解情况。

孔道辅说："契丹人刚刚在西夏那边打仗吃了亏，心里不舒畅，到处想找机会来挣回面子。平常我们的使臣到他们那边去，就经常被他们侮辱，我要是再不发飙，他们恐怕今后会越来越嚣张，我们大国的面子就没地方放了！"

仁宗想了想，愣是被孔道辅说服了，也没好意思继续追究这事儿。

这么一起说大不大、说小不小的外交纠纷，就这么消弭于无形之中，再也没人提起。

武将用美女贿赂皇帝，目的是带兵报国

北宋庆历年间，一位名叫王德用的武将，给宋仁宗送了两个美女。

宋仁宗虽然为人不错，但的确不是一个在后宫生活方面很能把持得住的皇帝，加上这两位美女又比较合仁宗的口味，于是仁宗毫不犹豫地就笑而纳之。

天下没有不透风的墙，尽管仁宗没说，但是言官们很快就从仁宗身边的眼线那里知道了这件事，于是就开始上疏劝谏。

其中态度最激烈的人，叫王素，是真宗朝宰相王旦的儿子。

据《宋史·王素传》记载，别人都是上奏札来说，王素愣是直接找了一个机会当面质问仁宗。

仁宗虽然对女人的脾气不好，但是对臣子的态度还过得去，他面对咄咄逼人的王素竟然下起了矮桩："我是真宗皇帝的儿子，你是王旦的儿子，我们俩的关系跟其他人不一样，我们算是世交，所以，这事儿我也不瞒你，你也别对我那么苛刻。实话跟你说吧，王德用的确送了我两个美女，但是这两个女人我已经睡过了，还能怎么办？"（然已事朕左右，奈何？）

王素是个铁石心肠，虽然仁宗已经掏心窝子了，但是他依然不为所动，冷冷地回答："我担心的，就是王德用安排的人在你左右。"

这句话，吓出了仁宗一身冷汗，仁宗当机立断把这两个已经睡过的女人赶出宫，还给了王德用。

王德用是谁？为什么朝廷上下对他如此忌惮？

据《宋史·王德用传》记载，王德用也是将门之后，他爹名叫王超，是真宗朝的名将。咸平二年（999年）秋那一场震惊内外的大阅兵，王超就是大阅兵的总指挥，"执五方旗以节进退"。

跟老爹王超比起来，王德用打仗更是厉害许多，不管是战略规划还是临场指挥，都显示出了极高的军事才能，仁宗一度非常想要重用他。

但是王德用犯了一个大忌讳。

在这件事情上，王德用可以说是毫无过错，但是确实没办法，天上掉下来一口锅正好砸他基因里了。

王德用的肤色很奇怪，面部很黑，脖子以下很白，估计跟常年穿着盔甲晒太阳有关，所以被人称为"黑王相公"。

但是，即便是这么黝黑的皮肤也阻挡不住他五官上的尊贵气质：王德用方面大耳，长得非常像赵匡胤。

仁宗刚刚把王德用提拔到枢密院当枢密副使的时候，御史中丞孔道辅就上疏，说："王德用长得那么像艺祖，本身就属于犯忌，陛下您还让他到枢密院掌兵权。我听说王德用在部队的威望很高，颇得人心，这样的人，你用起来恐怕得多留一个心眼吧。"

仁宗大惊，也意识到了这个非常严峻的问题，赶紧收回了王德用的兵权，贬到地方上去做知州，让他进入文官序列。

到了宝元年间，西夏李元昊称帝，朝廷开始在西北用兵。庆历元年（1041年），契丹眼看着仁宗在西北用兵频频失利，动了歪心思，派人来要求仁宗割让关南十县，朝廷一下子就面临着两面作战的局面。

王德用于是就投其所好，想到了用"进献美女"的办法向仁宗行贿，想要重新获取仁宗的信任，再上前线带兵打仗。

仁宗看到两位美女，一时之间，竟然也忘记了孔道辅当年说过的话，开开心心就收下了这份精心准备的礼物。

然而王德用的计划终究没能实现，一是因为王素等人下了他的烂药，二是因为富弼出使契丹，凭借三寸不烂之舌愣是说得辽兴宗罢兵言和。

终其一生，王德用都再也没能到前线去打过一次仗，他唯一的用处就是等外国使节来开封宴射的时候，白发苍苍的他站出来给外宾表现精湛的射术，博得满堂喝彩。

王德用79岁的时候寿终正寝，没上战场，没受重伤，对于一个才华横溢的武将来说，不知道算是幸运还是憋屈。

宋高宗连续收拾老将，韩世忠破财免灾

南宋高宗绍兴十二年（1142年）十一月五日，在西湖边围着火炉喝酒泡姐的韩世忠听到了一个消息：当今陛下下了一个诏书，枢密使张俊被罢职，虽然有了一个清河郡王的爵位，但是从此以后再也没有了兵权。

韩世忠知道张俊为什么被罢职，当初秦桧让张俊坐上那个位置，就是因为秦桧觉得他是最值得信任和利用的人。现在和议已成，太后回銮、徽宗皇帝梓宫已然安放在会稽永固陵，大仗是没什么机会打了，他们这帮武将也没什么用了。

关键是，韩世忠还听说了一个更让他胆战心惊的事情。

张俊被罢职，有很大的原因是被人举报有谋反之心，最大的罪状有两点：第一，他挑选住宅的时候，选在了清河坊，大宋尚火天下皆知，他选在清河，两个字都有三点水，就是要灭火；第二，他住宅的地基选在了承天寺，"承天"是陛下专用的，他一个武将有什么资格承天，摆明了是要造反。

虽然陛下接到举报之后并没有受理，还说了"俊有复辟功，无谋反之事"，但是这件事情还是把韩世忠吓坏了。

韩世忠忍不住又想到了老宰相张浚的事儿。

就在四天之前，十一月一日，万俟卨举报张浚谋反的事情才因为陛下的宽宏大量没有继续深究，张浚就在长沙修了六十间屋子给母亲养老，他这样一个重臣修六十间屋子本是稀松平常的事情，但是又有人风言风语，说他修屋子的时候看了风水，找了一个能够预兆大富大贵使他更进一步的宅基。

万俟卨说，张浚当初已是一人之下万人之上的宰相，他要更进一步，是进到哪里去？不言而喻了吧。

更重要的是，张浚还模仿"五凤"格局为母亲建楼，这简直是要把母亲当太后啊。

这件事情，连陛下都有点生气，专门派人去长沙现场查看，发现是"不过中人常产可办"的普通住宅，这才放了张浚一马。

据《建炎以来系年要录》记载，韩世忠再想到，不到一年以前的绍兴十一年（1141年）十二月二十九日，岳飞也是因为谋反罪被赐死在大理寺，忍不住瑟瑟发抖。

韩世忠举起双手仅存的四个手指头一看，当年的中兴四将，再加上老宰相张浚，就剩自己和刘光世没有被冠以谋反的罪名了，赶紧找刘光世聊聊天吧。

韩世忠派手下去刘光世的宅子打听，结果刘光世重病，说等病好了大家喝酒聚一聚。韩世忠等了八天，到了十一月十三日，刘光世的请柬没到，噩耗倒是来了——一病不起，终于没能起来。

眼看着身边的老战友，被杀的、病死的、被收拾的，就剩自己一个人还在孤零零地活着，韩世忠想到秦桧那张阴晴不定的脸，开始有点害怕："万一秦桧收拾我，我该怎么办？"

想来想去，韩世忠决定，还是拿钱保命吧。

　　一个月之后，十二月二十一日，韩世忠颤颤巍巍地给赵构上了一个申请：陛下，这些年来承蒙您的厚爱，赐给我了不少土地，加上我用自己的俸禄、奖金购买的土地，坦白地说，还是有不少了，每年能够收一百多万石粮食。这么些年，我享受着朝廷给予的福利，却一直没缴纳税赋，心里非常不安，陛下您看这样好不好，我就按三年的收成，也就是300万石，一次性上交给朝廷当成军粮，就算是补缴我这么多年的个人税赋了。

　　赵构看到这个申请，十分感动，但是拒绝了韩世忠的申请，说："你劳苦功高，这些年置办一点家产也不容易，留着养老吧。"

　　韩世忠补税未遂，心里并不高兴，他知道赵构只是客气一下，这笔钱他要是不拿出去，赵构心里不舒服，他老韩心里也不踏实。

　　新年一过，绍兴十三年（1143年）一月五日，韩世忠再提交了一遍申请。

　　赵构一看韩世忠这么执着，忠君爱国之心苍天可见，再不答应他就有点虚伪了，于是就在这份申请书上签了一个"同意，转相关部门执行"，然后给韩世忠发了一张奖状。

　　二月初八，千盼万盼的韩世忠终于盼来了赵构的正式嘉奖令：韩世忠从国公晋封为咸安郡王。

　　过了几天，赵构又在大内给韩世忠办了一个盛大的庆功宴，邀请韩世忠全家都参加，还赏赐了韩世忠名马宝剑。

　　到此为止，韩世忠破财免灾，心中一块大石头终于落地，在杭州城无忧无虑地过完了一生。

为拍马屁而刨人坟墓的官员

北宋末年，在享乐道路上越走越远的宋徽宗赵佶开始追求千秋万载、一统江湖的神神道道。

上有所好，下必甚焉。徽宗的臣子们开始到处张罗一些祥瑞进献，皇帝开心，必有赏赐，这段时间，什么乱七八糟的古董都冒了出来，反正有蔡京为首的专家鉴定团出来背书。

政和二年（1112年），民间进献了一块一尺多长的玉石片，长得像玉圭的样子。

十月，蔡京的鉴定结果出炉：这玩意儿不得了了，果然是一只玉圭，而且是大禹用过的玉圭！

大禹是什么档次？在中国历史上是和尧舜齐名的圣贤君主，是所有皇帝终生追求的超级偶像。现在大禹用过的玉圭都到了徽宗的手里，这说明，徽宗的治国水平已经达到了大禹的水准。

太平盛世，已经来临！

一个月之后，也就是政和二年十一月，徽宗在大庆殿搞了一个盛大的受圭仪式，大赦天下，对以蔡京为首的专家团也重重封赏。

受圭之后还不满足，徽宗还要把这件事情告诉自己父亲宋神宗和哥哥宋哲宗，于是政和三年（1113年）正月，他专门派人到河南巩义的皇家陵园，去给永裕陵和永泰陵送信，说自己搞到大禹当年用过的玉圭了。

送完信还不满足，徽宗提出了一个大胆的想法：干脆我抽个时间去一趟巩义，把这个好消息给太祖太宗这些老人家都汇报一下吧。

巩义位于郑州和洛阳之间，是宋太祖赵匡胤亲自选定的皇家陵园所在地，距离洛阳不到50千米。一般来说，皇帝祭陵之后，是肯定要在洛阳歇脚的。

所以，问题来了，按照徽宗的生活标准，西京洛阳的住宿条件是满足不了他老人家需求的，需要另外给他造行宫。

这个任务，就落到了京西路的都转运使宋昇（biàn）身上。

宋昇不是一个普通角色，算是名门之后。他的祖爷爷就是大名鼎鼎的宋庠，北宋名相，仁宗天圣二年（1024年）状元。

宋庠还不单单是状元，还是一个在乡试、会试、殿试三场考试中都拿了第一的人，就是传说中的"连中三元"。

不过到了徽宗年间，宋庠的孙子也就是宋昇的父亲宋乔年就开始有些堕落了，为了上进，父子俩毫不犹豫地倒向了蔡京。

接到修建洛阳行宫的任务之后，宋昇可以说是毫无保留地奉献了自己拍马屁的全部"智慧"。

据《宋史·宋昇传》记载，他设计的宫城，可以说是大气磅礴、极尽奢华，周长16里、房屋440间，预算达到了一个天文数字。

对于当时的宋徽宗来说，钱不是问题，档次才是问题。

于是，宋昇提出，所有的房梁、大门、栏杆等装饰，全部要用真漆来刷一遍，刷之前，需要用人骨的骨灰来打底。

我不是学古建筑专业的，我也不明白为什么要用人骨的骨灰来打底，也不知道徽宗真要住进来之后，是不是会觉得瘆得慌。

但是这么一来，洛阳周边的骨灰就开始涨价了，一斤骨灰价值好几两银子（会髹漆，至灰人骨为胎，斤直钱数千）。

人骨不好找，怎么办？好在洛阳算是一个千年古都，又打了那么多次大仗，别的没有，坟墓倒是有的是。于是，宋昇一声令下，"尽发洛城外二十里古冢"，也就是说，洛阳城外方圆20里的古墓，（除了后人有能力守护的）全被挖出来，取人骨烧成灰给徽宗造行宫。

当然，除了取人骨，墓中的金银财宝也是一项重要的收入，所以，即便是那些明明知道是衣冠冢根本没有遗体的坟墓，他们也毫不手软，一律挖开。

一时之间，古都洛阳周围，残坟遍地，断碑满眼，几乎变成人间地狱。

这个马屁，拍得是前无古人，后无来者，以至于徽宗高兴得不得了，认为宋昇特别会办事，开开心心地给宋昇升了官。

他们这么干，真的得到祥瑞了吗？

宋昇升官之后，又负责了一项工程，治理巩义皇陵渗水，同样是大手笔，共计花了490万人工。这事儿张罗完没多久，宋昇就暴病身亡。

洛阳的行宫最后也没派上用场，靖康之变之时，被金兵一把火烧掉。

自诩跟大禹比肩的宋徽宗最后死在了黑龙江，唯一留在南方的儿子赵构无后（明受天子赵旉早夭），在东北的后代不出意外的话在海陵王南征之前被杀得干干净净，真算是断子绝孙了。

北宋开国第一豪门以及他们家娶的女人们

赵普，北宋开国第一功臣，辅佐过赵匡胤和赵光义两个皇帝，年轻的时候就深得赵匡胤的父亲赵弘殷的喜欢，被当成宗族对待。

赵普享受的荣耀我们就不多说了，他的家族也享受了多年的皇恩浩荡，这从《建炎以来朝野杂记》中记载的他们家娶的那些女人就能看出来。

赵普自己娶了三个老婆：第一个老婆姓魏，生了个儿子赵承宗；第二个老婆也姓魏（不知道是不是姐妹，没查到资料），生了个儿子赵承煦；如果说他娶前两个老婆的时候还是创业阶段，算不得什么豪门的话，那第三个老婆就有点来头了，姓和，是后晋宰相和凝的女儿。赵普的第三个老婆没给他生儿子，生了俩女儿，后来都当了道士。

赵承宗的老婆姓高，背景非常雄厚，她是赵匡胤外甥的女儿，也就是说，是赵匡胤的姐妹的孙女。

我查了一下，赵匡胤的姐妹只有一个人嫁给了姓高的，就是他同母的妹妹秦国大长公主，先嫁给米福德，后来嫁给高怀德的那位。

不过，赵承宗并没有留下后代。

顺便说一句，高怀德也是个牛人，从他的谥号就能看出来——武穆。

相对于赵承宗来说，赵承煦的老婆就更神奇了。

他的第一个老婆，是后蜀皇帝孟昶的女儿，虽然是末代公主，但是好歹也是一个公主。

他的第二个老婆，就有点乱辈分了，是孟昶的长子孟元喆的女儿。也就是说，他的两个老婆，是有血缘关系的两代人，大老婆是二老婆的姑姑……

乱了乱了，真的是太乱了，也不知道他们在家怎么称呼，赵承煦自己是自己的姑父。

赵承煦的第二个老婆给他生了一个儿子，名字叫赵从约。

赵从约的老婆姓曹，背景不输她的婆婆，是开国大将曹彬的女儿。

曹彬的地位我们不多说了，他有一个孙女，是宋仁宗的皇后，也就是大名鼎鼎的曹皇后，曾经帮助仁宗平息后宫叛乱的那位智勇双全的巾帼英雄。

虽然赵普家第二代和第三代子孙不昌盛，但是到了这一代，就开始爆发了。

赵从约一口气生了14个儿子，拍《葫芦娃》能够拍两部。

因为第四代的儿子特别多，所以赵普家族的联姻触角，就伸得更广阔了一些，拣一些有名的说说吧。

赵思聪，一听这个名字就特别有钱，他的老婆姓宋，仁宗朝武安军节度使宋守约的女儿。

赵思复，老婆姓钱，百家姓排名第二的那个钱，大名鼎鼎的吴越王钱俶的孙女（按辈分应该算高攀）。

赵思恭，老婆姓冯，知枢密院事冯京的女儿，冯京是宋朝最后一个连中三元的才子，他身上有句俗语，叫"错把冯京当马凉"。

赵思行，老婆姓向，家族显赫，祖父是宰相向敏中，她有一个姐姐，就是神宗的向皇后，也就是说，赵思行是神宗的连襟。

到了第五代，赵普的后人太多，可能就顾不上那么多了，这一代的媳妇，开始逐渐走向平民化，只有赵思礼的儿子赵希诏娶了一个豪门媳妇儿。

赵希诏的老婆也姓向，就是他叔叔赵思行娶的那家族的闺女，是他婶子和向皇后的侄女儿，也算是门当户对、亲上加亲。

赵普的后代到了第六代的时候，不知道出于什么原因（有可能是陷入北宋连绵不断的政治斗争中）就开始衰落，再也没有显达的子弟。

到了南宋高宗绍兴七年(1137年)，朝廷稳定下来之后想起了赵普这位开国功臣，到处找赵普的第六代孙（按照我前面的列表，应该是第七代），还真让他找到了12个，都给了一些小官来当。

其中有一个叫赵洪的，在孝宗乾道末年做到了绥阳（今贵州遵义绥阳）县知县，死在了任上。家属把他遗骨运回老家安葬的时候，碰见了盗贼，被洗劫一空，他的女儿还流落到了四川，靠乞讨为生。

如此庞大一个豪门家族，从此以后在《宋史》里烟消云散，再无显赫记载。

一个比谁更厚脸皮的时代

北宋熙宁年间，王安石权倾朝野，甚至敢于在神宗面前耍一些小脾气（类似使性子、撒娇）。

据《宋史·王安石传》记载，曾经有一次，王安石想在京师地区推行一项货币政策，但是引起了赵家宗室和军队的不满，于是就有人到神宗面前发牢骚——请注意啊，仅仅是发牢骚，还不是告状。

宗室是家族，军队是根基，神宗当然不能坐视不管，于是就趁王安石上朝的时候，问了问情况。谁知道就是这么一问，竟把王安石激怒了，王安石登时就回了神宗一句："我每做一个决定，都有人在背后说三道四加阻拦，既然如此，我还上什么班？"

说完，王安石转身就走，然后给神宗交了一个病假单，自己在家躺着生闷气。

这样的举动吓得神宗赶紧认怂，然后派人专门给他传话："我和你一条心，都是为了变法大业，天日可鉴，你不要生气了，回来上班吧。"

听到皇帝这么说，王安石才心满意足地从床上爬起来，收拾公文包去上班。

神宗如此器重他，朝廷的官员们当然也看在眼里，于是开始有各种各样的人去巴结讨好王安石，而且，讨好的方式越来越高级、越来越精致，当然也越来越厚脸皮。

到了熙宁九年（1076年），王安石虽然还是宰相，可变法已经进入了瓶颈期，他的政治生涯已经开始明显走下坡路了，但是依然还有不少人去讨好他。

这一年，55岁的王安石遭遇了人生的一个大不幸，他的儿子王雱被他骂了一顿之后，毒疮发作而死。

王安石很喜欢这个儿子，满朝皆知，于是不少还没看清政坛走向的中下级官吏就开始在王安石丧子这件事情上搞动作。

比如，中书省的一个秘书张安国，他披麻戴孝地直奔王雱的灵堂，跪在灵柩前就开始哭，边哭边喊："王大人啊，想不到你英年早逝，到死都没抱上儿子，卑职我看在眼里，痛在心里啊。我听说你夫人现在已经怀孕了，求上天让我赶紧死去，好托生到你夫人的肚子里给你当儿子，也算满足你人生的最后一个愿望了。"（公不幸未有子，今郡君妊娠，安国愿死，托生为公嗣。——《涑水记闻》）

一时之间，这样的高招震撼京城，不禁让人无话可说。

张安国只是说说而已，但是这件事情传开之后，还真有人在"托生"这个思路上想了一个办法，不过不是讨好王安石，而是骗王安石的钱。

这个人叫胡滋，是福建兴化县（现为兴化市）的县尉，差不多相当于今天的县公安局局长。

胡滋的老婆是宗室之女，正好怀孕。在预产期临近的时候，听说了王雱的死讯（也有可能听说了张安国的骚操作），立刻开始派人到京城散布消息："胡夫人生孩子之前，梦到一个身穿金紫朝服的人站在前面，自称是王雱，托生为胡夫人的儿子。过几天孩子生下来，果然是个男孩儿，等满月之后就送回开封娘家去好好抚养。"

王安石听到消息之后，觉得人生又有了希望，加上正好是辞去相位到江宁（今江苏南京市）上班的时候，于是天天跟夫人守在长江边，见着有船过就问："是不是胡局长的船呀？"（得非胡尉船乎？）

功夫不负有心人，我说的是不负胡滋一家人，王安石两口子愣是等到了胡滋一家人的船。老两口也不管什么江湖地位、为官礼仪了，冲到船里就去看这孩子，越看越像王雱，看得老泪纵横。

看完了孩子之后，王安石就跟胡滋说："胡局长你就先不要去开封了，就待在江宁，我这边给你提供的生活条件比你老婆回去之后好得多。"

胡滋也不跟王安石客气，就在江宁住了下来，每天好吃好喝好玩儿地享受着，王安石也是一个不缺钱的人，为了讨好胡滋，"遗之金帛不可胜数"。

没过多久，王安石就开始试探胡滋把儿子过继给自己的可能性，东拉西扯地问胡滋有什么愿望。胡滋说："我在兴化县抓盗贼有功，但是知县不给我申报，我苦恼得很。"

王安石一听，胸脯子拍得啪啪响："这点小事你早说啊，我好歹也是当了这么多年的宰相，这点事情都摆不平，还混什么政界。"

随后，王安石派人到京城帮他上下打点，愣是给他落实了一个更高级别、更高待遇的京官，活生生把胡滋从偏远的福建兴化县调到了开封去上班。

胡滋想要去上任，王安石当然不会让他就这么轻易地走，于是就提出来自己的终极要求："你看，你自己都说了这个儿子是我家王雱托生的，你能不能把这个儿子过继给我，反正你们年纪轻轻的，再生一个也不是什么难事。"

胡滋得了王安石那么多好处，竟然丝毫不给王安石面子，直接就跟千年之后的李雪琴一样，回答了王安石四个字："我妈不让。"

王安石还不死心，一直强留了胡滋一家人半年，但是胡滋始终不松口，王安石才唉声叹气地让他去开封上任，算是终结了自己再见王雱的幻想。

我个人虽然不是特别喜欢王安石，但是这件事上，胡滋一家人这么欺负一个丧子之痛的老头儿，可是真的有点儿……太厚脸皮了。

千年之前，一个实施拆迁工程官员的良心

北宋咸平年间，刚刚登上皇位不久的宋真宗赵恒发现了一个比较具体的问题：开封城的街道太狭窄了，到处是房子，到处是围墙，到处是违章搭建，有时候连他自己的车驾都走不通。

那时候，开封是地球上最大的城市，是北宋王朝的政治、经济、文化中心，人口多，官员多，富人多，在城市缺乏统一管理和开发的情况下，出现这样的问题也不稀奇。

事实上，在距离当时差不多半个世纪以前，五代十国期间首屈一指、英明神武的皇帝周世宗柴荣就曾经整治过一次首都开封的街道，给景观大道、主路、辅路、支路都设定了各自的规格，把开封城市道路治理得井然有序。

这项工作做得如此之出色，以至于宋太祖赵匡胤和宋太宗赵光义都在享受他的治理成果。

但是半个世纪过去了，再好的规划也架不住开封城熙来攘往的达官贵人，轮到宋真宗当皇帝的时候，终于面临了跟柴荣同样的问题。

于是，宋真宗忍无可忍，下了一个命令：拓路！至少不能比柴荣的规划差吧。

真宗把这项任务交给了一个叫谢德权的人。

《宋史·谢德权传》记载，谢德权是福州人，最开始是在南唐李煜这儿上班。南唐被灭之后，谢德权主动跑到开封来交简历，获得录用之后，开始为北宋朝廷效力。

谢德权第一次展示自己的设计规划和土木施工的才华，是在咸阳。当时，咸阳的渭河浮桥被冲垮了，朝廷让重建。转运使宋太初就把这项任务交给了谢德权，结果老谢三下五除二，规划图一弄好，亲自监工，筑土的、凿石的、编缆的、测量的，在他手底下有条不紊地就把浮桥修好了，牢固无比。

随后，谢德权被调回了开封，负责首都粮仓的管理工作。

那时候没有水泥地，也没有地板砖，粮仓受潮、粮食腐烂的问题长期得不到解决，所以负责粮仓管理也是一个烫手山芋。

但是土木工程专家谢德权不怕，他有的是办法。他把所有粮仓的地面都进行了改造，先用砖块砌一个通风干燥的地台，再把粮食堆放在地台之上，一举就解决了粮仓地潮的大问题。

有这么强悍的专业技能，难怪真宗把拓路的任务交给他来完成。

谢德权得到命令之后，毫不手软，大刀阔斧地按照自己的规划开始了拆迁工作。

别人拆迁，都是拣软柿子捏，但是谢德权不一样，他上手就先拆权贵的，拆得朝中怨气满天（既受诏，则先撤贵要邸舍，群议纷然）。

大臣和家属们纷纷利用各种手段到真宗这里告状，大家伙儿都是跟着太祖太宗打江山的人，先皇赏赐大家在开封建宅子，这是莫大的恩宠，也是大家伙儿在开封落户的尚方宝剑。现在突然来这么一个芝麻小官，上手就开始拆房子，这不讲究啊！

手下的重臣们反弹得如此凶猛，搞得真宗都有点架不住了，只能给谢德权再下了一道诏书，说工作太难执行了，要不这件事就先缓缓？

谢德权气定神闲地对真宗说："开弓没有回头箭，现在已经停不下来了。这帮人跟你这儿闹腾，不过是舍不得自己的房子，想多要点拆迁费而已，理他们做什么？"

真宗一听，挺有道理，坚定不移地站到了谢德权的这一边，愣是把开封城街道的拓宽工作给执行了下去。

随后，谢德权就留在了开封，专门负责城市工程建设。据《宋史》记载，不管在别人手底下多么难办的工程，只要是他接手，必然是妥妥地在工期内完成（先时，每营造患工少，至终岁不成。德权按其役，皆刻日而就）。

又过了10年，受到王钦若鼓动的真宗准备东封泰山，决定在开封修建玉清昭应宫作为东封的配套工程。这项工程如此之浩大，花费了白银近1亿两，经过5年时间建成（原计划15年），奢靡程度冠绝天下。

为了修建玉清昭应宫，真宗又开始了轰轰烈烈的拆迁运动，"累徙民舍以广宫地"，拆迁完之后就开始深挖地基。

跟上一次拓宽道路不一样，玉清昭应宫的选址是在皇城之外，拆迁的对象主要是平民。既然是拆迁和土建，谢德权当然必须参与。

但是这一次，谢德权出人意料地拒绝了真宗安排的任务，反而一直不停地跟真宗和负责整体工程的刘承珪、戚纶等人辩论，认为这次拆迁对百姓的伤害太大，工程量太大，老百姓不堪其扰，完全超出了他们的承受范围。

已经被东封泰山这件事蛊惑得神志不清的真宗完全听不进去谢德权的意见，谢德权多次上疏无效，只好用自己的职业生涯来证明自己的清白。

他给真宗写了一封辞职信，说实在是干不了这活儿了，我还是回去守我的粮仓吧（遂求罢，复领京城仓草场）。

从此以后，谢德权再也没有参与过玉清昭应宫的工程。

李元昊这个年轻人不讲武德，差点逼死范仲淹

北宋康定元年（1040年），因为西北李元昊造反，边事吃紧，仁宗将范仲淹调到西北，跟夏竦、韩琦搭档对抗李元昊。

李元昊并不是一个头脑简单、四肢发达的武夫，他在这些年跟大宋和大辽打交道的岁月里，积累了相当丰富的战斗经验。

当年年底，李元昊准备干一票大的。在干之前，他玩儿了一招明修栈道，暗度陈仓，先给正面对垒的范仲淹写了一封信。这封信的中心思想是这样的：范老哥，你看现在都是冬天了，大西北也挺冷的，大家伙儿在雪地里打仗不怎么讲究，不如我们进行一个中场休息，把这个冬天熬过去再说？

为了表示自己的诚意，李元昊甚至把此前俘虏的宋军将领高延德一起送了回来。

范仲淹其实也不想在大冬天跟人打仗，一看李元昊这么有诚意，他也挺开心，以为看到了短暂和平的曙光，至少在明年开春之前大家可以过一段安稳的日子，于是就以个人名义给李元昊回了一封信，除了赞许他的大局观之外，还流露出浓浓的劝降意味。

但是李元昊这个年轻人不讲武德，到了第二年二月，他就突然发兵进攻渭州，在好水川大败宋军，几乎全歼了大宋在西北的精锐部队。

于是，得意扬扬的李元昊就以大夏国皇帝的名义，给宋仁宗写了一封国书，书中极尽傲慢羞辱之词。

那时候科学技术不发达，没有接通两国元首的专线，也没有中立方的特快专

递负责送信，所以，这封信还是交到了范仲淹的手里，由他转交给仁宗。

范仲淹拿到这封国书，非常之难办，比烫手的山芋还要烫手。

按照规矩来说，这封国书属于外交文件，他必须上交。现在的问题是，仁宗刚刚得到了好水川大败的消息，现在又要被李元昊冷嘲热讽一通，这事儿是万万干不得。

如果不交呢，那问题就更严重，前线带兵大员跟敌国元首书信往来不汇报，天知道你在信里都写了些什么，万一是里通外国图谋造反呢？

范仲淹这辈子从来没有遇到过这么糟心的事情，想来想去，他做了一个决定：当着西夏使者和大宋同僚的面，把这封信烧了。

随后，他给朝廷写了一个非常详细的汇报文件，说曾经给李元昊写信劝降，随后收到了李元昊的国书，语言太过悖逆，已经烧毁。为了稳妥起见，他还全文录下了自己去年给李元昊的劝降信，以及节选了李元昊国书中能够看得下去的部分章节，一起送到了开封。

范仲淹在遥远的大西北根本猜不到，他的这一个工作汇报，会在开封城掀起一番腥风血雨，甚至差点把他的一条命都搭进去。

当时朝廷的宰相是重新回到这个岗位上的吕夷简。吕夷简跟范仲淹的关系很不好，主要的原因是景祐三年（1036年）范仲淹曾经弹劾过吕夷简，双方闹得非常僵，最后以范仲淹被贬出京、吕夷简被罢相告终。

吕夷简是一个非常拎得清的人，虽然他跟范仲淹有旧恨，但是现在并无新仇，而且范仲淹在西北，又是一个刚刚打了败仗、犯了错误的人，他没必要再跟范仲淹置气而弄得两败俱伤。

吕夷简现在最大的威胁，是参知政事宋庠——这人老是跟他不对付，凡是吕夷简的决定，宋庠都要跟他争半天，简直烦死个人。

关键是，跟范仲淹关系不错的宋庠，当时和范仲淹也不对付。

于是，他准备借着这件事，给宋庠下个套，把他弄走。

吕夷简终于找到了一个机会，某天办公室里面只有他们俩，吕夷简手里拿着范仲淹的工作汇报，自言自语地说："范仲淹去了西北，胆子是越来越大了。都说人臣无外交，他倒好，私下跟李元昊通信不说，还烧毁证据。要是其他人，脑袋都砍了七八次了。"

宋庠在旁边听到这话，心念一动："看来老吕对范仲淹还没消气啊，既然如此，我何不弹劾范仲淹，既能够把范仲淹收拾了，还能跟老吕搞好关系，简直是一箭双雕啊。"

据《宋史·范仲淹传》记载，几天之后，朝廷开会讨论对范仲淹的处理意见，宋庠哐当一声跳出来说："范仲淹可斩！"

此话一出，满座皆惊，枢密副使杜衍站出来帮范仲淹说话，说范仲淹虽然做得不太妥当，但是主要目的是替朝廷招纳叛虏，错在程序问题，而不是原则问题，只需要稍微惩罚一下就可以了。

宋庠自认为有吕夷简当后台，态度极其强硬，当庭就跟杜衍发生了激烈的争吵，吵来吵去争执不下，仁宗转头问吕夷简："你是宰相，你说说？"

宋庠得意扬扬地用期盼的眼神看着吕夷简，心想"我这事儿给你干得漂亮吧"，谁知道吕夷简慢悠悠地说："杜衍说得挺有道理，范仲淹轻轻惩罚一下就可以了，倒是宋庠，看不出来文质彬彬的状元一枚，下手挺狠啊，居然想斩了范仲淹……"

宋庠大惊失色，知道中了吕夷简这个老东西的计，悔恨莫及，但是又无力回天，只能上疏请求辞职。

随后，宋庠从参知政事被贬为扬州知府。

而死里逃生的范仲淹得到的处罚是，降低一个行政级别，去耀州（位于今陕西铜川市）当了知府。

宋庠和范仲淹此前关系还不错，双方还互相赠诗，但是这件事情之后，两家的关系就彻底闹崩。皇祐二年（1050年）宋庠重新得到重用当上了宰相，想缓和两家的关系，于是上疏要提拔范仲淹的儿子范纯仁。

朝廷的任命书都下来了，范纯仁依然坚辞不受——当年你想着弄死我爹，现在想卖个人情来讨好我？没门儿！

那个忠君口号喊得最响的人，后来怎么样了

北宋太祖开宝七年（974年）九月，秉承着"卧榻之侧岂容他人鼾睡"指导思想的赵匡胤，终于忍不住派曹彬带兵讨伐南唐。

在此之前，赵匡胤已经搞定了李筠、李重进、张文表、高继冲、钱俶、孟昶等地方割据政权，除了在攻打固若金汤的太原时碰到一点小麻烦之外，几乎可以称得上是摧枯拉朽。

已经害怕了很多年的李煜于是更害怕了，在金陵城里守着长江防线做最后的挣扎。

他之所以还敢做最后的挣扎，是因为他手下有一个最得力的谋臣，给了他极大的信心。

这个人叫张洎（jì），《宋史·张洎传》说他"参预机密，恩宠第一"。请注意，这种恩宠并不是单单指工作上，而是工作生活一起抓。李煜不但朝廷所有的政事都要咨询他的意见，连自己兄弟在皇宫里喝花酒，也要叫上张洎。

值得强调的是，这并不是臣子们的普遍待遇，而是张洎一个人的特殊待遇，由此可见他受的恩宠之厚，朝中无人能敌。

到了闰十月，曹彬架设浮桥，准备强渡长江。

李煜有些害怕，因为长江是他最后的一道防线，一旦长江被攻破，他就再也没有天险可言。于是他找到张洎商量，张洎一拍胸脯，说："我翻遍古今史籍，从来没听说过长江上可以架浮桥的，你听曹彬瞎胡吹，夜壶都能变金杯。"

听到自己的首席谋臣都这么说，李煜当然放心，继续花天酒地。

然而，好景不长，曹彬竟然真的在长江上架好了浮桥，大军过境将金陵围得水泄不通。岌岌可危之际，李煜的心理防线开始动摇，又是张洎站出来，勇敢地安慰他说："别怕，我夜观天象，宋军马上就要撤退了。再说了，万一真的有城破那一天，你放心，我一定以身殉国，为君效忠。"（苟一旦不虞，即臣当先死）

到了第二年的一月，采用围点打援战术的曹彬终于收拾完了李煜其他地方的残存力量，开始全心全意进攻金陵。很快，金陵城破，到了张洎兑现承诺的时候了。

张洎带着老婆孩子、金银珠宝来到皇宫里，正巧碰到另一个大臣陈乔。张洎对陈乔说："老陈，现在国之将亡，主辱臣死，你还在这儿晃悠什么，我们一起去楼上自杀殉国好不好？"

陈乔也是一个血气方刚的直性子，一听张洎这么说，当即就答应，跟着张洎就到楼上上吊自杀。

但是张洎挺狡猾，一直不蹬凳子，眼睁睁地看着陈乔气绝身亡之后，他又下楼来找到李煜说："陛下，我和陈乔都是主管军事的大臣，本来应该一起自杀殉国的。但是我转念一想，要是我们都死了，谁来告诉陛下我们的忠义之举呢？所以我就勇敢地活了下来，继续报效陛下。"

李煜无语，当然也拿他无可奈何。

南唐君臣被押到开封之后，赵匡胤亲自来审问，享受一下胜利者的喜悦。张洎这样一人之下万人之上的重臣，自然也能享受面见赵匡胤的待遇。

但是张洎是一个心理学大师，他摸准了赵匡胤的脉搏，决定狠狠赌一把。赵匡胤拿着金陵被围时李煜发出的勤王军令问他："这份文件，是不是你写的？"

张洎磕了一个头，说："不错，是我写的。家里养条狗，见着生人都要叫两声，何况我受了李家那么多恩惠，当然要为主分忧了。实话告诉你吧，你手里拿的只是其中之一，我还写了很多，你要杀就杀吧，我就算是为旧主尽忠了。"（实臣所为也。犬吠非其主，此其一尔，他尚多有。今得死，臣之分也。）

这一把果然赌赢了，赵匡胤十分感动，不但饶了他一条狗命，还给他安排了新的工作，让他成了南唐旧臣中再就业最成功的一个。

那么，张洎对已经投降的李煜，态度如何呢？

金陵城破的时候，曹彬曾经对李煜说："明天你的所有金银财宝都要登记造册了，今天一天你能搬就尽量搬，也给今后留点生活保障。"但是李煜当时正逢亡国，心情不好，居然就拒绝了曹彬的好意。

于是回到开封以后，李煜成为所有的亡国国王里面最穷的一个。

本来就已经很穷了，但是张洎仗着自己知道李煜当年很多辱骂赵宋的言论，还经常上门去勒索他，搞得李煜郁郁寡欢，就像金庸小说《鹿鼎记》里被韦小宝勒索的郑克塽一般，见着张洎就害怕。

后来张洎眼瞅着实在从李煜手里搜刮不出东西来了，甚至把李煜洗脸用的银脸盆都骂骂咧咧地拿走了。

真是"我最深爱的人，伤我却是最深"……

请皇帝立太子，需要多大胆子

北宋真宗景德元年（1004年）十月，辽圣宗和萧太后同时亲征，南犯宋境，连续攻破了邢台、河间等地，直逼黄河天险，威胁开封。

在寇准的鼓励下，真宗也御驾亲征，来到澶州（今河南濮阳市）前线，两国皇帝终于面对面了。

这场战役打到十一月底的时候，天气实在是太冷了，双方都有点不想打了，开始慢慢商量着和谈。

和谈嘛，一般都是边打边谈，把战果当成和谈的砝码来使用。

十一月二十五日，辽军想要进行最后一搏，来一次斩首行动，搞得定就乘胜追击，搞不定就鸣金收兵。于是，辽国大帅萧挞凛亲自带兵直扑澶州，想要把宋真宗一举拿下。

但是他运气不好，被宋军的狙击手一弩击杀。

失去了主将的辽军再也无心恋战，十二月初一，辽国派来使者开始和谈，一谈就谈了半个月。

谈着谈着，真宗的后院起火了。

真宗出发之前，安排了一个人来帮他守着开封的摊子，这个人是他的四弟雍王赵元份。

赵元份身体一直不好，但是跟三哥真宗的关系倒是不错。《宋史·真宗本纪》里有多次真宗去赵元份府上探病的记载。

当然，身体不好加上关系挺好，可能这也是真宗放心地把摊子交给赵元份的主要原因。

十二月十四，开封传来消息，赵元份突然得重病，快不行了，问真宗应该怎么办。

真宗这时候还有一个活着的哥哥，39岁的长兄赵元佐，以及三个活着的弟弟，分别是27岁的六弟赵元偓、23岁的七弟赵元偁、19岁的八弟赵元俨。按道理说，除了长兄赵元佐有点敏感之外，剩下的三个弟弟都能接替这个工作。

但是真宗并没有这么做，而是选择了一个忠心耿耿的重臣、参知政事王旦，让他用最快的速度赶回开封，代理东京留守的职位。

王旦接到这个任务之后，自然明白皇帝心里想的是什么。据《宋史·王旦传》记载，在出发之前，王旦想到了一件非常重要的事情。他对真宗说："请把寇准叫过来，我有事情要说。"

真宗叫来了寇准，王旦当着领导和同事的面，第一句话就直击真宗和寇准的心灵："我回到开封，如果十天之内收不到你们发来的捷报，我怎么办？（十日之间未有捷报时，当如何）"

各位客官，这句话是非常有背景的。

根据《宋史·真宗本纪》记载，至少在十一月二十五日，也就是萧挞凛实施斩首行动之前，黄河已经封冻了。这就意味着，契丹的铁骑不但可以随时大规模地围攻真宗驻跸的澶州，而且还能一箭穿喉地直扑130千米以外的开封。

虽然现在两国在讲和，虽然辽军的主将阵亡，但是一个不能忽视的事实是，辽国的皇帝和太后组成的最高指挥部还在，辽国的主力军队并没有受多大的损伤，一旦他们再发动一次斩首行动，宋军还有没有这么好的运气反杀对方的主将，只有老天爷才知道。

说句不好听的话，万一真宗阵亡或者被俘，偌大一个北宋朝廷群龙无首，后果不堪设想（参见明代的土木堡之变）。

王旦说出这样的话，是需要极大勇气的（这也是他找来寇准当见证人的原因）。

皇帝御驾亲征，要的是一个士气，图的是一个吉利，但是王旦出发之前啥都不管，直接做了一个最坏的打算。

真宗听到这样的话，也愣了（帝默然良久），回答了四个字："立皇太子。"

自古以来，逼着皇帝立太子的事，都是十分凶险的，宋代也不例外。我举两个例子。

第一个是宋仁宗，他死了三个儿子之后再也没有生下男丁，也就一直定不下来太子。群臣看他渐渐苍老，终于忍不住上疏劝他收养宗室，但是提议者差不多都被批评了，唯独包拯深得仁宗的同意。

包拯是怎么说的呢？他老泪纵横地跟仁宗说："陛下，您知道，我也没有儿子，所以我劝您立太子没什么私心，不是为自己后代的荣华富贵烧冷灶，您能不能相信我？"

第二个是大家熟悉的宋高宗，他因为失去生育能力之后也找不到继承人，于是主动收养了几个宗室在宫里养着。但是岳飞就不怎么懂行情，上疏指名道姓地跟高宗说，他觉得某个孩子不错，可以立为太子。

这件事，成为高宗后来收拾岳飞的其中一项罪名。

你看，忠诚如包拯、功高如岳飞这样的重臣，说到接班人的时候都是这么凶险，可见王旦的胆子有多大。

但是王旦的胆子，还不止于此，他这句话，戳到了真宗的心窝子里。

真宗是老三，他当上皇帝，是战胜了大哥赵元佐（也算是赵元佐自己放弃的），有一定的侥幸，所以心里对大哥是有那么几分提防的。

而且，真宗这时候没有儿子。

他生了五个儿子，全部夭折，其中活得最长的是老二赵祐（又名赵玄祐），在一年前的咸平六年（1003年）刚刚去世，享年八岁。真宗极其喜欢这个孩子，一度想把他立为太子，甚至赵祐的陵寝都是按照太子的规格来修建的。

而此时，距离后来狸猫换太子的宋仁宗出生，还有六年。

这意味着，王旦在明知道真宗没有子嗣的情况下，逼着真宗表态，愿意在危急情况下把皇位传给自己的兄弟。

传给哪个兄弟，真宗没说，按照常规就是朝中大臣跟着皇后一起商量着定了吧。

带着真宗的承诺，王旦回到了开封。

没等到十天，两天之后，十二月十六日，辽国送来了正式的和谈文件，双方签字生效。

十二月十八日，辽国撤军。

十二月十九日，真宗平安回到了开封，一场立储的风波就此平息——他没有收拾王旦。

一个有骨气的人，是怎么学会拍马屁的

南宋建炎三年（1129年），金兵南侵，赵构虽然做好了打仗的准备，但是还是心存幻想，希望能够通过谈判或者求饶来解决问题，能不用兵最好不用兵，赢了还好说，输了就惨了。

赵构朝会上提出这个方案的时候，群臣都觉得非常好，但是在问到"谁愿意去谈判"的时候，顿时就冷场了。因为大家都知道，金国是正儿八经来打仗的，所谓的"两国交兵，不斩来使"只是一个类似于道德绑架的美好愿望而已，人家真的要斩使祭旗，你也没办法。

但是这时候，一个叫张邵的文官站了出来，主动申请去出差，把赵构感动得不要不要的，当即给他升了五级，然后派杨宪作为他的副手，一起深入敌后。

张邵去了之后，还真的见到了金国的元帅挞懒。

在整个谈判过程中，张邵还算是秉持了气节，有理有据地陈述了自己的观点，拒绝了对方的无理要求。但是遗憾的是，"阻止金兵南侵"这个艰巨的任务，他确实完成不了，并且他自己也被金兵扣了下来不让回国。

两年之后，金国政府看着这些年陆陆续续扣下来的大宋外交官，觉得朝廷不能养闲人，干脆就给他们安排点工作。

绍兴元年（1131年），张邵被金国安排去刘豫的伪齐政权上班。但是张邵是个硬骨头，在接受刘豫面试的时候，狠狠地骂了刘豫一顿，搞得刘豫非常不愉快。这时候，他的副手杨宪已经投降，就在旁边像个苍蝇一样嗡嗡嗡，张邵听得心烦，抢了一把刀想要杀死杨宪，结果被刘豫的手下制止。

金国一看，这货软硬不吃，于是就把他押到燕京的圆福寺关押了好几年，随后又让他去接受劳动改造，完成一些力所能及的工作，以换取自己的口粮。

张邵在金国一待，就是14年。

到了绍兴十三年（1143年），宋金达成了和谈协议，开始释放羁押人员。这年的二月初六，金人找到了已经47岁的张邵，让他和同样被扣留了很多年的洪浩、朱弁一起回国。

但是张邵回国之后，并不知道当时的朝廷已经被秦桧为首的主和派占据，心里始终牢记着当初赵构派他出使的指导思想："我们和金国是敌国，一定要小心他们的阴谋诡计，他们随时可能南下侵略。"

所以，他的工作报告很不得赵构和秦桧的喜欢。

赵构和秦桧心说："我们君臣辛辛苦苦谈下来的和约，你居然说我们被骗了？你这不但是侮辱我们的能力，而且侮辱了我们的智商。"

于是，秦桧就授意左司谏詹大方弹劾张邵，罪行有两点。

第一，担任外交官的时候没能完成任务，金国当初还是南侵了，而且此后又一直在南侵，他始终没有起到和谈的作用。

第二，有确凿的消息称，他跟副使杨宪不和，而且为人专横霸道，曾经提刀想要杀掉杨宪。

赵构一听，干脆就将张邵贬去台州的一个道观上班。

张邵在道观的时候反思了一下自己，灵机一动，心说现在的主流思想是和谈，连太后都接回来了，可见朝廷是很有诚意的，于是就给秦桧写了一封信："我在金国的时候，听他们说起，有归还渊圣（即宋钦宗）和其他王爷的意愿，咱可以努努力，争取把他们全部接回来。"

早些年，赵构还喜欢听"迎回二圣"的口号，毕竟这是他展现孝道、拉拢人心的法宝。但是现在，他已经顺利掌控了全局，母亲也接回来了，父亲的梓宫也迎回来了，再也不想有人咋咋呼呼地喊把钦宗也接回来。

不出所料，这样的一封信交上去，张邵只能在这个道观里等死了。

张邵在台州等死等了6年，可能是远离了政治纷争，一直活得很健康。但是，这时候张邵已经五十多岁了，正在进入文官的黄金年龄。他觉得自己满腹经纶、满腔热血，不应该被耗死在这么一个岗位上，再不努力一下，这辈子就过去了。

在身边官员的耳濡目染之下，当年这颗有骨气的心渐渐开始软化。据《建炎以来系年要录》记载，到了绍兴十九年（1149年），张邵终于下定决心要"出来工作"了。这年四月十四日，他给朝廷写了一封信，这封信很长，主要内容是这样的：

建炎三年（1129年），我奉旨出使金国的时候，在路上碰见了秦相，当时秦相的惨状我至今难忘，神色憔悴、衣衫破烂，时时受到金兵的呵斥与责罚，当年苏武牧羊的时候也就差不多这个样子了，完全不像传言中说的深受金国优待的样子。

后来我在金国的时候，听说徽宗皇帝曾经写信责骂金帅粘罕，这封信就是秦相奉旨操刀的，写得那叫一个带劲，晓之以理，动之以情，引经据典文采飞扬，骂得粘罕面露惭色，无言以对。

我在金国待的时间越久，听到秦相在金国时候的光辉事迹越多，当年金兵南侵失败，多亏了秦相的周旋，这些年和谈成功，也是秦相当年打下的基础，秦相不说，是因为他不想争功而已，但是我们不能埋没了秦相的功勋。

这些事儿我都牢牢记在心里，现在我寿数无多，再不写出来就晚了，请圣上把这些事迹载入史册，让子孙后代都能知道秦相的气节和功绩，让我们知道和谈的来之不易。

可想而知，这封信一交上去，秦桧简直高兴坏了，连赵构也高兴坏了，当即决定交给史馆造册。

12天之后，张邵等来了期待已久的任命书，调到杭州担任皇家档案馆管理人员，以及赵构的秘书兼顾问，风光无限。

此后的张邵一路顺风顺水，直到绍兴二十六年（1156年）因病去世，再也没经历过任何风波。

值得一提的是，张邵出生于丙子年（1096年）六月二十七，病逝于丙子年（1156年）六月二十七，刚好活了一甲子。

张邵去世的前一天，沐浴更衣，让子孙为自己祝寿，第二天过完生日才安详去世，也算圆满。只是不知道，一贯硬气的他，后不后悔当年的那一次拍马屁。

言官为升迁练就叼盘神功

南宋宁宗庆元二年（1196年），经过了一年多的操作之后，韩侂（tuō）胄终于清除了自己的竞争对手赵汝愚，并且将赵汝愚一派的朱熹、彭龟年等人全部贬出了朝廷，开始享受一人之下万人之上的权势。

光把这帮竞争对手赶出朝廷还不够，韩侂胄还想把这帮人彻底压制住，断绝他们东山再起的希望。然而这帮人的人数太多，如果一个一个地定罪，工作量实在是太大，于是韩侂胄在手下王淮的启发下，量身定制了一个"伪学"的大筐，想把这帮人都装进去。

筐是弄好了，人也装进去了，但是韩侂胄发现一个问题，现在需要有人来写文章骂他们，好让全天下的百姓士子都知道这帮人的罪行。

韩侂胄先后用了何澹、刘德秀等言官，但是这帮人都是畏畏缩缩地只敢骂伪学，不敢骂朱熹。原因很简单，朱熹的名号实在是太响亮，朝廷内外的拥趸太多，稍微措辞不当就容易被人揪住小辫子反击。

"这不是个事儿啊！"韩侂胄脑袋一拍，突然想到了一个人——监察御史胡纮（hóng）。

据《宋史·胡纮传》记载，韩侂胄想到胡纮，是出于两点。

第一，胡纮和朱熹有私仇。当年胡纮还没当官的时候，朱熹在建安开学校，胡纮慕名去拜访，结果到了吃饭的时候，朱熹让胡纮去吃学生食堂，只有米饭，没啥硬菜。胡纮一怒之下拂袖而去，跟人说："朱熹这人一点人情世故都不懂，来人拜访了，你杀个鸡、烫杯酒能花费多少，又不是没有！"就为了这顿饭，胡纮记恨了朱熹很多年。

第二，胡纮在不久之前骂赵汝愚的战役中表现极为出色，不但遣词造句十分中肯，而且所有的论调直指赵汝愚的问题核心，处处骂他包藏祸心，有不轨之举，深得韩侂胄的欣赏，韩侂胄感觉此人应该能叼得一嘴的好盘，做得一只好走狗。

果然，韩侂胄把这个"盘子"一扔出去之后，胡纮非常麻溜地叼住，然后开始回去撰稿。

稿子写了一大半，突然出了一个小意外：宁宗突然来了调令，把胡纮调去当太常少卿，胡纮顿时就失去了写文章叼盘的资格。

胡纮能够升任太常少卿，也是因为叼飞盘叼得好。

宁宗刚刚登基的时候，有好事的臣子建议，说宁宗是孝宗的嫡孙，按规矩应该守孝三年。胡纮一看宁宗听到建议后不是很开心，于是就赶紧上疏说："陛下你虽然是嫡孙，但是你并不是长子，你父亲也不是长子，所以没必要守孝三年，只需要守一年就可以了。"

宁宗一听，大喜过望，这人的业务能力很强啊，于是召集了一帮人来开会，说："胡纮建议说我只需要守孝一年，大家觉得有没有道理？"手下察言观色，当然觉得有道理，于是胡纮就这么顺利地升迁了。

但是他依然没有舍得放弃嘴里的盘子，愣是把自己的稿子写完了之后，交给新上任的监察御史沈继祖，以他的名义交了上去。

这篇稿子给朱熹一共罗列了六项大罪：

不给母亲吃新米，是为不孝父母；陛下屡次召见不来，是为不敬君主；反对将孝宗葬在会稽，是为不忠于国家；为子弟请封赏然后又推辞，是为玩侮朝廷；诗文里阴阳怪气，是为怨恨朝廷；怂恿民间为他塑像，是为有害风教。

这六条大罪一下来，韩侂胄开心到爆炸，立刻上交宁宗之后刊行于世，要彻底把朱熹搞臭。

胡纮一看自己写的文章那么有市场，也不管是不是在其位谋其政了，忍不住手痒，想要继续叼一盘。于是，他又亲自署名给宁宗写了一道奏札，要求将赵汝愚和朱熹等人的余党全部杀光，甚至还在奏札里引用了两个著名的典故：

汉代霍光废掉刘贺的时候，丝毫没有手软，一天之内杀掉了一百多个臣子，这才让刘贺没有反攻的力量；反观唐代张柬之等复国五王，因为一时心软没杀武三思，结果转身就被武三思所杀。所以陛下，这些经验教训不能忘啊！（汉霍光废昌邑王贺，一日而诛群臣一百余人；唐五王不杀武三思，不旋踵而皆毙于三思之手。）

得亏宁宗没有狠心到这个程度，并没有大开杀戒，但是依然全力打压伪学党，并且又将胡纮提拔为起居舍人。

以胡纮的这两篇飞盘文为开始，伪学之禁愈演愈烈（自是学禁益急），直至韩侂胄全方位掌控朝政之后才开始慢慢解封。

至于胡纮，不断地因为叼飞盘升迁，但是终于叼出了一次事故，在出考题的时候犯了忌讳，被罢职，仕途开始走下坡路。

到了嘉泰二年（1202年），因为伪学之禁解封，胡纮也没啥用嘴之地，终于被闲置了起来（学禁渐弛，纮亦废弃）。嘉泰三年（1203年），胡纮上章请老，要求提前退休。宁宗也没怎么挽留他，韩侂胄也没提拔他，胡纮郁郁寡欢地回到了老家丽水，当月就生病离世。

嘴里说着享受乐趣，心里想着官场规矩

古时候的皇帝为了表演与民同乐、与臣同乐，喜欢搞一些参与度比较高的大型文体活动，比如说打猎、打球之类的。

打猎筹备的时间很长，需要的排场也很大，什么食宿、安保、交通大一堆，劳

民伤财不说，皇帝很长时间都不能正常处理政事，所以经常容易引起谏官的批评。

再加上打猎这项活动，是需要杀生的，跟"上天有好生之德"的观点相悖，也经常受到言官的弹劾，渐渐地，中原政权都在慢慢抛弃打猎这种娱乐方式。

比如说宋太祖赵匡胤，武将出身，尸山血海里滚出来一条命，登基以后特别喜欢打猎。后来有一次打猎，因为非要骑着马去跑那种崎岖狭窄的山路追猎物，结果发生了一起严重的坠马事故。

赵匡胤并没有受伤，他的身体素质在历朝历代皇帝之中应该是处于顶尖行列的，但是他觉得很没有面子。他纵横沙场几十年，除了年少轻狂的时候驯野马被门框子撞下来那次，很少有这种当众出丑的时候。所以赵匡胤恼羞成怒，拔出腰刀就把自己的马杀死了。

亲手报废了自己的宝马之后，赵匡胤转身就开始后悔：我沉迷于这些打猎游戏，明明是自己掌握的方向盘，现在出了交通事故又去怪车，这不对。

于是，从此以后，赵匡胤就再也没有组织过打猎的活动。

有了赵匡胤做榜样，宋代后来的皇帝也就对打猎这件事儿相对克制很多，主要目的也变成了军事训练，而言官们的底气也硬了很多，动不动就上疏骂。

于是，宋代的皇帝后来就喜欢上了一种娱乐方式——马球。

一旦狩猎这种野外活动转变成一个专用场地内的活动，其中的仪式感就出来了。

场地怎么布置、观众怎么排序、装饰用什么规格、奏什么曲子、用什么乐器，全都有明确规定，一点都不能乱。

打球的时候，皇帝先一个人出来打一杆，打完之后王公贵族咔咔地跑出来，你以为是要一起打球吗？不是，他们是出来敬酒的，一边敬酒一边送礼祝寿。

这个环节结束之后，皇帝再重新升球，命令王公人臣们一起打，只要皇帝一得分，全场马上停下来山呼万岁。其他人得分了，也要停下来下马致谢。这样的打法，与其说是乐趣，还不如说是一个仪式。

相对于这么激烈的打球活动，后来皇帝开始组织一些更文艺、更休闲的活动，比如说钓鱼，名为钓鱼宴。

这种钓鱼活动一般都是在皇家园林的池子里举行，很大程度上都是作为臣子的一项荣誉福利活动，让大家享受一下皇家待遇而已。

这个活动虽然没有明文规定仪式，但是私底下的规则显得特别势利。《续资治通鉴长编》里就记载了一次仁宗朝的翰林学士彭乘参加钓鱼宴的经过。

钓鱼的时候，所有参与者按照自己的职位大小入位钓鱼，但是如果宋仁宗没有钓起来鱼，所有人都不能钓起来，哪怕鱼咬钩了也不能抬竿，就只能这么干耗着。

一旦皇帝钓着鱼了，工作人员赶紧用一个红丝网来帮他把鱼捞起来，所有人赶紧拍马屁。

眼看着皇帝已经钓上鱼了，大家伙儿可以轻松点了吧？跟彭乘同列，也就是职位相当的一个人，第一次参加这样的宴会没有经验，鱼咬钩之后他想抬竿，结果被身边的人一把按下去，悄悄说："侍中都没钓起来，学士你先稳一稳。"

侍中，指的就是当时权倾朝野的枢密使曹利用。

彭乘当时心里就有点不舒服，心说："你曹利用也不是宰相，这么做是不是有点过分了。"

过了一会儿，宰相钓到鱼了，身边的工作人员用白色的丝网帮他把鱼捞上来，以示跟皇帝的区分。结果等到曹利用钓到鱼的时候，他的手下为了巴结他，竟然用跟皇帝同一规格的红网来帮他捞鱼，曹利用竟然也不反对。

钓鱼结束以后，彭乘悄悄跟身边人说："曹利用这人嚣张至此，在这个位置上坐不久了。"果然，没过多久，他就被刘太后给收拾掉了。

所以说，即便是这样的钓鱼活动，官场上还是有一杆明晃晃的标尺卡着，谁也不能逾矩，除了那些想在官场上有点作为的人之外，根本就没啥乐趣可言。

不过，这样的事儿对于王安石来说，都不叫个事儿。

他曾经有一次被仁宗叫着出席过一次这样的钓鱼宴，那时候他人微言轻，排序是肯定排不上的。

所以去了以后，他也没啥心思正儿八经钓鱼，他干了一件惊世骇俗的事情：闲着也是闲着，他把属于自己的那一份鱼饵一粒一粒地吃光了。

真是千年难得一见的人才……

苏轼的职场初体验，你能熬过几关

嘉祐二年（1057年），苏轼中了"千年科考第一榜"，还没来得及等到分配工作，母亲不幸病故，他和苏辙回四川守孝，三年之后再考中制科，随后被分配到了凤翔府，任签书判官，相当于知府的助理，或者办公室主任之类的工作。

据《邵氏闻见录》记载，时任凤翔知府叫陈希亮，苏东坡的眉州老乡，那一年47岁，性格非常刚直，用现在的话来说，就是不太好惹。

26岁的苏东坡开朗活泼，到了凤翔之后，很快就跟衙门的年轻人打成了一片。因为苏东坡文章写得极好，所以吏员们都非常尊敬地叫他"苏贤良"，意思是他的文章足以达到"贤良方正科"的水平。

结果就是这个称呼出事了，某天一个吏员当着陈希亮的面这样称呼苏东坡，陈希亮当场大怒，将吏员施以杖刑，边打边骂说："一个小小的府判官，有什么资格称贤良？"

苏东坡极度尴尬，于是下班之后去拜见陈希亮，想要当面向他解释清楚，谁知道陈希亮根本不见他。

郁闷的苏东坡只好悻悻而归，写了两首诗来记录自己的失望、排解心中的难堪。

一首写道"虽无性命忧，且复忍斯须"，意思是"虽然在这儿上班没有性命之忧，但是经常都得忍气吞声的，人间不值得"。

另一首写道"忆弟恨如云不散，望乡心似雨难开"，虽然是思亲思乡，但是这首诗的题目叫《九日独不预府宴登真兴寺阁》，就是某月初九他一个人没参加陈希亮举办的凤翔府官员聚餐，独自逛寺庙去了，可见多么的悲伤。

苏东坡以为自己对陈希亮惹不起总躲得起，但是没想到不久之后又挨了陈希亮当头一棒：他中元节没有去拜见知府，被罚铜八斤。

这真的是，拜见也不是，不拜见也不是，搞得苏东坡极其摸不着头脑。

然而，让他更难堪的还在后面。

苏东坡的工作需要经常写一些祭祀、祈祷的小文，这种文章对他这样一个博览群书之人来说，就是手到擒来。但是每次他写好了文章去交差的时候，陈希亮必然拿过去东涂西改。

苏东坡只好拿回去按照修改意见重写，重写之后陈希亮又改，往往要改好几次才能交差，浑如现在难伺候的甲方，就差说一句"还是第一稿最好"。

这样的日子过了很长一段时间，苏东坡的耐心、自尊心、自信心都在这种恶劣的环境下反复煎熬着，终于也开始对陈希亮心生忿恨。

后来陈希亮在凤翔府建了一座凌虚台，让苏东坡写篇"记"，苏东坡写得那叫一个文采飞扬，在文章里嘲讽陈希亮，说他"别看现在修得富丽堂皇，几代之后只剩下破瓦颓垣，无非就是为了活着的时候自夸而已"。

陈希亮看完之后，居然没生气，笑着对身边的人说："我把苏洵当成自己的儿子，所以把苏轼当成自己的孙子。这孩子少年得志，名震京师，我怕他骄傲自满影响了今后的发展，所以刻意打磨他的心性。"

顺便说一句，陈希亮的岁数比苏洵还要小，但是因为两家在眉州是世交，算起来陈希亮确实要比苏洵高一辈，倒并不是要占苏东坡的便宜。

说完这句话，陈希亮让人把苏东坡写的讽刺他的《凌虚台记》一字不改地刻石树立。

但是苏东坡依然没能理解陈希亮的这种教育方式，两年之后他被朝廷从凤翔府调回了开封，他与陈希亮的不和也闹得满朝皆知。

后来陈希亮因为接受了其他州的馈酒，被以贪赃的罪名罢职，于熙宁十年（1077年）抑郁而死，朝廷中还有人传言，说这是苏东坡的伯乐欧阳修帮他出气收拾陈希亮的结果。

等元丰二年（1079年）苏东坡因为乌台诗案被贬到黄州以后，正巧陈希亮的儿子陈慥（zào）也在黄州，大家还担心陈慥会趁机报复苏东坡，谁知道两人相谈甚欢，成了极好的朋友。

顺便说一句，陈慥，字季常，就是电影《河东狮吼》里面的古天乐饰演的陈季常的原型。

直到这时，苏东坡才从陈慥口中得知了陈希亮的良苦用心，回想起陈希亮当初对自己的严格要求，感激不尽，主动提出为陈希亮作传，让他的事迹不至于湮灭于世。

写完之后，苏东坡又感慨地说："当年我在凤翔跟了陈公两年，那时候我年少气盛、愚不更事，经常跟陈公争论，甚至争得面红耳赤，现在想起来，真是后悔啊。"

话虽如此，但是陈希亮的教育方式还是挺残酷，让心高气傲、才华横溢的苏东坡耿耿于怀多年。

换作今日，如果我的第一份工作遇到这样一位领导，我可能都熬不到两年，春节一过就辞职了……

程颐与苏东坡的大论战

北宋哲宗年间的一起关于"是不是要用古礼"的超级大论战，甚至间接造成了北宋后期政坛的长期割裂局面。

这场争论的主人公，就是大名鼎鼎的程颐和苏东坡。

程颐是一位名声极其显赫的大学问家，致力于著书立说、传道授业，对仕途没什么太大的兴趣。哲宗元祐元年（1086年），程颐被司马光、吕公著等重臣联名推荐来给不到10岁的小皇帝哲宗讲课。

但是程颐长年累月精研古书，对古礼古法有一种特别浓厚的兴趣，不但自己照着做，而且还要求别人（包括小皇帝）也这么做。这就导致了程颐身上充满了老学究的气质，《宋史·程颐传》说他给小皇帝讲课的时候，"色甚庄，继以讽谏"，大概意思就是讲课的时候非常严肃，而且说话也不太好听。

以现在的心思来揣度，这一方面是程颐对自己的学问研究成果深信不疑，另一方面可能也有"我知道但是你不知道"的显摆心理。

举个例子吧，程颐刚去的时候是春天，小皇帝在课间休息的时候折了一根柳枝玩儿，就被程颐狠狠训斥了一顿，让他"不要伤了天地之和"。你说这个说法对不对？也不能说不对，但是听上去就有点上纲上线。

而且，程颐主持的课堂，规矩特别多，一招一式、一板一眼全部按照古书上的记载，以及他自己的理解来执行，搞得非常之烦琐，甚至为了"在哪个殿给皇帝上课""老师应该坐着还是站着"这些问题，不停地跟朝中的宰执大臣们争论，终于惹得有些人心烦了。

其中就包括名满天下的苏东坡。

苏东坡自认为自己看的古书不比程颐少，好歹也是"博通经史"之人。但是苏东坡为人率性洒脱，就觉得程颐的规矩太过死板，"不近人情"。用现在的话来说，就是：道理谁都懂，但是你得跟上时代的步伐，不能啥事儿都照搬古书上的规矩。

程颐是肯定听不进去的，依然坚持自己的教学方式；苏东坡是肯定不会认输的，程颐不改他就一直说一直说，从讲道理渐渐变成了讽刺。

跟我们现在的辩论是一样的流程和结果。

这就导致两个人的矛盾越来越尖锐，终于从学术之争变成了私人恩怨。

双方的矛盾爆发在元祐元年的九月，司马光的葬礼上。

司马光九月初一病逝，按理几天之后皇帝和大臣们应该去吊唁。但是当天正好朝廷上午举行了一个庆典（我查了一下史书，应该是初六的大享明堂），大家只能先参加完庆典之后再去司马光的灵堂。

就在大家伙儿准备出发的时候，程颐站出来阻拦了："按照规矩，庆典的日子不能去吊唁。"

苏东坡一直觉得程颐不近人情，司马光生前还举荐过程颐，现在大家尊重的老宰相司马光去世了，大家伙儿要去吊唁一下他还要阻拦，这简直就是不近人情到了极点。所以，苏东坡那颗看不惯的内心的小宇宙彻底爆发了，他当着大家的面说："这是什么规矩？这是枉死市叔孙通制定的规矩。"

枉死市叔孙通，关于这句话有很多种理解。我是这么认为的：叔孙通制朝仪，这是大家伙儿都知道的典故，苏东坡当众嘲讽程颐是枉死市叔孙通，大概就相当于我们今天说的"地命海心"，没有叔孙通的命，得了叔孙通的病，成天想着制定一些乱七八糟的规矩来折磨人。

程颐脸上终于挂不住了，于是率领自己的支持者对苏东坡展开了强力的反击，让谏官举报苏东坡出的考题诽谤神宗。这一次弹劾非常之严重，要不是太后、范纯仁等人力保，苏东坡可能又要难逃一劫。

这一次弹劾彻底撕破了两人的脸皮，随后双方的门生好友开始各自抱团互相攻击，形成了以洛阳人程颐为首、朱光庭贾易等人为辅的"洛党"，以四川人苏东坡为首、吕陶等人为辅的"蜀党"。

随后，以刘挚、梁焘、王岩叟、刘安世等人为首的"朔党"也加入战团，形成了三党混战的局面，连绵不休，将神宗去世以后好不容易聚拢起来的士大夫阶层再次闹得分崩离析，最终被一个叫章惇的人，找到了各个击破、一统朝政的机会。

谁能想到，那段惨烈的绍圣绍述时代，就这样被程颐和苏东坡的古礼之争点燃了导火索……

御用文人也是有骨气的

宋真宗驾崩以后，把皇位传给了太子赵祯，也就是宋仁宗。

但是宋仁宗当皇帝的前几年，一直都是皇太后刘娥垂帘听政。刘娥这个人的权力欲和野心都极大，借口仁宗年纪小，死死把持住朝政不放手。

大臣们没办法，皇帝年幼，太后垂帘，这是天经地义的规矩，谁也阻止不了。但是这个太后也听得太全面了一点儿，简直不想给大臣们留一点空间。

没过多久，后权和相权之间的矛盾就渐渐凸显了出来。

刘娥出身贫寒，只是成都一个普通的街头卖艺女，没有强大的家族关系，也没有可靠的亲戚网络，甚至连自己的亲生儿子都没有。

她的全部政治资源，都来自宋真宗——然而宋真宗已经驾崩了。

但是刘娥是一个非常聪明的人，她知道要对抗盘根错节的文官集团，单单凭借自己的力量是完全不足以抗衡的，她必须把自己的政治资源用到极致，哪怕资源已经死了。

所以，刘娥开始近乎疯狂地让群臣一起纪念真宗皇帝。

天圣元年（1023年）三月，将真宗御容安放在西京应天院；

天圣二年（1024年）三月，将真宗御容安放在景灵宫奉真殿；

天圣二年七月，将真宗御容安放在玉清昭应宫；

天圣二年十月，将真宗御容安放在洪福院……

然后，刘娥又开始在开封修建各种各样的道观和寺庙，以真宗的年号来命名，时时刻刻提醒着满朝文武，不要忘记了真宗的恩德。

当然，不忘记真宗的恩德，自然就不能忘记太后的恩德，刘娥成功地把自己跟真宗捆绑到了一起。

利用这一招，刘娥算是非常成功地把文官集团牢牢控制在对自己的容忍范围之内，但是，她依然控制不住文官集团对她把持朝政的不满。

这些不满，包括非暴力不合作、上疏嘲讽，等等。

比如天圣年间，刘娥自己掏了不少的钱修建了一座寺庙，名为景德寺。

景德，是真宗的第二个年号，一听就是纪念真宗专用。

寺庙建好之后，刘娥就想找一个御用文人来写一篇记，中心思想非常明确，怀念真宗的恩德，感谢太后的良苦用心，号召大家效忠太后。

找来找去，找到了一个叫蔡齐的人。

据《宋史·蔡齐传》记载，蔡齐是真宗钦点的状元，人帅文章好，而且举止得体，真宗非常喜欢，亲自下令让他享受骑马游街的待遇。

顺便说一句，后来我们见着的状元郎胸戴大花骑马游街的传统，就是从蔡齐开始的。

刘娥修好景德寺的时候，蔡齐的职务是知制诰，也就是专门给皇帝（太后）写诏书的人，正儿八经的御用文人一枚。

刘娥一想，蔡齐是受过真宗大恩惠的人，现在又正好做了这个工作，那就是最合适的人选了，于是就派了内侍罗崇勋去找到蔡齐，让他写这篇作文。

等了一阵，蔡齐没交稿。

刘娥一看，这人是不愿意接私活吗？于是又让罗崇勋去跟蔡齐画饼："你要是写了，就把你提拔为参知政事（相当于副相）。"

又过了一段日子，蔡齐还是没交稿，刘娥算是看明白这人是不想写了，于是就把他贬到河南去当知府。时仕参知政事、以硬骨头闻名的"鱼头参政"鲁宗道都没能把他保下来。

在刘娥垂帘听政的十一年里，正是因为有蔡齐、范雍、范仲淹、鲁宗道、滕宗谅、王曙这样一大帮子硬骨头的文人，才最终阻止了她的武则天之梦。

皇帝没文化，让苏东坡捡了一个"太师"的大便宜

南宋孝宗乾道末年（约1172—1173年），已经去世了70余年的苏东坡，莫名其妙地被孝宗追赠了一个"太师"的官衔。

这是一个极其荣耀的官衔，一般来说都是宰执重臣的福利。苏东坡虽然名满天下，一度深得陛下恩宠，但是最高职位只不过做到礼部尚书，距离享受"太师"的福利实在是差得有点远。

那么，苏东坡是如何获得这个殊荣的呢？你可能不信，据《建炎以来朝野杂记》记载，这是因为孝宗皇帝的一次大乌龙事件。

这个事得从北宋的仁宗朝说起。

仁宗朝有个翰林学士，名叫苏绅，最高做到了尚书郎中这样一个副部或者正部级的岗位。但是他生了一个好儿子，名字叫苏颂，在哲宗朝元祐七年（1092年）拜相。苏颂拜相之后，已经去世的苏绅父凭子贵，被追赠为太师。

苏绅活着的时候，曾经去江苏镇江的金山寺游玩，在寺院的墙壁上写下了一首诗，其中有两句是这样的：僧依玉鉴光中住，人在金鳌背上行。（注："在"或传为"踏"。）

到了孝宗朝，四川一个叫宝印的和尚沿江而下来到了金山寺，看到了墙上的这首诗，特别喜欢，于是就将其中的"玉鉴"两个字借用了，给自己新修的一个小书斋命名。

光有这两个字作为名字格调还不够，还得需要有很好的书法来撑场面。

于是，宝印和尚又找了著名的书法家张孝祥来写了"玉鉴"两个大字，刻成

石碑立在书斋的门外。张孝祥是一个很有学术修养的人，他非常扎实地在大字后面写下了这么一行字："此诗翰林学士赠太师苏公所赋也。"

意思是，这两个字是从苏太师的诗里面摘抄出来的，算是写明了出处。

石碑刻好了以后，宝印和尚觉得这两个字意境深远、书法绝妙，于是就把它临摹下来，送给了孝宗身边的大宦官甘昇。甘昇也非常喜欢，把这个临摹的字裱好，挂在自己的家里楼上显眼的地方。

某一天，孝宗经过甘昇的家，不经意间就看见了这幅字，就让甘昇拿下来给他好好看看。看完之后，孝宗别的没记住，就记住了"太师苏公"四个字。

孝宗心里一盘算，本朝姓苏的，最有名的自然就是苏东坡了，这个苏太师除了苏东坡，肯定没别人了。

正巧，孝宗身边有个给事中（大致相当于顾问）名叫苏峤，是苏东坡的曾孙。孝宗为了显示自己有文化并且礼贤下士，于是手写了苏东坡的一首诗赐给苏峤，还在诗后写了这么一行字："故赠太师苏轼诗。"

拿到这个御笔书法的苏峤有点蒙，苏东坡有没有被赠过"太师"这个官衔，他当然比谁都清楚，要是真的赠过，早就拿出来显摆了。

苏峤也是个老实人，找到孝宗说："我家曾祖在绍兴初年曾经被赠过资政殿学士，这是最高的官衔了，从来没被赠过太师。现在陛下给我家曾祖赠了一个太师，臣感激不尽，请陛下下一个正式文件。"

孝宗一听这话，同样也蒙了，他说："咦，我记得很早以前就赠过了呀。"

苏峤当然不敢说话，孝宗于是转头问其他大臣，然后才知道，自己把苏绅当成了苏轼，闹了一个没文化的大乌龙。

但是孝宗也是一个拿得起放得下的人，明白自己犯错之后，当即就说："苏东坡那么品学兼优的一个人，居然不是太师，也太过分了，今天就下旨给他追赠一个吧。"

于是，当天就找中书舍人拟任命书。

由于实在是找不到苏东坡被追赠太师的由头，中书舍人只能写了一个"人传元祐之学，家有眉山之书"，没啥意义，仅仅是好听而已。

但是不管怎么说，曾经名动天下的苏东坡，也有了"太师"这样一个官衔，足够后世子孙荣耀了。

不属于你的腰带，你费尽心机拿过来，也得还回去

北宋真宗年间有一个叫丁谓的大臣，为人比较奸猾，颇会讨真宗的喜欢。

大中祥符初，迷恋道家的真宗想要修建玉清昭应宫，群臣本着勤俭节约的原则，纷纷上疏表示反对，搞得真宗有些下不来台。这时候，丁谓非常懂事地出现，对真宗说："天下的财富都是你的，你修建一个宫殿来供奉上帝，不过是为了祈求皇嗣昌盛而已，谁反对你就是包藏祸心，不让皇家血脉传下去。"

彼时真宗生的五个儿子全部夭折，后来的仁宗还没出生，这个理由一出来，大家顿时无话可说，丁谓也从一个枢密直学士开始平步青云，不但主持了玉清昭应宫的修建工程，后来官位也越来越高，到大中祥符四年（1011年）二月，真宗去汾阴（今山西万荣县）祭祀后土的时候，丁谓被提拔为了行在三司使，也就是负责行宫的所有财政工作。

祭祀大典在一片神圣祥和的气氛之中完成以后，真宗很开心，据《梦溪笔谈》记载，真宗决定大赏跟他一起去的群臣，其中级别最高的八个人，各赏赐玉带一条。

这种涉及财务的事情，自然就交由丁谓来负责。

但是丁谓去行在库房看了一下，用于赏赐大臣的玉带只剩七条了，另外还有一条是皇帝专用的，名叫"比玉"，价值数百万。

丁谓心里就开始盘算了起来：

真宗说赏赐八个大臣，现在只剩七条腰带，以他老人家好面子的作风，那是肯定要把这条"比玉"拿出来赐给大臣的。

这么贵重的腰带，按照级别来说，只能赐给官位最高的人。

当时朝廷有两个宰相，一个是王旦，一个是向敏中。出发去祭后土的时候，向敏中在留守开封，所以这条"比玉"是肯定要赐给王旦的。

丁谓不愿意，他自己想要这条腰带，但是他官阶最低，无论如何都不可能轮到他。

所以，他只能利用自己的职权，搞一个小心机，好把这条腰带拿到自己手里。

在真宗赏赐大臣之前，他告诉自己手下说："陛下的腰带太贵重了，这次就不要拿出来了，我有一个解决的办法，你只发七条腰带给大臣们，我这一条就先欠着，等回到开封之后，我再去库房里领。"

这个思路简直是让人挑不出任何的毛病。

果然，等到八位大臣排着队给真宗谢恩的时候，其余七个人都佩带着真宗赏赐的腰带，只有丁谓一个人，系着一条只有一指宽的旧腰带，就这么鸡立鹤群地站在真宗面前。

真宗当然很诧异，就问丁谓："我赏赐给你的腰带呢？"

丁谓非常宽宏大量地说："嗨，腰带不够了，我回到开封以后再领也不迟。"

真宗对这样的行为非常感动，扭头就问手下："还有其他的腰带吗？"

手下只能心有不甘地说："就剩下你专用的'比玉'了。"

真宗大手一挥："这么大喜的日子，什么专用不专用，拿出来，给丁谓换上！"

就这么一招，丁谓这个排名最后的大臣，拿到了最名贵的一条腰带，让其他七人瞠目结舌。

然而这条腰带最终也没能成为丁谓的传家之宝，他后来在乾兴元年（1022年）真宗驾崩以后被贬崖州，并于仁宗景祐四年（1037年）死在了光州（今河南潢川县）。

至于这条价值数百万的腰带"比玉"，丁谓被抄家之后，经过多年的辗转，到神宗熙宁年间，又重新回到了内府。

可怜丁谓当年费尽心机夺来的腰带，终究还是还给了官家。

只留下当年他系着这一条腰带意气风发的美好记忆而已。

韩世忠都要靠行贿讨薪，百姓的日子就更苦了

《建炎以来系年要录》记载，南宋建炎四年（1130年）九月十九日，驻跸在越州（今浙江绍兴市）的高宗赵构最为倚重的大将韩世忠进献了一匹宝马。

这匹马身高五尺一寸。根据北宋仁宗景祐四年（1037年）制定的选马标准，四尺七寸就已经算是一等了，所以这匹马已经算得上是优等中的优等，非常难得。

韩世忠的说法是："这匹马太好了，只有陛下才有资格享用，我不配。"

但是赵构拒绝了韩世忠的进献，他说："我在大内之中用不着骑马，你常年在外征战，马对你来说太重要了，你留着打仗用吧。"

然后尴尬的一幕发生了，韩世忠支支吾吾地说出了自己的诉求：他和老婆梁红玉已经很久没有领到俸禄了，想请赵构考虑考虑把他们拖欠的俸禄发下来。

赵构很诧异的同时也很愤怒，韩世忠在平定苗刘兵变的战斗中是立下了大功的，这样忠心耿耿的大将都要被拖欠俸禄，相关部门真的是太过分了。

于是赵构就开始清查这件事。不查不知道，一查吓一跳。

因为连年打仗，整个朝廷的资金已经到了极度空乏的地步，除了孟太后的俸禄能够按时按量支取之外，其他所有人的俸禄都或多或少地存在拖欠的情况。

别的不说，就连为赵构生下了唯一儿子的潘贤妃也曾经上疏讨薪，但是朝廷依然给不出来，只能就这么厚着脸皮拖着。

赵构听完无可奈何，只能下了一道命令："将帅是当前国家的根本，他们和家属的俸禄必须按时发放，其他人的就暂时缓一缓吧。"

在这样的思路指导下，皇亲国戚（虽然不多）也开始过上了"苦日子"。

十一月六日，自称从金国逃回来的柔福帝姬嫁给了高世荣。

按照朝廷的惯例，本来应该赏赐白银3000两、绢3000匹、铜钱5000缗作为贺礼的。柔福帝姬先不说真假，彼时作为赵构唯一在身边的妹妹，是应该享受更高的待遇的。但是户部实在是没钱了，于是向赵构汇报看能不能稍微减免一点。

赵构想了又想，终于决定，只赏赐五分之一，也就是白银600两、绢600匹、铜钱1000缗。

顺便说一句，正是因为这段时间赵构特别缺钱，所以才开始翻老账本，处分了偷盗徽宗龙德宫珍宝的王球。

这段时间，仅仅是朝廷和官员的日子"苦"吗？当然不是。

如果说官员们的苦日子是一个个的搞笑故事的话，那么百姓的苦日子就真的是恐怖故事了。

这段时间，邻近边界的地区一直在打仗，没靠近边界的地区一直在加税，就为了给前线输送钱粮。

举两个例子。

十二月三日，赵构命令度支员外郎韩球去饶州（今江西鄱阳县）、信州（今江西上饶信州区），本来是去清理储存在这里的钱粮上供国库的，但是赵构觉得不够，依然下了一道命令，"所过州县钱粮，尽数划刷"。

说实话，"尽数划刷"四个字形成的威力，真让人不寒而栗。

当月，作为南宋大后方的四川也接到了宣抚处置使张浚的命令：在原有的税额上再加收33万匹绢的"激赏费"，等不打仗了就停收。到此时为止，除了粮食、盐铁等税收之外，四川单是用于军队的绢布费用就接近了六百万缗。

这样的日子可想而知有多惨烈。

具体惨烈到什么地步呢？次年（绍兴元年，1131年）二月十八日，江西安抚大使朱胜非在自己的一份调查报告中提到了自己在江西、湖南调研得出的一个数据，大家作为参考：

自从开始打仗以后，百姓本来应该纳税一斛米的，现在变成了五六斛；本来应该上税1000钱的，现在变成了七八千钱。

千万别以为这就是地方上的日子不好过，连临时首都越州的日子也非常之艰难。

建炎四年（1130年）十月十三日，赵构亲口对大臣们说了自己的调研结果："现在越州城的物价也暴涨了，我问了内侍，现在市场上一只兔子要卖五六千钱、一只鹌鹑也要三四百钱，我都舍不得吃了。"

这样的日子，一直持续到绍兴和议之后的绍兴十三年（1143年）秋天，赵构眼看着金国还算挺遵守和约，没什么南侵的迹象了，才开始大规模减免各地的税收，百姓的负担才开始慢慢降低。

从这个角度，我们也能依稀理解赵构为什么要接受那么屈辱的条件跟金国和谈了——那点儿岁币跟打仗的开销比起来，真的是不值一提啊。

再说了，不管多少岁币，大宋的商人们都能在榷场里给朝廷挣回来。

"皇家鉴宝团"弄出的闹剧

北宋绍圣三年（1096年），咸阳县（今咸阳市）一个叫段义的普通村民，在河南乡刘银村修房子的时候，挖出了一枚古代的玉印，尺寸很普通，周长四寸，跟今天我们见到的麻将牌差不多大小。

据说这块玉印还是夜光的，洗干净以后，"有光照室"。

这件事情渐渐就传开了，稍微有点文化的人听说了这件事以后，就跑到段义家里去看，一看就发现不得了了，这枚玉印上的文字是"受命于天，既寿永昌"。

如果这枚玉印是真的，那就是当年秦始皇命令李斯制作的传国玉玺，祖龙遗物，象征着至高无上的皇权。

虽然这枚传国玉玺已经在世间辗转流传了无数个版本出来了，但是似乎所有人都觉得，这种神物是有灵性的，它会在1000多年以后的冥冥之中回到自己梦开始的地方——秦朝的都城咸阳。

各级官员们开始心动了，于是就把这枚印章上交到了朝廷。

一方面，这个东西是如此的神圣，段义这样的普通人家怕是没有福分来承受；另一方面，哲宗皇帝一开心，肯定要给点奖赏。

绍圣五年（1098年）正月七日，这枚印章来到了开封。（一说是绍圣四年，即1097年。）

21岁的哲宗拿到这么一件宝贝，当然非常开心了。绍圣年间朝廷清除元祐党人，搞得风声鹤唳一片混乱，现在突然出来这么一个相当于定海神针的东西，显然是上天对他的褒奖，认为他"干得漂亮"。

哲宗虽然有点冒失，但是毕竟不是傻子，开心了俩月之后就发现事情有那么一点不对劲。为了保险起见，绍圣五年三月，他让手下组成了一个"皇家鉴宝团"，来鉴定一下这枚玉印到底是真的还是假的。

这个专家团的团长，就是翰林学士承旨蔡京，后来大名鼎鼎的人物。

蔡京的想法很简单：一定要证明这个东西是真的，因为这样哲宗才开心，然后他们这帮鉴定的专家团队才有好日子。

再说了，这个东西有人上交就有人制造，产销一条龙严密得很。彼时蔡京正处在事业上升期，万一把人家的一盘大棋点破了，说不定就得罪了哪个大人物，不如顺水推舟吧。

蔡京接到命令之后就组织了一个连自己在内的14人的团队，专心致志地鉴宝。

非常遗憾的是，并不是每个人都有蔡京这样的觉悟，大家的意见非常不统一，意思就是有不少人认为这个是伪造的。

蔡京有点无奈，开始做团队里首席专家的工作。

这个专家叫李公麟，在绘画界相当有名，被称为"白描当世第一"，"跟吴道子比肩"。

《宋史·李公麟传》称，除了画画特别厉害，李公麟还有一项专长——考古。

史书上说，他对古代文字极为擅长，夏商以来的青铜器送到他手里，他能非常轻松地考订年代、读出铭文，从没失手过。

我们至今不知道蔡京是怎么给李公麟做工作的，但是李公麟随后给出了一个让朝廷诸儒和其他专家非常诧异的结论：这个是真的。

李公麟的鉴定意见如下：

秦代的玉玺都是用蓝田玉，这一块玉玺的色泽正青，完全符合蓝田玉的标准；

传国玉玺是用龙蚓鸟鱼文书写的"受命于天，既寿永昌"，我辨别了一下，从文字到书法都没问题；

蓝田玉的玉质非常坚硬，必须先用蟾酥软化玉石、再用昆吾石炼制的刻刀才能雕刻，而且这个雕工已经失传了，当代人不可能模仿。

综上所述，这就是李斯制的传国玉玺，鉴定完毕。

有了李公麟的鉴定意见，蔡京也不管其他人了，就以专家团团长的名义，写了一个鉴定结果呈交给了哲宗。

在论证了传国玉玺是真货以后，蔡京也提出了非常中肯的建议："陛下英明神武，现在传国玉玺突然出现，这妥妥的是上天给陛下的褒奖。汉、晋以来，稍微出一个宝鼎之类的祥瑞，就要改元祭天，如今传国玉玺这么神圣的宝物都出现了，陛下更应该好好庆祝一番了。"

哲宗非常高兴，从五月一日开始，举行了一个非常盛大的受宝仪式，大赦天下。

六月一日，哲宗下令改元"元符"，意思就是"超级大的祥瑞"，于是绍圣五年（1098年）改为元符元年。

到此为止，这么一个皇家鉴宝活动圆满收官。

这么一个盛大的仪式，最早"发现"这枚玉玺的段义受到的奖励如下：从平民被提拔为右班殿直，一个正九品的武官，赏绢200匹，连银子都舍不得奖励一两。

一年半以后的元符三年（1100年）一月，23岁的哲宗病逝。

同年，首席专家李公麟患上中风无法继续工作，退休回家，六年以后病逝。

倒是蔡京，虽然几经沉浮，但是在徽宗朝迎来了自己的黄金时代。至今都有人怀疑，段义挖出来的这枚印章，就是他搞的鬼。

案　件 第三章

一起因为争风吃醋而炮制的宗室谋反大冤案

据《宋史·赵叔近传》和《三朝北盟会编》记载，南宋建炎元年（1127年），杭州发生了一起叛乱事件：一个叫陈通的士兵，因为杭州守臣叶梦得不给他们发赏钱，带领一帮子穷困潦倒的同伙造反，占领了杭州城。

得到消息的赵构一看后院起火，立刻命令御营统制辛道宗率兵去平叛。

陈通率领手下的士兵固守杭州对抗辛道宗，但是另一部分士兵担心被剿灭，溃逃到了秀州（今嘉兴、上海一带）城下，准备在这里捞一笔再走。秀州的守臣叫赵叔近，是一个根红苗正的宗室，宋太祖的弟弟赵廷美的四世孙（其世系为赵廷美—赵德庸—赵承亮—赵克类—赵叔近），按照辈分来说，是赵构的叔爷爷。

赵叔近面对叛军的逼城，倒也体现了一个贵族的风范，他亲自登城去晓之以理，愣是劝得对方退了兵，去别处骚扰。

没过多久，赵构让赵叔近兼任权两浙提刑，赵叔近就想到了去招安陈通。一来二去，竟然把这件事办成了。赵叔近非常开心地把这件事上奏给朝廷，说明了陈通等人叛乱的原因，请求朝廷赦免陈通的罪行。赵构收到奏书以后本来已经同意了，但是遭到了谏官们的集体反对，无奈之下，赵构只好把赦免令给搁置了下来。

就这么一搁置，就给了御营都统制王渊一个可乘之机——王渊早就想整赵叔近了。

他们的梁子是这么结下来的：北宋还没灭亡的时候，王渊在开封有一个相好的妓女周氏，但是后来周氏被赵叔近赎身娶走了，这让王渊非常之恼火。

现在赵构的赦免令没发下去，王渊立刻带兵去了杭州城下，向城里传话说："赵秀州来了，让陈通快出来迎接。"陈通以为来招安他的赵叔近给他带来了赦免令，兴冲冲地出来迎接，一到王渊的军中就被砍了头。

王渊砍了陈通之后，又带兵来到秀州，对赵叔近说："陈通是叛贼，这是朝廷已经定性的。我到杭州城下一说你的名字，陈通就开门了，这说明你跟叛贼相互勾结，证据确凿不容抵赖。"

于是，王渊解除了赵叔近的职务，将他下狱，让朱芾代为处理秀州的事务。但是偏偏朱芾是一个极其残暴之人，搞得秀州人无法忍受，纷纷想起了赵叔近的好。五月底六月初的某一天，秀州的军民在士兵徐明的带领下绑架了朱芾，然后砸开牢房救出了赵叔近，让他重新上任。

赵叔近遇到这种事情也毫无办法，只能一边答应当知州，一边抚定徐明等人的叛乱。等场面安定下来之后，赵叔近赶紧给赵构上疏说明情况，然后请赵构重新派一个知州来收拾残局。

然而这封奏折还没送到赵构手里的时候，赵构就知道了秀州的叛乱，命令张俊带兵平叛。

张俊出发之前，他的老上级王渊找到他，悄悄说了四个字："叔近在彼。"意思就是："我的仇家赵叔近在那里，你看着办。"

张俊自然明白自己应该怎么办。

六月十一日，张俊带着士兵来到了秀州城外，接到通知的赵叔近立刻在城北的沈氏园给他摆酒接风。

酒席之上，张俊当场发飙，问赵叔近："你先是勾结陈通，然后勾结徐明，两次谋反，是什么道理？"随后让手下拿出笔墨纸砚，让赵叔近写情况说明。

赵叔近无奈，刚拿起笔准备写，张俊的手下就挥刀砍断了他的右臂。

无法写字的赵叔近忍痛大呼："我是宗室，我怎么可能谋反！"

张俊手下说："你身为宗室还参与谋反，罪加一等！"于是一拥而上将赵叔近的头砍了下来。

城内的徐明等人得知赵叔近被杀的消息，知道情况不妙，关闭城门准备抵抗，但是依然无济于事，于第二天，也就是六月十二日城破，徐明等人被斩首。

一门心思想要讨好王渊的张俊进城之后，将赵叔近的老婆周氏带上，回去还给了王渊。但是这时候王渊已经对周氏没兴趣了，他就是单纯地想要出一口气而已，他转身就把周氏送给了另一个大名鼎鼎的人物韩世忠。韩世忠没有推辞，这个周氏后来还给他生下了一个儿子韩彦古，官至孝宗朝户部尚书，周氏自己也被封为蕲国夫人。

十二年之后，也就是绍兴九年（1139年），有御史上疏给赵叔近喊冤，赵构得知真相以后，给赵叔近恢复了名誉，追赠了一个官职。

至于此案的当事人王渊，在两年之后的苗刘兵变中被刘正彦砍头，张俊和韩世忠都已经成长为赵构手下不可或缺的将领，这件事情，就这么结案了。

江南百姓击鼓鸣冤，牵扯出南宋第一起贪腐大案

据《三朝北盟会编》和《建炎以来系年要录》记载，南宋建炎元年（1127年）七月的某一天，大宋南京应天府（今河南商丘市）的登闻鼓院发生了一件大事：一个来自江南的百姓千里迢迢来到大宋新皇帝赵构的都城，击鼓鸣冤。

他要控告的人是江宁（今江苏南京市）知府、江南东路西路经制使翁彦国，说翁知府在江宁横征暴敛、草菅人命，趁着天高皇帝远，在兵荒马乱的时节捞钱捞到丧心病狂的地步，江南的百姓都快要活不下去了。

这时候，距离赵构在应天府成立南宋政权才过去两个月，这件事顿时就在应天府闹得沸沸扬扬。

翁彦国是北宋的老臣，靖康之变的时候驻扎在寿春（今安徽寿县）。张邦昌

成立大楚傀儡政权的时候也曾经招降过他，但是他的立场还是站得挺稳，迅速地向彼时还没称帝的赵构表了忠心，于是受到了赵构的重用。

建炎元年五月初二，赵构登基的第二天，就派他去江宁府修建江宁城，以及江宁行宫，准备今后自己巡幸的时候用。

当然，赵构也算是比较厚道，给他拨款10万缗作为经费。

翁彦国这时候岁数已经挺大了，而且身体也不太好，于是想要抓紧这最后的机会狂捞一笔。到了江宁以后，他联手两浙转运判官吴昉开始拼命搜刮民财。

不但如此，他还给朝廷上疏，说先期拨款的10万缗不够用，需要再追加拨款，相当于民间、朝廷两头吃。

宰相李纲看到这个申请，非常慷慨地再增加了40万缗的费用——追加400%的预算，也算是太给翁彦国面子了。

赵构看到这个数字都吓了一跳，不过不太好意思驳宰相的面子，虽然签字同意了，但还是有些不太开心地补充了一句："因陋就简，不事华壮。"意思就是，将就修一下能住就得了，不要搞得那么高大威猛、富丽堂皇的。

李纲为什么要如此给翁彦国面子呢？既不是为了措置江防以备不时之需，也不是为了讨好赵构，帮他把行宫修舒适一点，而是因为翁彦国跟他有亲戚关系：李纲的弟弟李维娶了翁彦国的女儿，两家算是姻亲。

现在翁彦国把事情闹大到有人告御状的地步，大家伙儿自然是不能假装看不见了。

两位执政黄潜善和汪伯彦非常善解人意地将这件事悄悄告诉了李纲，让李纲提前做好准备。

七月二十八日，得知了翁彦国在江南贪腐事实的赵构暴怒，想不到自己刚刚当皇帝就有人拆他的台，于是下了一道诏书，将翁彦国和吴昉撤职，然后派人去江南抚慰民心，准备第二天下发。

但是好巧不巧的是，诏书刚刚写好还没来得及下发的时候，江宁府传来消息，说翁彦国因为年老体弱已经病死在任上了。

于是，李纲本着"人都死了"的处事原则，悄悄地将诏书里面涉及翁彦国的地方修改了，只处分了吴昉一个人，而让翁彦国全身而退，免得他的子孙后代受到牵连。

诏书下发以后，朝廷一片哗然，却又不敢得罪李纲。

这时候还是中书舍人的朱胜非站了出来，他给赵构上疏要求追惩翁彦国，其中一句话是："舍渠魁而责支党，臣愚所未谕也。"意思就是：不追究主犯的责任，反而去处理从犯，这种事儿我还从来没听说过。

话说到这个份儿上了，李纲也不太好意思继续包庇自己的姻伯，只能将诏书复原，重新处分了已死的翁彦国，这么一起震动江南的贪腐大案这才算是画上一个不完美的句号。

这个故事告诉我们几个道理。

第一，宋代的贪官们不会因为时局紧张、百姓正在受苦就停止贪腐，只要给他们一丁点机会，他们就会拼了老命敛财。

第二，击鼓在宋代有时候还是很有用的，你要是不击鼓，根本就没人理你，更不会有人来抚慰。

第三，李纲浓眉大眼的，想不到……这些盘根错节的关系，不仔细看史书还真不知道。

最后补充一句，接替翁彦国担任江宁知府的人，是另一个大名鼎鼎的人物，李清照的丈夫，赵明诚。

一次"和稀泥"的判决，逼死两条人命

据《邵氏闻见录》记载，北宋咸平年间的某一年春天，到了朝廷的放榜日，

开封城的考生们一大早就急急忙忙地出门去探榜，看自己有没有中进士。

一个考生的妻子姓续，本来是在家中等丈夫消息的，结果丈夫还没回来，有人就来通知说，续氏的父母坐船来开封看他们两口子了，因为只知道住址找不到路，于是就把行李什么的都放在水门（临水的城门）的岸边，请了一个人来通知续氏去接他们。

续氏听说父母来了，当然很高兴，雇了一辆驴车就直奔水门去迎接。

结果走到宋门（在开封城东南，直通城东的宋州）的时候，出事了。

开封不宵禁，经常有人喝酒喝到天亮才回家，续氏雇的驴车就在这里，遇上了一个拦路的醉鬼。

醉鬼拦着驴车不让走，续氏急着接父母非要走，两人就发生了冲突，醉鬼冲上来就打续氏。

续氏无缘无故在天子脚下挨了打，当然不乐意，于是就死死揪住醉鬼不放手，结果双双被巡逻的士兵带到了开封府的衙门。

这种芝麻绿豆的小斗殴事件，自然不需要权开封府尹温仲舒亲自出马，他底下的人审理了便是。

但是这个办案人员不知道是业务能力不过硬，还是收受了醉鬼的贿赂，当他把原告和被告双方都叫到堂下来对质的时候，醉鬼说："大人，我也受伤了。"

一验伤，果然醉鬼身上有被指甲抓伤的痕迹。

续氏都急了，她说："这个醉鬼当街殴打我，而且他先动手，我又不是死人，当然要还手，指甲抓伤了他是很正常的事情啊。"

办案人员问："你说是他先殴打你，你有证人吗？"

续氏说："当然有了，我雇了一辆驴车去接父母，驴车的车夫可以证明。"

谁知道就是这个环节出问题了。

驴车的车夫看到巡逻士兵来了以后，知道自己是现场的第一目击证人，但是他担心到府衙去作证，一去就得耽误一天的时间，万一这个事情纠缠不清，耽误的时间可能更多。他们当街跑生意的，耽误一天的时间就是耽误一天的生计，两相权衡，驴车车夫干脆赶着驴跑了。

那时候的驴车不像现在的出租车管理那么规范，还有单独的车牌。开封又是一个几百万人口的超大城市，找一个车夫就如同大海捞针，再加上开封府的办案人员本来就不怎么上心，只想着赶紧把这个稀泥和完，于是大笔一挥，以"双方都受伤了"为由，给这个醉鬼当街打人事件定了一个性——互殴。

处罚结果也很"公平"，各打一顿板子释放回家。

续氏当然觉得委屈，莫名其妙挨了一顿打不说，还落了一个"当街跟人互殴"的名声，又挨了官府的板子，回家之后就坐在家里哭。

哭着哭着，她的老公也探榜回来了。

结果很悲伤，她的老公也是哭着回来的，因为没能考中进士。

两口子在家中相拥而泣，哭了一阵子之后，老公问续氏哭什么，续氏才把自己的遭遇说给了老公听。

考生不服，仗着自己读过书，虽然没考中进士，但也是知书达理的人，于是就到开封府去申请行政复议。

结果复议也没通过，开封府依然维持原判，说续氏跟醉鬼是互殴，处罚结果非常公平。

两口子从衙门出来之后，越想越悲伤，走到开封的州桥，也就是天汉桥上，携手投汴河自尽。

夫妻二人死了以后，续氏的父母才得到消息，一问街坊邻居才知道蒙受了这么大的冤屈，就去告状，然后就被人汇报给了真宗。

真宗亲自下令彻查的案子，自然很快就水落石出，果然是一次经典和稀泥的判决。

真宗大怒，发了一个处分通知：权开封府尹温仲舒以下的所有官员全部免职，算是给这起逼死两条人命的冤案画了一个并不圆满的句号。

一起丧尽天良的瞒报事件

绍兴四年（1134年）八月二十五日，因为岳飞在江西和襄阳的出色战绩，赵构决定派他去湖南彻底平定杨么，还给他授了一个清远军节度使。

32岁的岳飞建节，这是南渡以后最年轻的一位节度使，后来也成为岳飞此后七年一直夸耀的资本。

消息传出来之后，洞庭湖周边的州郡都明白，这一次朝廷要动真格了，纷纷开始措置自己的城防，以防杨么的溃军四散奔逃之际冲进自己的辖区作乱。

然而，在这种情况下，有人却发现了一个巨大的商机……

这个人是衡阳县令仇颖。

据《建炎以来系年要录》记载，仇颖找到自己的顶头上司、衡州知府裴廪提交了一个搞钱的方案，具体是这样操作的。

当时衡州城的外城城墙非常破败，几乎相当于没有。原因倒也不复杂，古时候的城墙大部分都是用黏土筑墙，然后外面包砖。但是衡州地处蒸水（湘江的支流）和湘江的交汇处，泥土里面河沙和鹅卵石的含量非常高，没有任何黏性，完全不适合筑墙。所以衡州以前的城墙，是纯砖砌的。

经过这么些年的战乱之后，砖墙被毁坏殆尽，现在如果要重新烧砖做墙，成本高、周期长，不知道猴年马月才能弄好。

事实上，这里也没有必要专门去修建一个外城，因为绍兴元年（1131年）孔彦舟在这边大开杀戒，几乎将城外的人都杀光了，到绍兴四年的时候，城外三四十里的范围内都没有任何人烟，修一个外城出来都不知道要保护谁。

但是不修城墙就没有搞钱的名目，所以仇颖的计划是，让民夫过河到对面的山上去挖黏土来筑墙。

至于怎么搞钱呢？他们想了一个阴损的方法：让民夫自带粮食和用度来筑墙，但是州府依然找各个县收取人工费、材料费。这样一来，他们不但能够把城墙给建好，还能凭空多出一大笔收入。

裴廙一听，这个方案划得来，当即就答应了，然后以衡州府的名义，给下属的五个县衡阳、耒阳、常宁、安仁、茶陵下达了指令，要人要钱。

接下来的这段时间里，衡州城的百姓经历了一场非常惨烈的岁月。

五个县征集来的数万民夫，自己带着干粮、工具、盘缠来到衡州修筑外城，每天早上鸡叫的时候坐船出发去湘江对岸的山上挖土，然后用船运回来筑城，等晚上星星出来的时候再收工。

工地上的困苦只是一方面，另一方面，衡州府给下属五个县下发的缴费任务还得完成。也就是说，这帮民夫不但要自带干粮去筑城，而且还要额外出钱用来支付自己名义上的工资。

出于大家想都能想到的原因，县府找百姓收取的费用，是肯定要大大高于州府找县府索要的数目的；而落到具体的经办人手里，他们收取的费用又大大高于县里索要的数目。

在这样的层层加码之下，不少百姓只能卖儿卖女卖老婆，来给自己筹集工资。

更让人愤怒的是，这笔工资他们还得不到，被裴廙拿去跟手下们分了。

从绍兴四年冬天到绍兴五年的春天，工地上的百姓因为穷困交加，在严冬之中冻死了2000余人。

是的，我没写错，你也没看错，冻死了2000余人。

关键是，城墙还是个豆腐渣工程，一遇到下雨就坍塌，塌了以后又修，又把百姓们收拾一遍。

百姓们实在是活不下去了，于是就想到了告状。向谁告状呢？荆湖南路提点刑狱公事马居中，也就是我们熟悉的"大宋提刑官"，差不多相当于省高级人民法院院长。

但是很不幸的是，马居中也被裴虞收买了，他了解了情况之后，非常坚决地选择了瞒报——根本不告诉杭州，衡州这边修筑城墙的时候造成了2000多人的死亡，而且是在工地上冻死的。

衡州的百姓还想继续尝试一下，他们分头在各个县告状，期望能够碰到一个稍微有点良知的县令，把这件事捅到朝廷去。

但是他们低估了马居中的实力，马居中已经把各个州县负责刑狱的岗位都换成了自己的亲戚和亲信，百姓完全是告状无门。

这起瞒报惨剧从当年的春天一直瞒到了年底，直到绍兴五年（1135年）十一月，不知道哪一个有良知的官员把这件事情汇报给了赵构。赵构听到这个消息之后，大惊失色："虐待百姓如此，视大宋赤子为牛羊不如，不用重典，简直不足以平民愤了！"

既然赵构发话了，那就自然是要重重处罚了。

列位客官猜一猜，最终的处罚结果是什么？

十一月十九日，朝廷下发了处罚通知：衡阳县令仇颖停职；荆湖南路提点刑狱公事马居中停职；衡州知府裴虞开除公职，发配岭南高州（今广东高州市）监视居住。

但是很快，在左相赵鼎的亲自关照下，三省重新出了一个核查报告，说这个事情的主谋是仇颖，裴虞只是同意了这个方案而已，于是，朝廷在十二月十六日重新下发了处罚通知：马居中处罚不变，停职；仇颖停职，行政级别降两级；裴虞开除公职，不用去高州编管。

好了，这么一起丧尽天良、造成了两千多人死亡的瞒报事件的处理结果就是这样了，没有一个官员被处死。

2000多名百姓失去了他们的生命，这三位官员也失去了他们的仕途！

现在剩下最后一个问题，赵鼎为什么要那么费心地去保一个人神共愤的裴虞？

史书上没有任何记载，但是我查了一下两个人的简历，发现了一点很特别的东西。

靖康元年（1126年），两个人都在汴京工作。当时裴廪是祠部员外郎，赵鼎是开封府司仪曹事，两人都是礼部下属负责祭祀一条线的，工作中有颇多交集。

极有可能，他们的交情，非同一般。

为什么惠民工程遭到地方官场一致反对

南宋淳熙十二年（1185年）十二月十五日（阳历为1186年年初），宋孝宗下达了一个人事任命：以福建路帅赵汝愚为四川制置使兼成都知府。

赵汝愚是大宋宗室，赵光义的八世孙，是乾道二年（1166年）的状元，堪称"又红又专"的典范。

孝宗派他去四川，是因为赵汝愚在出发去福州上班之前，曾经给孝宗提到了一个非常重要的问题：吴家（这时候是吴挺）在四川已经经营了四代了，根深蒂固，必须派一个人过去搅局，否则后患无穷。

鉴于他有这么清醒的认识，所以孝宗将前任四川制置使留正提拔之后，就让赵汝愚去接着搅局。

淳熙十三年（1186年），赵汝愚到了成都，开始梳理方方面面的关系。

没多久，他就接到了下属叙州（今宜宾叙州区）知府李杞（字良仲）的一封信。

李杞说，成都府城东边有一座千金堰，灌溉民田17万亩，非常重要。但是这个工程是用竹笼装碎石堆砌的，时间久了之后竹条腐朽堤坝就要垮塌，所以年年都要维护。

根据他的了解，每年的维护工作需要强征11.8千民夫、征缴额外的税费2.3万多缗以及3000斛米，这样太浪费了，不如一次性用条石全部做好，更节约一些。

李杞是苏州人，跟吴家没什么交集，所以才这么毫不忌讳地指出这个问题。

赵汝愚接到这封信以后，带着一帮做工程的行家实地考察了一番，发现情况果然如此，于是就让大家报预算。

方案很快就出来了：这项工程总共需要10万缗资金、6万斛米，就能连材料带人工全部搞定。

也就是说，相当于每年资金的4倍多一点以及20倍的米，不需要强行征夫，就能募集到足够的民夫将这个工程做好。

这些钱和米，只需要官府垫付，然后让成都百姓分五年缴齐。

赵汝愚一合计，这个工程对成都百姓来说划得来，五年来每年的花费，折除掉当民夫的烦劳，跟平常一年的开销差不多，而且五年之后就再也不用费这个心了。

也就是说，这个年年都要愁心的事情，总算是有个尽头了。

但是赵汝愚没想到的是，这件事像捅了成都官场的马蜂窝一样，反对声音此起彼伏。

有人甚至直言不讳地说："你用竹笼装碎石来垒堤坝，冲垮了也就算了，要是用条石来做，万一被冲垮了，这10万缗就打水漂了！"

还有人说："千金堰修了上百年了，年年如此，难道前人的智慧还比不上你吗？就你一个人聪明？"

赵汝愚不听，坚持要毕其功于一役，大家虽然不乐意，但是他毕竟是四川一把手，只能听他的。

然而，成都官场那一股暗流一直在汹涌着，终于在一年之后找到了机会。

据《建炎以来朝野杂记》记载，淳熙十四年（1187年）五月十一日（丁未日，我自己推的十一日，连续几月缺朔望，不一定准确），成都发生了一起大火，将成都棋盘市也就是孔明八阵营化为灰烬。

赵汝愚一边向朝廷汇报受灾情况，一边抓紧时间赈灾，不出几个月，将这一片本来破旧的棚户修葺一新。

然而这件事成了无数人弹劾赵汝愚的一大罪状。

原因很荒谬，彼时天下大旱，孝宗下诏让大家上奏朝廷和地方的过失。

广汉人、礼部侍郎章德茂就上疏说："前段时间成都大火，赵汝愚汇报说烧了1800家，但是成都的朋友给我写信，说烧了近万家。这本来是个意外，赵汝愚竟然瞒报灾情，显然有蹊跷啊。"

孝宗觉得很神奇，别人为了贪钱，一般都是往重了上报，赵汝愚没有瞒报的理由啊，于是就召集人来讨论。

既然章德茂开了头，于是针对赵汝愚的负面评价潮水般涌来。

有人说赵汝愚瞒报灾情，是因为在四川搞得天怒人怨，担心被孝宗发现，所以故意将灾情降级，免得遭受惩罚。

有人说赵汝愚不顾反对修筑千金堰破坏了风水，劳累了百姓，所以才遭到上天的惩罚。

有人说赵汝愚一去成都就开始大搞工程，其中有什么不可告人的秘密也说不准，希望彻查他的账目。

孝宗无奈，只能连续派了两批人去成都，先查赈灾的账目，再查筑堤的账目。

得亏赵汝愚自身账目过硬，再加上孝宗本就很喜欢他，这才算是逃过一劫。

那么，为什么赵汝愚汇报的"1800家"和成都人说的"近万家"，差距如此之大呢？其实原因非常简单。

被烧的地方是棚户区，这一片经常是一个大户将自己的房子租赁给十多家人共同居住，有点类似于今天的合租房。赵汝愚说的"1800家"是1800个户主，成都人说的"近万家"是包含租户在内。

就这么一个统计差异，成为成都官场想要弄走赵汝愚的出头，并且将这件事和"修建堤坝、天怒人怨"联系到一起，可见这个年年都在投入重金维护的水利工程背后隐藏着一个多大的马蜂窝。

一起引发巨大骚乱的宋代科考案

宋代的科举制度主要分为三级：第一级是各州郡主持的发解试，第二级是礼部主持的省试，第三级是皇帝主持的殿试。

省试和殿试都是在皇帝眼皮子底下的京城举行，要搞什么猫腻自然难度更大一些。

所以，很多科举舞弊都发生在天高皇帝远的发解试阶段。

大宋建立之初，考虑到各个地方的人口数量、人口结构、教育资源、文化传统等各种因素，给不同的地区划定的发解指标（也就是解额）是不一样的。

很明显，读书人都是聪明鬼，他们自然能够在这个不太大、但是非常重要的差距之中找到空子，尽可能去录取率高的州郡参加发解试。

但是赵匡胤早就想到了这一招，规定只能在自己户籍所在州郡参加考试，要钻这个空子，最好的方法就是去当地买房入籍。

没办法，有钱人就是那么豪横，在交通不便的情况下能够跨越上千里去置办"学区房"。

但是，如果家里没有那么多钱，也想当科考移民，怎么办呢？只有作假。

比如北宋天圣七年（1029年），有一个叫王济的合肥考生，就想了一个很乱伦的主意，去录取率更高的首都开封参加发解试。

他的哥哥王修已经在开封府祥符县购置了房产，所以王济填报名表的时候，就把王修写成了自己的父亲，这样自己也就拥有了开封户籍。

当然，这样的舞弊是很容易就会被发现的，否则这一起舞弊事件也不会被记录在史书之上。

也许是因为王济事件的影响，当年朝廷就发布了一个关于科考的补充条款：只有在当地拥有户籍超过七年的人，才有资格参加本地的考试。

乍一听，这一条补充条例几乎堵死了那些临时起意的科考移民，但是这里面依然有一个巨大的空子：当地官员的权力实在是太大了，只要打通了这一层关系，什么房产、什么七年，统统都不是事儿。

据《建炎以来系年要录》记载，南宋绍兴二十六年（1156年）八月十五日，镇江府就发生了一起轰动全国的科考移民骚乱事件。

当天发解试的时候，当地的考生周晋发现了一个奇怪的现象：前来参加考试的人里面，出现了一些生面孔。

此时宋金和谈已经过去了十多年，没有战乱的影响，人口流动就不是很频繁了。镇江府说大不大，读书人之间还是有些交集的，周晋发现这些生面孔之后，就去跟人家打招呼。

然后就发现，这帮人的口音不对，是福建来的。

福建的录取率比镇江要低，这帮福建人千里迢迢来镇江参加考试，意图那是非常的明显了。

周晋于是就跟这帮科考移民发生了争吵，但是效果不明显，于是周晋操起棍子就跟对方打了起来。镇江本地的考生明白什么事情以后，为了维护自己的利益，也纷纷操起凳子、石头等称手的武器，开始殴打和驱逐这些科考移民。

考场开始混乱起来了，镇江知府林大声也亲自带人来到考场维持纪律，结果刚到现场，林大声就被一块石头击中了头巾，差点头破血流，他的手下也有被石头砸中的。

林大声大怒，开始抓人。

非常奇怪的是，他并没有抓这些科考移民，反而抓这些打人的本地考生，一共抓了18个人，全部进行了处理。

而最先发现移民考生的周晋，见势不对趁乱逃走，虽然逃过了一劫，但是恐怕也断送了自己的科举之路。

这件事情上报到杭州朝廷之后，赵构只知道是考场打架，并不知道其中的蹊跷，但是很快，知道内情的右正言凌哲上疏，把事情原原本本地告诉了赵构。

原来，林大声是福建福州人，他当了镇江知府之后，福建老乡们就找到他打通了科考移民的关节，他利用自己的职务之便给这些异地考生办理了镇江户籍证明，甚至连考生都是他派兵接到镇江来的。

赵构大怒，将林大声罢职，从此再未起用。

至于这场舞弊案中受到影响的考生，史书上没说结果——沧海一粟而已，大概率就这样算了吧。

一个装神弄鬼的偏要去相信一个算命的

南宋高宗绍兴五年（1135年）六月，一个叫仇悆（yù）的官员被赵构任命为明州（今浙江宁波市）知府。

仇悆为人比较苛刻严峻，尤其是对待下级和百姓更是如此——当然了，苛刻严峻的人都不会对自己的上司这样。

赵构这些年来一直在跟金国打仗，一打仗就要多花钱，多花钱就要加税，老百姓的生活本来就有点扛不住了，再加上摊上一个下手比较狠的官员，于是人心就开始慢慢地躁动起来。

到了绍兴十一年（1141年）夏天，机会来了。六月十六日，朝廷下了一个任命，明州知府仇悆和平江（今江苏苏州市）知府梁汝嘉换岗。仇悆出发了，梁汝嘉还没来，明州现在没有知府，管理比较松散。

据《建炎以来系年要录》记载，明州有一个和尚叫王法恩，经常用《秽迹咒》给人治病，据说治好了不少人，渐渐地在明州城里有了一些声望。至于怎么治好的，我不说大家也都知道，无非就是跟现在"肉眼看肿瘤""摆摊治艾滋"的民间套路差不多。

久而久之，就有一些想要造反的人盯上了王法恩，决定推举他当头儿，一起造反谋一个富贵。

这帮人打定主意之后就去找王法恩，王法恩兴趣也比较浓厚，当场就答应了这个请求。他们约定六月二十三日起兵造反，首先是杀光明州的官员和富豪，抢到足够的钱之后，壮大自己的队伍，然后直奔杭州杀了赵构这个鸟皇帝，让王法恩登上皇位。

而且，他们连退路都想好了，如果没有成功，就带人从明州港口出海去当海盗。

一切都准备妥当之后，王法恩和他的信徒们就开始焦急地等待六月二十三日的到来。

但是等着等着，有些信徒心里边就开始不安，毕竟造反这样的大事是要掉脑袋的，虽然王法恩是个神人，但是他们还是想要寻求一个心理上的双保险。

于是，有个信徒就盯上了明州城里一个算命的人，包大常。

包大常在明州算命也有一些名气，据说颇为灵验。六月二十二日，也就是王法恩造反的前一天，就有信徒悄悄拿着王法恩的生辰八字去找包大常问吉凶。

算命的都是会察言观色的，这位想要造反的信徒一看就不是什么善茬，包大常当然就说，这个八字一看就是"大吉霸"，意思就是"大吉大利，必成霸业"。

这个信徒兴高采烈地拿着"大吉"的结果去跟同伙们炫耀，同伙们一部分觉得"那么好玩吗，哎呀我也要去试试"，另一部分觉得"生死攸关的事你不要骗我，我得亲自去看看"，于是纷纷拿着王法恩的八字去找包大常。

包大常毫无难度地就发现了这些八字都是同一个人的，于是就跟最后来的这个信徒说："这个人的八字，跳出五行外，不在三界中，有不可言说的富贵，请问这个人在哪里，能不能让他亲自来，天机不可泄露，有些话我只能对他一个人说。"

这个信徒回去一说，王法恩当然兴趣浓厚，毫不犹豫地就来到了包大常的门外。

包大常一看正主来了，立刻把他请进家门，拉着老婆孩子一起给王法恩行大礼、敬酒拜寿，弄得王法恩神魂颠倒，以为自己真的要成就一番霸业。

在家里捣鼓了一阵之后，包大常对王法恩说："家里没什么吃的，现做也来不及了，我到街上去买点酒菜，你等等我，我们好好喝两杯。"

王法恩还在包大常家里等着吃饭的时候，包大常转身就去了州府，向代理知府高世定汇报了这一起预谋谋反事件。高世定当机立断派人去包大常家里将王法恩抓捕归案，然后按照王法恩的供述，将他的几十个信徒全部缉拿归案，随后按律处斩。

就这样，一起想要直扑杭州杀死赵构的特大而特小的谋反案，被扼杀在起兵的头一天。

一个装神弄鬼的，就这么栽在了一个算命的手里。

看似判得很荒唐的案子，其实有深意

《建炎以来系年要录》中记载了一件绍兴五年（1135年）春发生在今安徽池州的很让人唏嘘的案子。

当地有一个叫崔德全的平民，不知道出于什么原因，跟母亲关系非常不好。既然关系不好了，也就不照顾母亲的起居、也不给母亲提供生活费用。

这还不算过分的。

这一年，崔德全的母亲去世了，他作为长子是应该负责安葬母亲的，但是他不但不让母亲入土为安，反而停尸家中，指着母亲的遗体痛骂。

从这些细节来看，两人的确是有深仇大恨了。

天气一天天转暖，遗体就这么放着也不是个事儿。某一天，趁着崔德全不在家，崔德全的弟弟崔德聪就抓紧时间悄悄把母亲安葬了。

这件事情深深地刺激了崔德全，他想不到自己作为长兄，竟然在弟弟面前如此没有威信，于是就拿着一杆枪的枪刺去追崔德聪。

也不知道是想要吓唬一下弟弟，还是真的想要一不做二不休让这个不听话的弟弟去阴间陪伴老母亲，反正崔德聪是被吓坏了。于是，崔德聪就在追逐搏斗中夺下了崔德全手里的枪刺，然后干净利落地冲着崔德全连刺了几下，当场把自己的亲哥哥刺死了。

以今天的眼光来看，这个案子非常简单清晰。

崔德聪安葬亲生母亲，既是出于孝道，也是出于人道，不管放在哪个年代来看，都是没有过错的。而他的哥哥手持利刃追杀他，他夺过来刺死哥哥，也属于正当防卫，顶多算是一个防卫过当，象征性地惩罚一下就算了，毕竟要弘扬孝道。

但是，这起案件上报到刑部的时候，刑部下了一个判决书：根据《宋刑统》的规定，杀兄长属于"十恶不赦"的大罪，是必须砍头的，所以裁定将崔德聪处斩。

这个判决很快就引起了御史台的注意。他们把这起案件上报给了高宗赵构，并且表达了自己的人道主义关怀："崔德聪杀兄，实在是情有可原，既是孝道，也是自卫，请陛下金口玉音法外开恩，免他一死。"

高宗也懒得为了这么两个平民的事情费脑筋，就交给臣子们讨论。讨论来讨论去，尚书省就上了一个讨论结果：

崔德全不孝敬母亲，并且持利刃追杀弟弟，虽然已经死了，但是不能逃脱罪责，应该将他的尸体枭首示众；

崔德聪虽然手杀兄长，但是实属情有可原，就不斩首了，改成绞死吧，留一个全尸。

绍兴五年五月十一日，高宗认可了这个讨论结果，池州府随即绞死了崔德聪。

大家看到这里的时候，是不是觉得这个案件判得太荒唐了？

是的，我也觉得判得很荒唐，但是请大家相信一点：对于这种争议案件的判罚，尤其是经过朝廷官员们深思熟虑讨论之后的判罚，是在民间具有绝对的导向意义的。

朝廷就是要通过这样的判罚告诉百姓：什么事情能做，什么事情不能做，哪怕是你有再多的理由都不能做。

这起案件的判罚，就充分体现了统治阶级的深意：

崔德全不孝敬母亲，属于以下犯上，虽然死了依然无法摆脱枭首示众的命运；

崔德聪刺死兄长，虽然有非常正当的理由，但是依然属于以下犯上，难逃一死，朝廷正是考虑到他有正当的理由，才留了一个全尸，算是法外开恩。

总而言之，记住六字准则：不能以下犯上。

不要轻易发牢骚

南宋绍兴元年（1131年）四月二十一日，一个名叫曲端的人，死在了恭州牢房，也就是重庆的监狱里。

曲端是西北名将，前威武大将军，文武双全，威望极高，但是不怎么会搞人际关系，用我们今天的话来说，属于那种业务能力极强，但是与领导关系极差的人。

他是被陷害而死的，陷害他的，不是某一个谁，而是一帮子位高权重的武将，包括张浚、吴玠、王庶等人——由此可见他得罪人的范围有多大。

王庶曾经是曲端的上级，跟曲端不和是因为曲端不听他的指挥，双方本来就有些矛盾。建炎二年（1128年）王庶跟金人作战，战败之后去投靠曲端，结果被曲端公报私仇，差点死在曲端手里。

吴玠曾经是曲端的下级，跟曲端不和则是因为曲端摆了他一道。建炎四年（1130年）三月，曲端安排他驻守彭店原，然后自拥大兵在旁策应。金人进攻彭店原，吴玠在这边苦战待援，曲端自己带兵跑了，吴玠差点被金兵活捉，从此恨死了曲端。

至于曲端和当时川陕的一号长官张浚的矛盾，那就更好玩儿了。

据《三朝北盟会编》记载，建炎四年九月，张浚要集齐五路大军跟金兵决战，曲端凭自己多年在西北作战的经验，以及扎实的业务能力告诉张浚："我们打不过，按照我们现在的战斗力，厉兵秣马十年，方有跟金人硬拼的实力。"

这样的怯战言论自然让情绪高涨的张浚不开心，双方就发生了争吵，吵来吵去，张浚就开始耍横："你一个大将军居然怕打仗，那你还当什么大将军？"

曲端哪里受得了这样的气，顺手就交出了威武大将军的印章，提出了辞职。

张浚骑虎难下，干脆就答应了曲端的辞职，只让他在部队里担任了一个闲职。

张浚把20万部队集齐之后准备出发，在誓师大会上，张浚看着手下甲衣鲜明、旌旗如云，就有些膨胀，把曲端叫过来，指着自己的部队说："你看，我这支部队能不能一直打到燕京城？"

曲端冷笑一声，说："打什么燕京城，就是这一战就必败。"

张浚顿时就怒了，跟曲端争吵起来。曲端丝毫不给张浚面了，立了一个军令状："这一仗要是你不败，我提剑自杀。"

张浚也是一个有脾气的人，当即回了一句："要是这一仗打不赢，我就把脑袋给你！"

结果，这一仗没打赢，当然，张浚也没把脑袋给曲端，就当这事儿没发生过。

张浚打了败仗之后回到四川，驻扎在阆中，想起了曲端的好，准备重新起用他。

这时候，跟曲端有矛盾的王庶出来下烂药了："当初你跟曲端打赌，输了自杀，现在你输了没割脑袋，怎么跟他打交道？再说了，曲端这个人六亲不认，一旦让他得志，连你都敢杀，你用他干吗？"

张浚听到这样的话，也颇有几分犹豫。这时候，吴玠也出来下烂药。他在手心里写了四个字"曲端谋反"，趁站在张浚身边的时候悄悄亮给他看，张浚看到大家伙儿都有这个心思，于是在心里慢慢下了决心，开始找曲端的罪证。

找来找去，确实有点困难。

你说他谋反吧，他手里兵将都没有，实在是没有谋反的机会。

你说他投敌吧，他老老实实跟在张浚身边，每天回来点卯。

你说他贻误军机吧，他根本就没有指挥作战过，没有这个资格。

正在张浚难办的时候，王庶报告说，曲端在阆中某个公共场合的柱子上题了两句诗：不向关中兴事业，却来江上泛渔舟。

我们先前说过，曲端是一个文武双全的人，平常喜欢写点诗文。这一句诗，很明白就是在发牢骚：我本来应该在关中地区大展拳脚开创一番事业的，谁知道现在被弄到阆中，到嘉陵江上的渔船里瞎耽误时光。

用我们今天的话来说，这体现了诗人的满腔爱国热忱得不到施展的郁闷之情，这跟后来陆游的"僵卧孤村不自哀，尚思为国戍轮台"有异曲同工之妙。

王庶也是一个文化人，正儿八经的进士出身，他一琢磨这两句诗，顿时有了新的解释：曲端你好大的胆子，你竟然指责当今圣上不想着收复失地迎回"二圣"，只知道逃到长江边上钓鱼取乐，狼子野心何其毒也！

张浚一听，完美，于是赶紧把曲端押到万州大牢关押，随后又送到恭州大牢里关押。

为了收拾曲端，张浚专门派了一个叫康随的人去负责这件案子。为什么派康随呢？因为他是曲端的仇家，在凤翔府的时候曾经被曲端罚过一百脊杖，对曲端有切骨之恨。

曲端也是个明白人，一听说康随来审理自己的案子，立刻就知道自己死定了。

那么曲端是怎么死的呢？

有点惨。康随把曲端手脚捆住，再把嘴巴堵上，放在火边烤。

农历的四月二十一日，就是阳历的五月底六月初的样子。其他城市我不清楚，我好歹在重庆生活了40多年，重庆的五月底六月初有很大的概率是暴热，三十八九度的气温是常态。

曲端在这样的高温烘烤下口渴难耐，要求喝水。康随倒也不含糊，给他送上了烈酒，曲端饮酒之后七窍流血而死，享年41岁。

《宋史》是这样评价曲端之死的：这是一个极其优秀的将领，如果能让他大展拳脚，成就不可限量。

处理"科考舞弊"，太祖比孝宗高

《建炎以来朝野杂记》记载，南宋孝宗淳熙八年（1181年），孝宗安排了三个人当考官，负责当年的科举，这三个人分别是王仲行、郑少嘉、黄德润。

很快，当年的考卷就全部批改完毕，准备择日放榜了。

这时候，有人就跑来跟孝宗说："郑少嘉跟黄德润都是福建人，皇上您说，他们会不会结党营私，多选一些福建老乡？"

孝宗一听，哎呀有道理呀，于是他脑袋一拍，下了个命令："这事我们先不要声张，等放榜的前五天，我让贡院把这次判的前30名卷子都拿过来，让宰相、参政们一起来评卷，看看他们有没有徇私舞弊，打他一个措手不及！"

日子还没到的时候，宰相赵雄就知道这事儿了，他找到孝宗说："陛下，我觉得这事儿吧，你干得不地道，正大光明的事情被你搞得偷偷摸摸的。如果你真的要重新审核考官改过的卷子，那你就得先跟他们说清楚，别搞突然袭击那一套。"

孝宗是个意志力不太坚定的人，一听赵雄这么说，就支支吾吾地说："我也觉得有点不太妥当，你的意思呢？"

赵雄说："老大您想想，您既然选了三个人来负责科举，您又让我们来复核，这就是摆明了不信任三个考官。您既然不信任他们，您当初委派他们是个什么意思呢？再说了，您让考官来独立命题、独立改卷，就是为了削弱宰相的人事权，免得朝野上下全是宰相的门生故吏。此例一开，宰相岂不是更加肆无忌惮，想选谁就选谁，想逐谁就逐谁，那您这个独立命题、独立改卷的意义何在？"

得亏孝宗也是一个听得进话的人，立刻认识到了自己的错误，停止了这个计划。

10天之后，他出了一个补救措施，正大光明地让贡院把前20名的卷子拿给他亲自看，也算是勉强保证了抽查效果。

孝宗这事儿为什么处理得如此被动呢？是因为他不读书不看报，不知道自己嫡亲祖上太祖赵匡胤的一个典故。

《涑水记闻》中说，大宋刚建国不久，赵匡胤委派宋白来负责科举事务。

宋白是一个不太老实的人，他利用自己手里的权力，收受了不少金银，帮考生提高名次。

在放榜之前，他自己心里也不太踏实，因为有些考生的作文实在是写得太烂，他硬生生给人提了一个不错的名次出来，但是放榜之后引发了舆论。

宋白同样是脑袋一拍，想了一个办法。在放榜之前，他先把榜单列好，然后找机会面奏赵匡胤，请他签字。

宋白的算盘打得非常精妙，今后榜单一出来，万一有人指责不公，他就可以拿着赵匡胤的签名说："你看，陛下亲自审定的，你说我不公没什么问题，你说陛下不公，那还得了？"

赵匡胤虽然是武将出身，但是是从低级军官到高级将领再到皇帝这么一步一步摸爬滚打出来的，官场那点小算盘他清楚得很。

一看到宋白拿过来的东西，他看都不看名单，上手就开骂："我让你来负责科举，就是让你来替朝廷选士，取舍大权都在你手里，你来问我干什么？你什么事都问我，我要你来有什么用？再说了，这些人的卷子我没看过，品行我不知道，就一个名字，我怎么知道他们行还是不行？你的什么心思难道我不清楚吗？我今天把话撂这儿，等放榜出来之后，有人喊冤，我砍了你的脑袋！"（吾委汝知举，取舍汝当自决，何为白我？我安能知其可否？若榜出别致人言，当斫汝头以谢众。）

宋白吓得大汗淋漓，赶紧回去按照真实成绩重新修改了榜单，算是保住了脑袋。

只是不知道，他有没有把收的钱退回去……

一起充满了无数巧合的淫僧杀人案

《涑水记闻》记载，北宋真宗景德年间，知河南府事兼西京留守向敏中，也就是后来神宗朝向皇后的曾祖，接到了下级呈上来的一起杀人案的卷宗。

根据卷宗，案子是这样的：

一个淫僧与一个村民家的媳妇勾搭成奸，然后深夜约着这个女人一起私奔，奔到半道上的时候，淫僧觉得带着女人逃命容易被人追上，于是把女人杀死了丢到枯井里，准备带着女人偷出来的盘缠独自逃跑。

谁知道淫僧心理素质不好，弃尸的时候太紧张，一不小心自己也掉了进去，怎么也爬不上来，遂连人带尸被一起拿获。

至于装盘缠的包袱，淫僧弃尸的时候嫌下手不方便，就放在井边上，结果不知道被谁拿走了。

整个案件，从动机到过程再到结果，逻辑严密，条理清晰，简直是无懈可击，河南府的其他官员都觉得下面判得挺对，没意见，上报朝廷之后，杀了淫僧就算是结案了。

但是向敏中觉得有点问题——装盘缠的包袱哪里去了？虽然案子卷宗上说不知道谁拿走了，但是总要有人拿走啊。

向敏中觉得这件事一定有蹊跷，决定亲自审问这个淫僧。

淫僧的回答，跟卷宗上的一模一样，坚决认罪，唯独问到包裹的时候前言不搭后语。按理说人都要死了，和尚也没啥后代可以继承遗产，完全没必要隐瞒这么一笔并不丰厚的财产。

向敏中于是继续问，问得淫僧实在是回答不上来了，只是一个劲地说："我上辈子肯定是害死了这个女人，今天的一切都是报应，我无话可说。"

向敏中越听越奇怪，一定要求淫僧说实话，答应帮他申冤。淫僧终于看到了生存的希望，于是一五一十地把自己的神奇经历说了出来。

那天晚上，和尚路过这家人的屋外，于是敲门请求借宿一晚。主人没答应，和尚就说："我能不能睡在门外的大车车厢里，挡挡风，也避一避野兽？"

主人听到这样的请求，也不好拒绝，于是就答应了。

和尚睡到半夜突然惊醒，然后看到一男一女背着包袱翻墙而出。和尚一看这个造型，觉得自己肯定洗不清干系了，明天天一亮，主人家一定会觉得他借宿不成心生怨恨，半夜翻墙入室，劫走主人家的女眷，抢走钱财，然后就把他送到官府治罪。

古时候的衙门八字开，有理无钱莫进来，这个道理和尚自然懂。

他摸了摸自己的钱包，要是有钱也不会沦落到睡大车，想来想去，最好的办法就是逃走。

和尚于是下车就跑，因为担心主人家追出来，不敢走大路，挑了一条荒僻小道逃走。跑着跑着，啪的一声，掉进了一口枯井。

你说巧不巧，这个女人的尸体正好就在枯井里。和尚担惊受怕了一夜也没爬出来，结果第二天被四处搜寻的主人找到，绑起来就送到了县衙。

县衙审案也很简洁明快，上手就用刑，打得和尚天昏地暗、日月无光，实在是扛不住了，一五一十地按照县衙的诱导，承认了自己通奸杀人的罪行。

等到向敏中初次问他的时候，他以为还要挨打，只能按照规定的剧本答题，直到终于发现了向敏中是真心想要帮他翻案，才说出了实情。

和尚的话很合逻辑，但是卷宗上的口供更合逻辑，因为和尚的真实遭遇实在是太巧了，半夜醒来正巧看到两人翻墙，逃走之后正巧掉进了弃尸的枯井，《重案六组》编剧都不敢这么写。

向敏中是一个严谨的人，他谁的话都不肯轻易相信，所以，当前最重要的问题，是找到那个丢失的包袱。

向敏中找了一个手下，交代一番之后，让他去当地暗访。

手下到了当地之后，找了一个村里的小店吃饭，冒充洛阳做小生意的商人，边吃边跟老板娘（一个老太太）闲聊。老太太听说他从洛阳来，就顺口问了一句："那个杀人的和尚现在怎么样了？"

手下按照向敏中的交代，说："昨天已经在洛阳被当街打死，结案了。"

老太太叹息一声说："可惜了，要是今后抓到真凶了，那他不是白死了吗？"

手下说："案子都结了，即便是抓到真凶也不敢说了，这不是自己给自己找麻烦吗？"

老太太说："既然是这样，那就无所谓了。我跟你说啊，我们村的人都知道和尚是被诬陷的，那个女人早就跟我们村一个小伙子私通，约好了那天晚上私奔。结果小伙子起了坏心，不想背井离乡，就杀了这个女人，拿了银两回家了。无巧不成书，正好遇上一个倒霉和尚，就这么瞒过去了。"

手下心中大喜，装作好奇地问："这个小伙子在哪儿啊？那么厉害，好想见识见识。"

老太太伸手一指，说："就是那家。"

手下亮出兵刃，踹开大门就把这个小伙子给捉拿归案，一审，果然所有的细节都对上了，而且那个关键的证物包裹也在小伙子家里被找了出来。

这么一起充满了各种巧合的淫僧杀人案就此告破，真凶伏法，和尚死里逃生。

从此，河南府上上下下对向敏中崇拜得五体投地，称他为神。

宋仁宗时期一起牵涉宰相的科举舞弊事件

北宋建立之初，太祖、太宗为了尽可能输送新鲜血液进入政坛，对参加科举者的出身有非常严格的限制，曾经下过规定：锁厅人参加科举，如果没有中举，是要追究法律责任的。

所谓的"锁厅人"，就是指已经有公职在身的人，他们要去参加考试，只能锁上自己的办公室，因此得名。

这一举措有两个目的：一是给寒门白衣考生更多的机会，免得被这些公务人员占用了进取的名额；二当然是避免这些有公职在身的人徇私舞弊，他们熟悉官场流程，甚至跟达官贵人有千丝万缕的联系，成功率自然比普通考生要大很多。

后来，因为这项规定实在是推行的阻力太大，大概是在真宗时期，朝廷把这个口子稍微开了一开，下了一道诏书，允许锁厅人参加科举，但是文官只能有两次机会，武官只能有一次机会，考不中也不受惩罚。

这样的规定出来之后，无数的锁厅人看到了机会，纷纷报名。

据《涑水记闻》记载，这一现象，到仁宗景祐四年（1037年）达到了高峰，单单是开封府的报名人数就达到了数百人，还不算国子监和其他州府的人数，加起来恐怕得有几千人。

仁宗没办法，只能允许他们参加各州府的乡试，等到放榜的时候，果然出现了幺蛾子。

宰相陈尧佐的第五个儿子陈博古，拿到了开封府的第一名。

枢密副使韩亿更牛，他四个子孙都参加了这次考试，四个人全部上榜，中榜率百分之百。

朝廷里有些看不惯这件事的官员于是议论纷纷，大家都知道里面有猫腻，但是这两个人权势太重，没办法直接下手，只好阴阳怪气地发了一通牢骚，也不知道是某人单独操刀，还是大家集体创作，写了一首《河满子》（又作《何满子》）的词来讽刺陈韩二人。

正好，仁宗身边有一个胆子挺大的殿中侍御史（相当于纪委主任）萧定基，他在奏事的时候就把这件事向仁宗做了详细汇报，还当面背诵了这一支《河满子》。

仁宗这个人又不傻，当然听明白了这是怎么回事，但是他还是不太想处理这件事，毕竟这只是各州府的考试，不是最高级别的考试，在他看来，还不足以动摇帝国的根本，无非就是手下两个重臣谋取一点私利而已。

但是不久之后，又有人阴阳怪气地写了一首诗，流传范围比《河满子》还要广。

这首诗是改了唐代诗人张祜（hù）的宫怨名诗《何满子》而成的，张祜的原诗是这样：

故国三千里，深宫二十年。
一声何满子，双泪落君前。

然后，这个作者给这首诗每句加上了两个字，把五言改成了七言，变成了这样：

天章故国三千里，学士深宫二十年。

殿院一声何满子，龙图双泪落君前。

这四句诗，嘲讽的就是当时的四件时事。

天章故国三千里，指的是天章阁待制范仲淹上疏得罪了仁宗，被贬到遥远的饶州。

学士深宫二十年，指的是仁宗潜邸时的待制王宗道找到仁宗叫屈，说自己在这个岗位上干了二十年都没升迁，希望要个官，于是仁宗把他升迁为龙图阁学士。

殿院一声何满子，当然就是指陈尧佐和韩亿给自己的子孙谋取功名的事。

龙图双泪落君前，龙图阁学士、权三司使王博文跑到仁宗面前去哭诉，说自己岁数太大了，这辈子都没办法去枢密府或者相府上班了，仁宗一心软，过几天就给他安排了一个枢密副使。

这四件事，件件讽刺仁宗的用人政策，真正有能力有胆量的范仲淹不用，反而把重要的职位拿出来作为对老臣的赏赐，而且还纵容手下重臣的后代跟寒门学子抢功名。

这首诗终于还是传到了仁宗的耳朵里，仁宗无可奈何，也不好打自己的脸，只能下了一道诏书：

从今往后，各州府的乡试锁厅人和布衣分开考试，各自按照10∶3的比例录取，免得榜单上全是锁厅人的名字，占用了布衣的名额。

到了景祐五年（1038年，十一月改元宝元年），各州府的举子集中到开封来参加省试，仁宗下了一道密诏，让陈尧佐的儿子陈博古、韩亿的四个子孙，以及两家门下的学生范镇、家静等人不要参加考试。

考官对仁宗说："范镇和家静两个人确实有学问，名声在外，并不是靠陈韩两家的关系上的。"

仁宗说："也行，参加考试，降等录取。"

这件事情还有后续，我查了一下当时的官员任免记录，这件事情发生以后，景祐五年三月，陈尧佐罢相，去了郑州；韩亿被罢枢密副使，去了应天府。

是不是因为科举事件的牵连，我不敢说，但是至少这件事让仁宗很是下不来台。

到了皇祐元年（1049年），仁宗还制定了一个潜规则：锁厅人不能当状元。这直接导致了后来徽宗的儿子赵楷参加科举得了第一名之后，没能当上状元，让给了第二名的王昂。

有史以来，两个待遇最高的基层小人物

据《建炎以来朝野杂记》记载，南宋高宗绍兴三年（1133年），宣州发生了一起灭门案，案情并不复杂，甚至可以说非常清晰。

宣州一个叫叶全三的人，平常喜欢偷鸡摸狗，某一天盯上了县里的大户檀偕，悄悄潜进他的庄子里，偷走了他地窖里的钱。

偏偏叶全三也不是一个手段高明的人，全程留下了很多破绽，很快就被檀偕给查出来了。檀偕也是个暴脾气，他根本就不走官方渠道，然后找了两个农夫，想要去给叶全三一点教训。

当然，教训有点深刻——把叶全三全家给我宰了，看这帮穷鬼今后还敢不敢到我家来偷东西。

这两个农夫是两兄弟，一个叫阮授，一个叫阮捷，也不知道两个人是想要争表现，或者本来就是那种垃圾人，执行得非常到位——他们俩把叶全三一家五口全杀了，而且把尸体丢进了水阳江。

但是檀偕高估了自己在宣州的地位，他买凶杀人的事情被人给举报到了宣州知府那里。

出了这么大的事情，宣州知府当然不能不管，很快就把檀偕、阮授、阮捷三个人捉拿归案。这三个人也不是什么钢筋铁骨的死硬派，三下五除二就把杀人抛尸的事情交代得一清二楚，签字画押准备结案。

唯一的问题，是叶全三一家五口的尸体被江水冲走，找不到了。

按照当时的法律，这三人肯定得掉脑袋。

但是檀偕这个人有点背景，他弟弟檀倬在朝廷当官，一个类似于皇帝秘书的职务，官位不高，但是认识朝廷很多人，而且跟皇帝说得上话。檀偕出事以后，檀倬拐弯抹角地到处招呼，终于打到了宣州知府那里，很明显就是要他高抬贵手放一马了。

宣州知府也是一个官场的老油子，一看这种事情已经超出自己能力范围了，干脆就把这件事情上报朝廷，说这里有一起杀人案，口供物证都在，但是尸体找不到了，让高宗亲自定夺。

檀倬一看这事儿已经移交到自己身边的势力范围之内了，赶紧上上下下打点活动，不知道用什么法子，愣是说动了高宗亲自拟了一个判决诏书：

檀偕虽然是主使人，但是因为他父亲当年在陛下身边有功劳，所以决定给他降一等处理——出钱免死，打一顿，然后发配到琼州；

阮授和阮捷虽然是凶手，但是是在执行檀偕的命令，也免死，打一顿之后流放到三千里以外。

诏书一写完，檀倬松了一口气，哥哥的命算是保下来了，两个帮凶的命也保下来了，多给他们家一点钱，他们的家属也不会到处去喊冤什么的，也不至于让其他为权贵效力的小人物寒了心，这事儿就算是过了。

按照当时的规矩，皇帝的诏书写好之后，要交给中书舍人或者给事中走个流程才能生效，偏偏就是在中书舍人孙近这里被卡住了。孙近说："叶全三盗窃有罪，但是罪不至死，况且他的四个家人是无辜的。檀偕派人杀了别人一家五口，虽然尸体没找到，但是证据口供都齐全，怎么可能这样判？即便是檀偕因为他爹的原因免死，他的两个帮凶阮授和阮捷也不可能免死啊！"

然后，大理寺就跳出来怼孙近了："我来说句公道话，你这个人怎么那么双标？当年你在浙东断案的时候，绍兴的百姓俞富抓强盗的时候把强盗两口子都杀了，你亲自判了俞富免死，你忘了？脸疼吗？"

看到这里，大家可能已经明白，檀倬活动的关系已经起了作用了。

但是孙近是个犟骨头，他也不管什么高宗的诏书、大理寺的人，他说："俞富是拿着县里的判决书去抓强盗，强盗一家人反抗，俞富才杀了他们两口子的。檀偕是根本就没通过官方，私设公堂把叶全三一家五口捆起来打死，然后扔到江里，这性质能一样吗？"

道理一讲，朝廷的官员就开始陷入了一片口水混战之中，有帮檀倬说话的，有想要维护高宗权威的，有想要打击檀倬的，还有想要博一个清正名声的。

阮授和阮捷两个宣州的小混混，史书上最低级别的基层小人物，他们的生死问题竟然上升到了让高宗亲自下诏书，让刑部、大理寺、御史台、宰相都参与辩论的地步，可以说这是几辈子烧高香都换不回的待遇了。

这件事辩论来辩论去，一直扯到了第二年的正月，终于以高宗认怂、收回诏书告终。

最后的处理意见是这样：

檀偕因为父亲功劳的缘故，维持原判，罚款，打一顿之后发配到琼州（有檀倬照顾，他的日子不会太差）；

两个小人物阮授和阮捷就没那么好的命了，他们既没有祖辈给留功劳，也没有当官的兄弟照应，所以以杀人罪斩首。

孙近还不满足，又上疏说："这么明显的案子，宣州知府故意上报朝廷，很明显是想逃避责任，应该追究他的责任吧？"

高宗这一次确实不想再退让了，找了个很好的理由把孙近搪塞了过去："假如我因为宣州知府上报疑案就追究他的责任，那今后其他官员碰到疑案也不敢上报了，恐怕这样会造成更多的冤案。"

孙近无话可说，这件事就算结案了。

算来算去，这起案件中，买凶杀人的檀偕捡回一条命，接受檀倬"打招呼"的一系列官员没有被追究责任，阮授和阮捷两个小人物虽然一度享受了超高的待遇，但是最终还是没能逃过一死。

这件事情告诉我们一个道理：不要给人当帮凶，因为很可能到最后你就会发现，你可能是唯一一个上刑场的。

当主子决定要抛弃你的时候，看都不会再看你一眼。

最了解儿子德行的，始终是他妈

南宋绍兴十八年（1148年），宋金之间讲和已经六年，两国之间进入了一个短暂而安详的和平期，赵构也迎来了自己登基以后难得的不需要备战的清闲日子。

这一年的春天，临安府向赵构汇报了一件耸人听闻的大案。

据《建炎以来系年要录》记载，一个叫张问的幕士报案，说头天晚上自己不在家的时候，家中被一群盗贼破门而入，抢走了不少值钱的东西，包括古董、玉器、字画之类的，幕士还列出了详细的失物清单。

临安府非常重视这件案子。太平盛世，天子脚下，竟然还能发生这种事情。一群强盗，今天能够抢一个幕士的家，明天就能抢达官贵人的家，后天说不定就能冲进皇宫闹事，太恐怖了。

朝廷于是下了一个命令：从严从重，严查严办。

得到命令的临安府立刻行动起来，开始根据语焉不详的报案线索实施排查和抓捕，一查就是五六个月，抓到就审，审完再抓，最后抓了上百人，至少是在人数上凑齐了"群盗"的规模。

到了这个份上，临安府觉得自己已经完成任务了，就准备结案。

但是写结案报告的时候，临安府遇到了三个难题：

第一，到目前为止，一直没有找到张问家丢失的赃物，这不太符合捉贼拿赃的办案原则。

第二，一直不停有人在举报，说谁谁谁也参与了这起抢劫案，请临安府把这人抓起来。

第三，这一百多人的口供里，愣是找不到一个主犯，也就是说，这一群强盗没有老大，大家仿佛全凭一个朴素的信念团结在一起，群策群力出去抢劫。

这太不合常理了。

于是，临安府就把这起案子上报了大理寺，让他们来决断。

大理寺当时的一把手叫韩仲通，他拿到卷宗之后也觉得无从下手，回到家里愁眉苦脸。

韩仲通出生在一个文化家庭，母亲姓刘，是一个知书达理的人，一看儿子那么焦心，就关切地问了问。

韩仲通说："天子脚下出了这么大一起入室抢劫案，快半年了抓了上百人，居然找不到主犯，这简直是太神奇了。"

刘老太太慢悠悠地对韩仲通说："这个案子我也听说过，我给你讲个思路，你琢磨琢磨。你知不知道那些败家子是怎么弄家里的钱的？他们一般都是趁老爹不在家的时候，悄悄把家里值钱的东西偷出去卖了，然后等老爹回家就说家里遭贼了。然后呢，他妈往往溺爱他，就帮着糊弄老爹，给儿子作证，老爹就深信不疑了。"

韩仲通一听，还有这种操作，第二天就开始派人去跟踪张问的儿子。

几天之后，手下回来汇报，把张问儿子的行踪了解得一清二楚，什么时候去谁家喝酒，什么时候去谁家赌钱，什么时候去色情场所消费，全部列了清单。

等搜集完成之后，韩仲通组织了一次联合行动，把张问儿子常去的这几家进行了一个大搜查，果然把张问家丢失的所有财物全部找了出来，一件不落。

韩仲通把张问的老婆儿子抓过来一审，果然跟刘老太太说的一样，张问的儿子平常吃喝嫖赌无所不为，在外面欠了不少钱还不上，于是就想了这个办法从家里偷东西出去抵账。张问的老婆心疼儿子帮忙做假证打掩护，就跟张问说家里遭贼了。

就因为这么一个小事儿，造成了杭州城近半年来冤狱不断。

至于为什么一直有人举报强盗呢，是因为那些狡猾的市民看见这是一桩大案，官府见线索就抓，想要用这样的方法来报复仇家。

这件事的处理结果是这样的：张问的老婆儿子因为诬告被处罚，牢里的100多个人无罪释放，朝廷有没有赔偿没说，在那个年代，能捡回一条命已经算是不错了。

至于韩仲通，因为成功破获了这起耸人听闻的大案，被朝廷从大理寺卿提拔为刑部侍郎。

所以说，最了解儿子德行的人，始终是他妈……

钻营投机的人，会是什么好货色

南宋绍兴十一年（1141年）十二月二十九日，也就是除夕的头一天，岳飞被赐死在杭州大理寺，当年曾经依附于岳飞的幕僚们，走到了人生的十字路口上。

据《建炎以来朝野杂记》记载，早在十月十三日岳飞刚被下狱的时候，就有硬气的幕僚开始上疏为岳飞鸣冤，比如汾州进士智浃。收到他的鸣冤信之后，秦桧很生气，将智浃下狱。宣判的时候，智浃挨了一顿乱棍，然后被送到袁州劳改。

这样的局势已经非常明朗了，接下来考验的就是人性。

最先没经受住考验的人，叫王辅。

他曾经是彭山（今四川眉山彭山区）知县，因为贪赃被朝廷罢官，无处可去就投靠了岳飞。岳飞觉得这个人还有点知识，就把他留在军中当了一个幕僚，对他也挺优厚。

岳飞下狱之后，王辅开始动心思了。他让自己的儿子王孝忠给朝廷上疏，首先和岳飞划清界限，然后深入揭露了岳飞的奸凶行为。

秦桧一看到这个折子，果然欣喜万分，一查王孝忠的档案，觉得这个人简直是又孝又忠，一开心就把王辅的犯罪档案给销毁了，然后把他派到普州（今四川安岳县）去当知县。几经辗转之后，王辅被调到了合州（今重庆合川区）当知县。

绍兴二十年（1150年），潼川府路转运判官史丞接到了举报，说王辅在重新当了知县以后依然死性不改，又干了不少贪赃枉法的事情。

史丞是一个较真的人，立刻下令严查，将王辅抓到了遂宁府仔细审问，连同他的两个儿子王孝忠和王孝廉也一起收治。

到了七月份，眼看着王辅就要扛不住交代了，朝廷突然来了一纸调令，把史丞调到了夔州路（今重庆奉节县）去当转运判官，这起腐败案的审讯工作就这么停了下来。

王辅毕竟在四川"耕耘"多年，赶紧找关系活动，把自己和儿子一起弄了出来，在八月份办了一个退休。但是没过多久，王辅因为担惊受怕，加上在监狱里的时候营养没跟上，很快就病死在家中，没能充分享受到退休生活的乐趣。

王辅死后，他的两个儿子开始紧张起来。

两人一想，躲得过初一躲不过十五，史丞虽然走了，王辅虽然死了，但是案底还在，万一下一任领导偶然翻到卷宗，说不定又要把他们弄到监狱里去拷打，一不做二不休，干脆反了吧！

于是，两兄弟抓紧时间逃回成都，变卖家产购买武器，召集亡命之徒，很快就在成都组织起来了一支武装力量。

绍兴二十三年（1153年），他们觉得自己的实力已经足够大了，决定玩一票大的，从地下转为地上。

八月九日，他们得到消息，成都知府曹筹当天晚上要到府学去宿斋，王孝忠决定就在当晚率领手下夜袭府学，杀曹筹，占领成都府，自立为王。

但是王孝忠的保密工作做得不好，作战计划刚刚制定出来就泄露了，有人把消息告诉了成都府兵马钤辖柳佾（yì）。柳佾大惊，来不及请示曹筹，带着一队官兵就去捉拿王孝忠兄弟。

但是柳佾走得太匆忙，没有披戴战甲的官兵没能打得过甲胄齐全的王孝忠叛军（古代打仗，甲胄确实太重要了，不怪官兵），战死者达到了三人之多，于是就开始溃散。

柳佾眼见着不是办法，转身去州府找曹筹，申请打开武库领取甲胄。但是偏偏这时候曹筹在阁楼里睡午觉，一直叫不醒，愣是把门撞开之后才拿到了武库的钥匙。

溃散的官兵渐渐聚拢过来开始穿甲胄，这时候王孝忠发现计划泄露，干脆孤注一掷带着叛军前来进攻州府，把大门都烧烂了。

王孝忠眼看着就要成功的时候，官兵们终于磨磨蹭蹭地换好了甲胄，开始发起了对叛军的反攻。甲胄在身的官兵顿时展现出了比刚才高七八个档次的战斗力，一路追着王孝忠的叛军打，打得他们无路可逃。

最终，王孝忠和王孝廉两人走投无路，被困在一座楼上，最终自刎而死。

王孝忠的儿子王大正被官军所杀，余党二十八人逃到了郫县，也陆续被擒无一漏网。

至此，这一家靠着钻营投机、揭发岳飞重新走上仕途的货色，满门被杀。

一个宦官，不要动不动就替皇家下大棋

北宋乾兴元年（1022年）二月十九日，宋真宗在开封大内延庆殿驾崩，留下章献太后刘娥带着不到12岁的宋仁宗打理朝政。

这对孤儿寡母要处理的第一件事情，就是真宗下葬的问题。

据《续资治通鉴长编》记载，皇陵当然是早就选好地点了，就在巩义，命名为永定，负责监工的人叫雷允恭，是一个宦官。

雷允恭官位并不是太高，内侍省押班而已，元丰改制以后定为正六品。但是雷允恭因为跟当朝宰相一内一外勾结得很好，消息互通，策略共定，所以在朝廷之中极有权势。

真宗的永定陵开工以后，雷允恭感觉到这应该是一个肥差，于是主动申请去监工。太后刘娥本来对他不是很放心，觉得这个人喜欢擅自做主，但是架不住雷允恭的苦苦哀求，答应了这个请求。

接到任命的雷允恭开开心心地出发了。

去了巩义的施工现场之后，负责看风水的司天监邢中和就跟雷允恭说："老雷啊，我这几天有个新的发现。现在的陵墓工地往上走100步，是一个更好的风水宝地，非常利于子孙昌盛，有点像汝州秦王赵德芳的坟，你看看现在秦王的子孙多繁茂。"

这是一个非常具体的问题。

真宗此前生了五个儿子都夭折了，仁宗是他唯一存活下来的儿子，所以才造成了如今孤儿寡母当政、大悖所谓"金匮之盟"的局面。如今小皇帝还不到12岁，如果换一个地方下葬能够保佑仁宗今后子孙昌盛，也不失为一个好办法。

果如刘娥的担忧，雷允恭于是非常爽快地做出了决定："你既然知道上行百步风水好，为什么不行动？"

邢中和说："我担心那里挖开之后会有石头和泉水，到时候实现不了七月完工的计划，恐怕要惹大麻烦。"

雷允恭胸口一拍，替皇家下了一步大棋："这事你就不用担心了，你放手去干，我现在就回开封去给太后禀报。"

于是，负责现场施工的夏守恩便带着数万工人去新址重新开始挖地修皇陵。

雷允恭回到开封以后大剌剌地去跟刘娥说了这件事，刘娥心里老大疑惑，说："这么重大的事情，你居然自己就决定了？"

雷允恭毫不在意地说："先帝的子孙福泽最重要，其他事情都无所谓了。"

刘娥一个成都街头卖艺小姑娘出身，哪儿懂得风水这么玄奥的课题，不知道怎么反驳，于是让雷允恭去跟山陵使商量。

山陵使一般是宰相来担任，就是跟雷允恭关系特别好的丁谓，当然也不会反对雷允恭的意见。于是，这件事就算这么决定了。

但是雷允恭的运气真不太好，新陵挖了没多久，果然跟邢中和判断的一样，出事了：地下先是出现了石头，等把石头搬出来以后，一股大水涌了出来，将墓道冲得七零八散。

负责施工的夏守恩一看慌了，眼看着工期就要被耽误了，到时候他得吃不了兜着走，于是只好上疏汇报了这个事情，问太后应该怎么办。

刘娥大怒，总不可能把自己的老公泡在水里，开始追究这件事，一方面派王曾、冯拯、曹利用等人商量解决办法，一方面派人去清查雷允恭的罪行。

这件事最后是这么解决的：

真宗的永定陵还是重新使用以前选定的老位置；

雷允恭因为擅改皇陵位置，再加上查出来无数贪污罪证，被诛杀抄家；

提出建议的司天监邢中和流放沙门岛（当时一个特别荒凉的流放地，在山东蓬莱）；

宰相、山陵使丁谓加上其他问题数罪并罚，抄家发配崖州，断送了自己的政治生涯；

受到这件事情的牵连，参知政事任中正以下十多人被罢官。

雷允恭这样一个擅自为皇家下大棋的宦官，几乎是凭借一己之力就改变了朝廷的政治格局，真可谓是不作不死。

但是非常具有讽刺意味的是，也不知道是不是巧合，真宗陵放弃了这个"利于子孙昌盛"的风水宝地之后，仁宗真的就至死没能养活一个儿子，不得已把皇位传给了自己的侄儿英宗。

所以，历史，真是一个好玩儿的东西……

冷 门

第四章

宋代杭州运河的堵塞为什么治理不好

　　隋代的时候，朝廷为了打通中原地区和对外贸易港杭州的航运，开凿了"江南运河"，从杭州的钱塘江边到镇江的长江边这一段，成了著名的"京杭大运河"的一部分。而"杭州运河"（或叫临安运河），就是钱塘江到杭州城里的这一部分。

　　就是这么不起眼的一小段，其他朝代我不清楚，但是在宋代，不管是南宋还是北宋，都成为杭州人心中的一个鸡肋设施。

　　原因很简单，这条河非常堵，堵到什么程度呢？

　　据《建炎以来系年要录》记载，绍兴十六年（1146年），杭州成为南宋的都城以后，杭州运河的堵塞状况依然超级严重，尤其是运河直接连接的北关门（也就是今天的武林门）这一段。本来这里有个支流是可以直接通到杭州城里作为运输通道的，但是这里长期堵塞，导致往来的船只根本没办法进城。

　　别说进城了，就连基本的靠岸停船都成问题，运送货物的船只往往只能停在城门外很远的地方，然后由人力搬运进城，极为麻烦。

　　北关门以前一片商贾云集，非常繁华，但是现在这么一弄，空间越来越狭窄，交通越来越拥堵，生意没法做，商贩也不想来了。

　　其实这里并不是第一天这么堵了，至少在北宋时期，杭州运河就堵得一塌糊涂，基本上失去了"漕运"这个功能。

　　堵塞的原因，其实也不复杂，钱塘江要涨潮，涨潮就带上来泥沙淤积，再加上运河两边的居民卫生习惯不好，老往河里丢各种垃圾杂物，连带着枯树杂草什么的，日积月累就把河道堵塞了，甚至于河水只有一尺多深，根本无法行船。

这并不是什么大事，因为朝廷有专门的人负责疏通河道，哪里堵住了就把哪里清理好就行了，一般来说，每三五年疏通一次，完全没啥问题。

但是，有这么丰富的经验，有那么多人手可以调配，也有这么细致的规定，为什么还会堵呢？

问题就出在这些疏通运河的时候，那些让人触目惊心的潜规则。

熙宁年间在杭州当过通判的苏东坡，对这个潜规则是相当之熟悉，他在元祐年间给朝廷的奏折里，清清楚楚写明白了这个潜规则是怎么操作的。

当时杭州运河贯穿了整座杭州城，从钱塘江出发，经过州府大门，再穿北门而出（可能就是武林门），单单是城里的河道就是十四五里，可想而知河的两岸都住满了人。

每次要开始疏通河道的时候，负责的官员就带着一帮士兵开始在运河的两边指点江山，规划在某个地方开口放水，某个地方堆放清理出来的淤泥垃圾，某个地方作为施工的工地。

这些都是正常的施工方式，但是这帮腐败的官员总能找到其中的利益点。

他们直接找到这些规划的地段，跟户主说："朝廷有命令疏通河道，我们已经决定在你家这里施工了，你们配合一下搬走，我们要占用你的房子，很可能还要给你拆掉，希望你以大局为重，理解一下。"

问题是那时候拆迁也没补偿，老百姓眼睁睁看着朝廷为大局要拆自己家的房子，想来想去没办法，只好向这些官员行贿。

官员们倒也是"讲道理"的人，收到贿赂以后也就不为难这些居民了，转战下一个阵地继续"指点江山"，继续收钱，反正七八千米的河道，一路勒索过去，大半年的收入也算是有保证了。

等到正儿八经开工的时候，他们选择的施工地点，就是那些不愿意交钱，或者交不出钱的居民家。

这种按照"竞价排名"的选择方式，显然跟工程学没什么必然的联系，疏通的效果也可想而知。

更惨烈的是，这帮人施工的时候，因为没有从这里的居民手中收到贿赂，所以动作相当之野蛮，"房廊邸舍作践狼藉"，也就是说，把人家的房子拆得相当的彻底。关键是这帮人，给人拆完之后，就这么连同清理出来的淤泥垃圾一起堆放在河边，等到一下大雨，这些东西又全部被冲回运河，重新堵了起来。

所以，尽管运河三五年一清理，但是此前从来没有真正把问题解决过。

苏东坡去杭州当了通判以后，认清楚了这个潜规则，才开始有的放矢地整治运河，设拦沙闸挡钱塘江过来的泥沙，派专人督促施工，委派水利人才按照工程标准选择施工场地，硬是把杭州城里的运河水深疏通到了八尺左右，大型货船也能直接开进杭州城里。

但是，很显然，苏东坡自己不捞钱，挡不住他的后任们捞钱。

苏东坡离职以后，杭州运河又重新走上了堵塞的老路。

粗粗一翻史料，据《宋史·地理志》记载，在此后的绍兴三年（1133年）、绍兴十六年（1146年）、隆兴二年（1164年）、乾道三年（1167年）、淳熙二年（1175年）、淳熙七年（1180年）、淳熙十四年（1187年）都出现了运河大堵塞的情况。

有苏东坡的经验在前，再干不好，那就真的不是能力问题了，而是这个腐败的态度问题。

间谍这差不好当

据《宋史·仁宗本纪》记载，北宋仁宗宝元二年（1039年），党项族的李元昊经过多年的韬光养晦，终于跟北宋政权撕破了脸皮，上表要求宋朝承认他称帝改元的合法性，并准他建立大夏国。

宋仁宗当然不能允许这样的事情发生，战事一触即发，澶渊之盟之后休养生息30多年的北宋，迎来了又一次大规模、长时间的作战。

要防备李元昊的游牧民族进攻，最好的办法是什么？

这个答案，一千多年前的老祖宗就已经告诉了后人：筑城，然后把这些城池作为据点，环环相扣，逼得游牧民族放弃自己最擅长的运动战，转而投入他们不擅长的攻坚战和阵地战。

在这场轰轰烈烈的筑城运动中，一代名将种世衡也参与其中，修筑了著名的清涧城（今陕西清涧县）。在驻守清涧城期间，种世衡并没有把作战思维禁锢于单纯的防守上，他想的是主动出击。

主动出击，深入西北大漠去追击党项骑兵，那肯定是不现实的。宋仁宗不是汉武帝，他种世衡也不是霍去病，怎么办呢？

种世衡想到了一条妙计：离间。

李元昊是一个残忍嗜杀之人，打仗是一把好手，但是计谋稍微差点。他的谋臣主要有两个：野利刚浪棱和野利遇乞（不是日本人，谢谢）。种世衡想，如果能够把这两个人除去，李元昊就损失了一大部分战斗力。

宋代的时候，汉末三国故事已经在民间广为流传，我不知道种世衡有没有听过《群英会蒋干中计》的故事，但是他想到的办法，跟周瑜是一样的——离间。

种世衡开始寻找合适的人选，看来看去，他把目光锁定到了紫山寺的一个和尚身上。

这个和尚法名法崧（sōng），俗名王光信，属于民间武术爱好者，有过硬的身体素质，对西北的山川风物非常熟悉，可能是因为杀人越货之类的案子，出家当了和尚。据《宋史·种世衡传》记载，种世衡认识他，是因为他多次担任种世衡的向导（世衡出兵，常使为向导）。

种世衡于是把法崧带到自己府上安顿下来，不管法崧提什么要求，种世衡的做法就是四个字——统统满足。据《梦溪笔谈》记载，甚至于，法崧作为一个和尚，提出那些违反戒律的要求，种世衡也不计成本地答应他（恣其所欲，供亿无算，崐酗酒狎博，无所不为，世衡遇之愈厚）。

法崐就这么心大地在种世衡府上白吃白玩，享乐了一年，养得白白胖胖的，每天搂着小姐姐，捏着自己的肥肚皮，对种世衡感恩戴德得不得了。

突然有一天，种世衡把法崐捆到公堂之上，大声怒骂："我掏心掏肺地对你，想不到你这家伙浓眉大眼的，竟然背叛我，跟西夏人暗中勾结！"

左右把法崐按翻在地，抡起大棒子就打。

不是假打，是正儿八经地往死里打，"捶掠极其苦楚"；也不是打一次就算了，连续打了一个月，"滨于死者数矣"。

经过连续一个月的严刑拷打，法崐硬是扛住了这一番折磨，咬死一句话："我没有做对不起种大人的事情，种大人听了奸人的话，想要杀我就杀吧，我这条命反正就是种大人的，但是想往我头上泼脏水，绝不可能！"

据《梦溪笔谈》记载，种世衡看着也差不多了，决定中止对他的考察，把他带到自己的卧室里，掏心窝子地说了一番话："兄弟，我知道你没有背叛我，我就是想测试你一下。现在，朝廷有一个非常重要和危险的任务要交给你，我担心你万一被敌人识破，扛不住他们的严刑拷打，就坏了大事。希望你能理解我的难处啊。"

法崐一听这话，百感交集，沉默了半晌，说："要不，我试试？"（默然，曰，试为公为之）

种世衡对法崐说："这里有几条我伪造的军事机密，你带到夏国去，交给他们的忠臣，引诱他们出兵来进攻。我这边设下埋伏，一举歼灭他们的有生力量。到时候，你就是大宋的有功之臣，光宗耀祖，前途不可限量！"

法崐听得热血上涌，毅然接受了任务。

出发之前，种世衡亲自给法崐饯行，说着说着，就把自己的丝棉大衣解下来披在法崐的身上，说："西北苦寒，你多穿点，别冻着。"

法崐感动得泪如雨下，种世衡接着说："对了，上次和你说的西夏重臣，我想好了，只能是野利遇乞。只有他，才能获得李元昊的信任，说服李元昊调动军队。不管有多大的困难，你一定要想方设法见到他，把这些假情报亲手交给他。"

法嵩领命而去，在西夏调动了各种关系，想要面见野利遇乞。过了一段时间，人没见着，反而引起了西夏情报部门的怀疑，把他给抓了起来。

这也难怪，要是一个西夏的和尚跑到开封，千方百计想要面见当时的宰相吕夷简，大宋的皇城司也得把这人抓起来。

西夏人把法嵩抓起来之后，果然就是一顿严刑拷打。所以说，种世衡是有先见之明的，法嵩经受住了考验，什么都没说。

但是，西夏的审讯官发现了一个问题，法嵩身上的丝棉大衣跟他的身份很不匹配，就仿佛一个卖烤白薯的小贩，身上穿着一套名牌西服一样，怎么看怎么别扭。

于是，他们把这件丝棉大衣扒下来拆开细细检查，果然在衣领里发现了一封种世衡写给野利遇乞的密信，信里语气亲密，商量怎么联手做掉李元昊的计划。

法嵩一看这事，惊得眼珠子都快掉出来了，种老大竟然还有这种阴招，连环计计中计，真是一将功成万骨枯啊……

吃惊归吃惊，委屈归委屈，法嵩还是展示出了极强的专业素质，愣是没穿帮。

对于种世衡来说，这条计策起到了极佳的效果，李元昊真的开始怀疑野利遇乞，并最终杀了他（虏人因疑遇乞……久之，遇乞终以疑死；另：《宋史·种世衡传》记载，把野利刚浪棱和野利遇乞两兄弟一网打尽）。虽然不能说野利遇乞百分百是因为这件事而死，但是可以非常明确的是，这件事对于野利遇乞的死，增添了重重的一枚砝码。

这件事的最终结果，是一个皆大欢喜的黑色幽默。

后来，李元昊发现打不过北宋，想要求和，就把当初关押的北宋奸细放了回来，其中就包括法嵩。

法嵩回来之后，想着自己是有功之臣，要回归编制，但是种世衡担心法嵩在西夏这边不知道干过什么事情，怕牵连自己，竟然不认账，说根本没这事儿。

这事儿是怎么被披露出来的呢？种世衡的政治对手庞籍。

当初，野利兄弟被李元昊杀的时候，种世衡得意扬扬地向庞籍炫耀，说是自己的反间计成功了，把自己的全盘计划都向庞籍说过。

庞籍为了向仁宗揭露种世衡卸磨杀驴、兔死狗烹的不道德行为，愣是上表给法崧请功，这才把法崧的英雄事迹给公布了出来。

要不是政治斗争，法崧真的是要流汗流血又流泪了，只能说间谍这个差使不好当啊！

宋朝政权为何尊崇"赵氏孤儿"的故事

《赵氏孤儿》是中国历史上一个比较知名的忠义故事，这个故事最早见于《左传》，在司马迁的《史记·赵世家》里完成了传奇式的跳跃，直到元代的时候被纪君祥创作成我们最为熟悉的版本。

考虑到元代这个特别的历史环境，纪君祥创作这么一部杂剧的目的，恐怕也有追思前朝意味在里面。

《赵氏孤儿》讲述的是发生在春秋时期的一个故事。

晋国的忠良、上卿赵盾遭到大将军屠岸贾的诬陷，全家三百多人被杀，唯有一个刚出生的孙子幸存。

本着斩草除根的目的，屠岸贾把刀锋也指向了这个婴儿。

为了保全赵盾家的血脉，婴儿的母亲，也就是晋国公主，委托医生程婴带着儿子逃走。程婴走投无路，和退休老臣公孙杵臼商量好之后，程婴把自己刚出生的儿子送到公孙杵臼家，然后找到屠岸贾，举报公孙杵臼藏匿赵盾的孙子。

屠岸贾冲进公孙家，杀死了假冒的赵盾孙子，逼死了公孙杵臼。程婴忍辱负重，养大了赵氏孤儿之后，告诉了他真相，并帮助他报仇雪恨，杀死了屠岸贾。

这个故事流传至今已经超过2500年，大家赞颂的都是故事中程婴、公孙杵臼、韩厥等人的忠义情怀和为了保全忠良之后、不惜献出自己和家人生命的牺牲精神。

众所周知，宋代的皇族是赵姓，按道理说，这么一个在民间流传的忠义故事，应该被大肆褒扬才对，至少可以号召老百姓效忠皇族，肝脑涂地。

事实上，宋代确实是最尊崇赵氏孤儿故事的一个朝代，朝廷还为程婴和公孙杵臼这样的"义士"上尊号、立庙。

但是，比较好玩儿的是，宋朝皇帝这么做的初衷，并不是为了彰显和号召忠义，而是另有目的。

这事儿，要从仁者无敌的宋仁宗说起。

宋仁宗在历史上留下了不少美名，但是比较悲剧的是，他没能留下一个儿子。他前前后后一共生了三个儿子，全部夭折。实在没办法，宋仁宗才把濮王赵允让的儿子赵曙过继给自己当儿子，并立为太子。

赵曙最终也成功登基，是为宋英宗。

等到宋英宗的儿子宋神宗继位之后，他也面临了跟宋仁宗一样的问题，生一个儿子就夭折一个，一直夭折了五个。

熙宁九年十二月（1077年1月），神宗又生下来第六个儿子，取名叫赵佣。

这个独苗还算是争气，活到四岁的时候都还活蹦乱跳的。神宗很高兴，但是高兴的同时又有几分担忧。

这种时候，就需要一个善解人意的臣子出来，帮陛下搞定这种事情。

这个人叫吴处厚，福建邵武人，进士出身。他觉悟很高，想陛下之所想，急陛下之所急，就给神宗上了一个折子，想要聊聊这件事儿。

吴处厚是一个很有情商的人，他要聊这件事儿，肯定不能开口就说"陛下你已经死了五个儿子了"，这样一说，神宗可能立马就要翻脸。

所以，他开口说的是——仁宗。

据《宋史·吴处厚传》记载，吴处厚说："陛下啊，您还记不记得当年的仁宗皇帝，接连死了三个儿子。我这个人呢，喜欢读历史，读到《史记》的时候，我特别留意咱赵家的'废兴本末'"。

你看人家这个情商，废兴，废在前兴在后，多么考究的用词，这是天分使然，后天学不会的。

吴处厚说，当年屠岸贾要团灭赵家的时候，多亏了程婴和公孙杵臼这两位，拼死保下了赵氏孤儿，这才让赵家人从此枝繁叶茂、兴旺发达。

现在，赵家人得了天下，但是一直没有表彰程婴和公孙杵臼二人，我觉得这可能就是两位老人家生气了，不是很想保佑赵家人。所以，我建议，应该寻找这二位的墓址，给他们建个庙，这样是不是会好一点？

神宗一听，大喜过望，想不到还有这样的操作，立刻就安排吴处厚去办这件事儿。

元丰四年（1081年），吴处厚找来找去，据说是在绛州（今山西新绛县）找到了两人的墓葬，然后把这事儿汇报了上去。

神宗大笔一挥，封程婴为成信侯、公孙杵臼为忠智侯，还给他们在绛州立了个庙。

你别说，这么一搞，还真巧了，赵佣顺利长大并且继承了皇位，成为宋哲宗。

不但如此，神宗后来又养活了五个儿子，其中还出现了一个皇帝，宋徽宗赵佶。

也不知道算不算是程婴和公孙杵臼的保佑了。

但是这事有个比较尴尬的地方，我又查了一下资料。

程婴的墓，据说在陕西韩城，公孙杵臼的墓，据说在山西忻州，都不在绛县。

吴处厚这人，真的是人如其名，没一个地方厚道的……

北宋末年相互推诿的官场

喜欢《水浒传》的朋友都知道，宋徽宗非常喜欢蹴鞠，所以提拔了很大一批同样擅长踢皮球的官员，比如著名的高俅。

但是我们今天讲的故事，跟踢足球没什么关系，我们是讲的官员之间踢皮球——相互推诿的本事。

宋钦宗靖康元年（1126年）十月，金兵的两路大军已经开始南下，东路的斡离不已经攻陷了真定府（今河北正定县），西路的粘罕已经攻陷了汾州（今山西隰县），两路大军从形式上已经开始对北宋的都城开封形成了钳形攻势。

据《三朝北盟会编》记载，十月十七日，宋钦宗为了鼓舞士气，出城到郊外的飞山营视察炮兵阵地。

所谓的炮，并不是我们现在看到的这种火炮，而是一种比较大型的、精度比较高的投石机。

钦宗抵达飞山营之后，士兵们热情高涨，当然就要操练一番给钦宗展示一下。但是因为士兵们久不习练，再加上设备老化也没人管，一操练就出了一个安全事故：投石机的杠杆朽了，扛不住那么大的力量，当场折断，砸死了一个拉绳子的士兵。

这事给钦宗留下很大的心理阴影，一方面是觉得部队的战斗力堪忧，另一方面也觉得兆头不好，于是随随便便给了点赏赐就回城了。

回城之后，钦宗想起这一批老化的设备，心里隐隐有些担忧，于是就问手下，现在手里还有没有其他的投石机。

手下拿出档案一查，告诉钦宗，现在郊外还有五百多架投石机，现在军情不明（当时还不知道真定和汾州已经失守，只知道金人起兵了），应该当机立断把这些战具搬回来，守城的时候用。

钦宗认可了这个方案，于是召集手下的官员来商量，怎么把这些投石机弄回来。

接下来，一场大型的踢皮球表演赛开始，连钦宗都看得目瞪口呆。

首先发言的是负责打仗的兵部，他们说："这些炮的所有权不是我们兵部的，我们只负责打仗，不负责这些器械问题，这事应当找枢密院。"

接到传球的枢密院回答："我们是负责制定战略方针的，管大局，这些炮有专门的部门来管，是军器监。"

球传到军器监的脚下，但是没回应。钦宗有些奇怪，这时候有人解释说："军器监的负责人是个宦官，前两天刚被陛下开革了，还没任命新的负责人。"

皮球竟回传到了钦宗这里，钦宗一脚踢给了京城所，说："这是用来负责京城安全的，总归你们负责了吧？"

京城所也有话说："我们部门是负责京城防御的，现在敌人还没打过来，我们自然也就不需要防御，所以这事儿，应该由驾部来负责。"

负责牛马等牲口的驾部，怎么也想不到这事儿会落到自己头上，一脚就把皮球踢了出去，说："库部都不去收，怎么可能轮到我们驾部？"

库部还没来得及说话，钦宗终于憋不住了，大怒，说："你们分明就是互相推脱。算了，这些炮老子不要了！"

于是，这五百多架投石机终归没有搬回开封城。

但是别担心，它们最终还是在战场上发挥了自己的作用。十一月三十，金兵抵达开封城下，这五百多架投石机，尽为金兵攻城之用。

北宋灭亡，或许因为宋钦宗看了《猫和老鼠》

北宋末年金兵围城的时候，主持工作的宋钦宗玩了一个非常幽默的高科技：他任命了一个叫郭京的兵油子担任"六甲正兵"的统领，并且把守城的最后一道防线交给他。

正所谓希望越多失望越大，靖康元年（1126年）闰十一月二十五日，金兵趁大雪攻城，深得宋钦宗信任的郭京带领7777名六甲正兵出战，《三朝北盟会编》记载，"无一用命者"。

当晚开封城破，开封保卫战以失败告终，扯下了北宋王朝最后一块遮羞布。

现在问题来了，郭京从一个普通的兵油子，一夜之间升任钦宗最为器重的大将，中间究竟发生了什么？

宋钦宗的智商，就真的那么感人吗？

这事儿，要从执掌枢密院的孙傅开始说起。

金兵围城的时候，有点主观能动性的文臣武将都在想办法，有的催勤王部队加快行军速度，有的在筹集粮草武器，有的在企图用外交手段让金兵撤军，有的在鼓动开封老百姓众志成城。

这些办法都没什么明显的效果，于是孙大人另辟蹊径，开始去翻以前的文献记录，想要看看先贤们有没有什么好办法。

翻来翻去，他翻到了仁宗朝一个精于易数的大臣邱濬留下的一首《感事诗》，其中有两句："郭京杨适刘无忌，尽在东南卧白云。"

孙傅灵机一动，郭京、杨适、刘无忌，这三个人能在白云里面睡觉，这是神仙啊，这肯定是暗示什么。于是，他开始下令在京城寻找这三个人。

郭京就这么莫名其妙地成了拯救大宋王朝的关键人物。

事情进展到这一步了，孙傅有点喜出望外。当然，他是一个读过书的人，心里还是有点谱，于是就把郭京叫来亲自面试一下。

偏偏郭京这个兵油子，平常又喜欢装神弄鬼，什么撒豆成兵、呼风唤雨的瞎话张嘴就来。

你说这种事情巧不巧？其实不算巧。因为宋钦宗的老爹宋徽宗崇道几十年，上有所好，下必甚焉，开封城上上下下会这些瞎话、套话的人，比比皆是。

郭京很快就过了孙傅这一关，接下来需要过的是钦宗这一关。

这一次终极面试由钦宗亲自主持，场地就选在了皇宫的大殿里。这一次郭京显然是有备而来，还专门准备了道具，一只猫和两只老鼠。

郭京的演出开始了。

他先是在大殿上用白粉画出了一个大圈，然后在圈的两个不同方位的角上开了两个口子，然后神神道道地告诉钦宗，这两个口子，一个是生道，一个是死道。

郭京把猫放在生道，然后拿出一只老鼠放在死道，顺理成章地，猫冲上去就把老鼠咬死了。

然后，郭京把猫放在了死道，再在生道放了一只老鼠。让钦宗惊奇的事情发生了，猫根本就不理会老鼠，就像没看见一样。

郭京收起猫和老鼠，得意扬扬地告诉钦宗："陛下，你让我来组织一批六甲正兵，到时候我在开封城摆出这个生死大阵，把我们的军队摆入生道，这样金兵就跟这只猫一样，根本看不见我们。到时候，要取金兵首级犹如探囊取物。"

26岁的宋钦宗，看着郭京导演的《猫和老鼠》，满脸都是6岁的笑容和2岁的智商，立刻就相信了郭京的把戏，委以重任。

那么，郭京是怎么让猫咪如此听话的呢？

史书上没有解密，但是即便是我这样没有驯兽经验的人也知道，方法有很多，最简单的，莫过于在第二只老鼠身上涂抹一些猫特别讨厌的刺激性物质。

这样，别说生道死道了，你把老鼠塞进猫的食道，它都得给你吐出来。

大师郭京后来玩了一票更大的

前文讲过，北宋靖康元年（1126年），金兵第二次围攻开封城的时候，病急乱投医的宋钦宗，重用了一个名叫郭京的兵油子，让他担任六甲正兵的统领，全面接手开封城的防守工作。

郭京之所以能够被重用，是因为他自称是大师，能够撒豆成兵，取金人首级如同探囊取物。

这件事情的结果后来很多人都知道，闰十一月二十五日，金兵趁雪攻城，郭京带领7777名六甲正兵出战，一战即溃，郭京扭头就跑，把偌大一座开封城留给了金兵。

从金兵登城的这一刻起，北宋王朝就已经没有了挽救的余地，开始了一片凄风苦雨。

那么，扭头就跑的郭京，去哪里了呢？这个人的结局如何呢？

他并没有在这场战乱中丧生，在开封行骗成功的他，还在继续复制着自己的骗局，希望能够玩一票更大的。

郭京带兵出开封的那个城门叫宣化门，也叫陈州门，在开封城的南边。

据《建炎以来系年要录》和《三朝北盟会编》记载，兵败之后，郭京非常干脆利落地带着自己仅存的亲信向南逃走。郭京这样的大师，还是非常有职业精神和奋斗意识的，即便是逃命，也没有忘记利用自己的小把戏继续招揽人手。

再加上他手里有"武略大夫、兖州刺史"的官衔，就这么一路畅通无阻地南下渡过了汉江，于靖康二年（1127年）的二月顺利抵达了襄阳。

你别说，郭京的组织能力还真挺不错，当他抵达襄阳的时候，手里七拼八凑竟然有了两三千人马。

那时候的通信远不如现在发达，开封被围之后朝廷也没有能力向全国各地发送最新的情况通信，襄阳的军民根本就不知道现在京城是个什么情况，眼见着首都来了大领导，而且还是带着军队的大领导，当然要接待——不接待也没办法，郭京手有兵马。

郭京就这么恬不知耻地在襄阳住了下来，把军队驻扎在海子头（该地名今已不存），然后把自己的中军大营设在了洞山寺，就这么收取地方的税赋和军饷，活得不亦乐乎。

待了一两个月之后，开封城被围、二圣被俘的消息终于传到了襄阳，当然，郭京以妖术误国导致京城失陷的消息，也同时传到了襄阳。

当时襄阳的主要领导有三位：陕西制置使钱盖（钱惟演的曾孙）、西道都总管王襄、统制官张思正。这三人听说了开封传来的消息之后，心里开始犯嘀咕：怎么处理这位兖州刺史？

抓吧，不一定抓得到；抓到了之后往哪里送，也是一个大问题。

但是不管怎么着，这三人看郭京的眼神已经非常不对劲了。

郭京这种靠骗人为生的老油子，看别人眼神的能力当然高人一等，他当然也发现了当前的局势对他不利，所以他必须要自保。

按理说，最好的办法就是继续逃走，哪里不知道开封陷落的消息就往哪里逃，然后寄希望于自己的骗术，像滚雪球一样把队伍越滚越大，最后变成独霸一方的人物，谁也不敢动他，然后被朝廷招安。

但是郭京不想跑了，他觉得太累了，与其这么提心吊胆地东躲西藏，还不如自己玩一票大的，扼住命运的喉咙。

郭京想到了一招：挟天子以令诸侯，看谁敢动我。

但是问题是，现在郭京手里没有天子，不但郭京手里没有天子，整个大宋都没有天子。

脑袋不灵活的人，会把这样的情况当成是一个死局；脑袋灵活的人，会觉得这是一个机会。

没有天子，制造一个天子不就行了吗？

于是，郭京转身就在襄阳找了一个宗室，将洞山寺作为皇宫，准备把他立为皇帝。

消息一传出，钱盖等人觉得这事儿恐怕闹大了。现在虽然二圣被俘，但是兵马大元帅康王赵构还在带领大家坚持战斗。康王是太上皇的亲儿子，手里又有10万以上的部队，即便他自己不当皇帝，恐怕也得先听听他的意见，哪儿轮得到郭京这3000人就拥立一个皇帝的。

再说了，不管今后谁当了皇帝，到时候一看文件，你们襄阳这边也有皇帝，你们襄阳的地方长官什么意思？

谋逆这样的事情，是属于直接砍头的大罪，钱盖等人当然不可能冒这个险，于是就让张思正借着道贺的机会，突然出手抓住了郭京。

郭京手下的3000人，毕竟都是散兵游勇，跟张思正手下的正规军比起来还是有战斗力方面的差距，一看老大都被抓了，既没有撒豆成兵，也没有白日飞升，顺势也就接受了张思正的领导，开始正儿八经地吃皇粮。

钱盖抓到郭京之后，当然要把他送到康王这里去邀功，当然也是撇清自己的干系，结果走到半路上，遇到盘踞在湖北的巨盗李孝忠，非要出手来抢郭京，也不知道是抢去当功劳还是当助手。

话说押送者张思正对待郭京还是不算刻薄，没有用囚车装他，还为他准备了一顶轿子抬着走。

情况危急，张思正也自然分得清轻重缓急，知道要把活的郭京送到行在是不太可能了，退而求其次，送个死的过去吧——于是隔着轿子连捅了几枪，把郭京捅死在轿子里。

李孝忠一看目标没了，也没必要跟官军做过多纠缠，爽快地撤军。

到此为止，那个在北宋末年呼风唤雨的大师郭京走完了自己的一生。

官员随口吹个牛，全城百姓帮他买单

北宋钦宗靖康元年（1126年）闰十一月二十五日，京城开封外城失守，钦宗和太上皇徽宗沦为瓮中之鳖。他们要面对的第一个问题就是赔钱。

在当年的二月，金兵第一次围城的时候，钦宗就曾经用了赔钱的方式让金兵撤军，当时付出的代价是黄金50多万两，白银1000多万两。

需要提醒一下的是，金人本来索要的价码是黄金500万两、白银5000万两，但是钦宗实在是凑不出来，最后用宫廷的宝物来抵账。

急于收钱离开的金兵统帅斡离不想见好就收，尽快逃离孤军深入的险境，也就顺口答应了这个要求。

当然，这笔钱并不是钦宗用官府的钱来支付的，官府也没那么多钱，这笔钱是全开封的老百姓和官员们凑出来的。

说是"凑"，但是实际上凑钱的过程相当惨烈，官府能用的手段基本上都已经用过了，开封的百姓苦不堪言。

结果不到一年，开封百姓又要面对这么一次惨烈的凑钱买单。

实际上，这一次比上一次要惨烈很多倍。

十二月初三，金人狮子大开口，这一次索赔的金额，足以吓死人：黄金1亿两，白银10亿两。

钦宗是一个没什么财务观念的人，听到这个金额，也不知道判断自己有没有支付能力，为了保住自己的江山社稷和身家性命，几乎没怎么做心理斗争就答应了。

也难怪，上一次围城的时候，金兵并没有杀进城，钦宗就支付了这么大一笔赔偿金，现在人家都打进家门在客厅坐着了，钦宗是多少钱都得答应。

但是这笔钱，不但钦宗给不起，全开封、全大宋也都给不起。

钦宗没办法，依然只能按照金人的要求满城搜刮，甚至还给所有吃皇粮的人划定了缴纳标准，不同的级别有不同的缴纳金额，连和尚、尼姑、道士都分配了任务。

一开始，钦宗还像模像样地给百姓下发了榜文，普通市民出多少钱就能获得一个什么样的爵位。到了后来，朝廷也发现这样的事情行不通，百姓也不傻，知道这个虚头巴脑的爵位没什么用，根本就不参与这项活动。

朝廷一看软的不行，只能来硬的，开始挨家挨户搜刮。

具体的场景我就不描述了，大家可以想象得到，朝廷下令挨家挨户搜刮的时候，普通百姓会是怎么样一个惨状。

到了十二月二十四日，朝廷收到的金银距离金兵要求的数额差距实在是太大。这已经不是态度问题了，这纯粹就是能力问题。

然后，"善解人意"的金人也意识到了这一点，他们主动提出把赔偿金额减一减，黄金降到以前的十分之一，也就是1000万两；白银降到以前的四分之一，也就是2.5亿两。

这依然是一个极其庞大的天文数字，而且是一个让人无法理喻的天文数字。

我们就把这件事理解成打劫吧，打劫的最初目的，不是为了杀人，而是为了要钱。这个数目是很讲究的，要少了对不起自己的风险，要多了人家给不起，最后也只能是白忙活一场。

金兵这么大老远地来一趟，如果索赔的金额大大超出了北宋朝廷的承受能力，极有可能导致的结局是钦宗破罐子破摔，反正老子给不起了，不给了，爱咋咋地吧。

然后，金兵只能自己动手到一个陌生环境里抢钱，要面对开封市民反弹的巨大风险，实在是得不偿失。

那么，金人为什么会神神道道地要这么大一个数目呢？

　　原因说出来很悲伤，据《三朝北盟会编》记载，是因为当时的开封府尹随口吹的一个牛。

　　开封城破之后，金人找到开封府尹，问开封城里有多少人户。开封府尹不知道是要展示开封城作为世界第一大都市的繁华，还是想要向金人表示开封城人丁兴旺你们不要随便欺负，然后壮着胆子告诉了金人一个到今天看来也是匪夷所思的数字：开封城有700万户！

　　金兵大吃一惊，想不到开封这么多人，于是又问了李若水："开封府尹说开封城有700万户，是不是真的？"

　　李若水一听，也不知道开封府尹是个什么指导思想，但是既然同僚都这么说出去了，他也就只好跟着点点头，说："确实……有这么多。"

　　我们按照开封城的老百姓都严格执行了计划生育政策，一家只生一个娃，这700万户算起来也是2000万人口。

　　别说在宋朝了，即便是放到今天，也是一个跟北京体量相当的超级大城市。

　　金人是游牧民族，对开封这样的大都市没什么印象，大致一算，2000万人，每人5两黄金、50两白银，也不是什么太过分的事情，于是就开开心心提出了"黄金1亿两，白银10亿两"的要求。

　　过了一阵子，等他们能够进城晃悠的时候，金人也发现了这个数字不靠谱，所以主动把赔偿金额狠狠往下调整了一下。

　　但是，即便是调整以后的数字，也是开封市民无法承受的数字。尽管钦宗同样按照官阶等级划定了缴纳金额，下放到开封最穷苦的百姓家的标准，依然是每家需要出"黄金300两、白银1000两、绸缎500匹"。

　　这对于已经被洗劫过一次的市民来说，这不是所谓的"雪上加霜"之类的词语就能形容的，这简直就是把人往绝路上逼。这件事闹到最后，造成了大量的妻离子散、家破人亡的惨剧。

　　京城百姓是这么评价这个金额的："老子即便是把家里的锅碗瓢盆都变成金银，把房屋都变成绸缎，也凑不齐这个数字啊。"

　　那么，实际上，开封当时有多少人呢？

《宋史·地理志》里面有一个相对详细的数据，崇宁年间（1102年—1106年），开封府的人口普查结果是：261 117户。

这个数据，是开封府，不是开封城。开封府下辖16个县，战争打响的时候，北方的人逃到开封来，开封的人逃到南方去，数字实在不好统计，我们说开封城里当时有100万人，也是非常浮夸的了。

而开封府尹向金人提交的数字，足足扩大了20多倍，也就是说，给开封市民增加了20多倍的负担。

现在问题来了，当时的开封府尹是谁呢？青史留名的王时雍。

王时雍后来是拥立张邦昌称帝最积极的一个，后来在张邦昌的伪楚国权知枢密院事，领尚书省，再后来被高宗赵构诛杀。

当官的眼红士兵拿命挣的赏钱，能无耻到什么地步

北宋徽宗宣和三年（1121年）七月，童贯带着方腊回到了开封，历时半年多的方腊起义宣告结束。

这场正规军跟农民军的较量中，江南的宋军战斗力简直让人瞠目结舌，宋徽宗迫于无奈才让童贯带着西北精兵千里奔赴，搞定了方腊。

搞定了方腊，宋徽宗自然就要给当兵的发赏钱。

这帮士兵都是在西北跟西夏党项人血战过的老兵，算得上是北宋最精锐的部队。他们才从西夏的血海里抽身，又来到江南跟方腊作战，可以说既有功劳也有苦劳，配得上朝廷给他们一大笔赏赐。

毕竟，这些都是他们拿命换来的。

但是宋徽宗非常鸡贼，他虽然很有钱（后来靖康年间金兵根括的时候暴露出来了），但是他舍不得给当兵的发硬通货，他发的是绢。

在宋代的货币流通体系里，绢是可以当成货币使用的，朝廷给契丹的岁币就有绢这个项目，但是对于普通的军民来说，绢这个东西，实在是不太方便。

携带不方便，购物不方便，成色有优有劣，而且普通商户根本就不太接受用这玩意儿来买单。

你想，你跑到一个馆子吃完了饭，然后回到车上从后备箱里搬出一匹绢，说："老板你看着撕一块走。"老板多半不会给你好脸色。

唐代白乐天的名篇《卖炭翁》里也写过，"半匹红绡一丈绫，系向牛头充炭直"，意思就是用丝绢来抵账，是一种耍赖的行为，因为它们根本值不了这么多钱。

西北的士兵们要回西北，风里来雨里去的，夏秋之际雨水又多，再好的丝绢等他们背回陕西，恐怕都得泡成抹布，所以唯一的办法就只能找杭州的市民，把这些丝绢换成银两或者铜钱。

但是这时候，杭州知府开始眼红了。

杭州知府叫蔡嶷（nǐ），崇宁五年（1106年）的状元。

据《宋史·蔡嶷传》记载，蔡嶷当状元并不是因为文采冠绝一时，而是踩准了朝廷的步伐。他在考试之前，猜测蔡京会复出，于是在作文里极度推崇蔡京的政策和纲领，果然一击而中，成为蔡京的心腹。

为了表示自己对蔡京的尊重，他竟然修改了家谱，硬生生把自己一个开封人跟福建人蔡京弄到了一个家族里，尊称蔡京为叔父。

既然辈分都论到这里来了，那是自然要去拜见叔父的。蔡嶷到了蔡京府上，蔡京看着这个状元侄儿，心里还是颇有几分喜欢，于是就叫自己的儿子蔡攸、蔡修出来跟这个兄弟聊两句。

蔡嶷看着两个意气风发的兄弟，似乎有点不太待见自己的样子，灵机一动，转身就对蔡京说："哎呀我发现我算错辈分了，你应该是我的叔祖辈，这两位不是我的兄弟，应该是我的叔伯……"

说实话，这种反应力和厚脸皮，只能让我大喊一句"老蔡中肯"！

蔡蒘当了杭州知府后，收复失地不出力，摘桃子能力倒是天下第一。他看到士兵们手里有大批丝绸想要出货，于是就下了一道命令：杭州的老百姓，有一个算一个，一律不得与士兵进行绢钱交易，逮着一个收拾一个。

士兵们回西北的时间越来越近，手里的丝绸都要急着换钱，这时候，蔡蒘再次出手，他开始压低价格来收购这批丝绸。

士兵们很愤怒，本来拿命换回来的赏赐变成丝绸就已经吃亏了，现在还要在蔡蒘这里吃二遍亏，简直是不能忍。

一天晚上，士兵们趁着蔡蒘在自家后园请客喝酒的时候，一把火烧了他的衙门，就等着他出来救火的时候，将他乱刀砍死。

蔡蒘这么中肯的人，当然看得清局势，发现情况不对，转身就翻过后园的围墙逃走，捡回了一条命。

所以，当官的，千万不要眼红士兵拿命换回来的赏钱，激起众怒，可不是闹着玩儿的。

南宋百姓的神操作：有劣迹的官员我们不要

南宋建炎三年（1129年）年底，大名鼎鼎的金兀术（汉名宗弼）南下，追着赵构一阵穷追猛打。

这是金人在靖康年间总结出来的经验，宋朝土地和人口都太多，要一城一池地打实在是太费劲，不如采取斩首行动，直接把皇帝拿下，今后啥事都好办。

如果说靖康年间还要面临两个皇帝和十多个皇子的取舍，那么到了建炎年间事情就简单多了——盯着赵构打就行了。

赵构打不过，于是只能逃，在陆地上逃了之后又往海上逃。

建炎三年十二月初九，金兵攻陷了安吉县之后，直插杭州的北大门余杭县（今余杭区）。

据《三朝北盟会编》记载，余杭县的知县叫曾忩（dá），他事先已经知道了金兵的动向，于是瞬间做出了一个决定：投降。

不但投降，而且还要投得光鲜亮丽，他带着县丞徐聿成、领着僧道官吏来到县城外面的大路上，摆上了香案和鲜花迎接金兵入城。

余杭的百姓一看这个骚操作，还以为他担心打不过金兵，城破之后生灵涂炭，所以想用这样的办法来保一城百姓的性命，心里还有几分百感交集。

但是谁知道，等金兵把这里安置妥当，继续南下杭州追击赵构的时候，曾忩一看机会来了，居然转身就逃了。

余杭的百姓都蒙了，当初跟着你投降，是想以你为主心骨，保一城性命，现在你看到时机不对转身就跑，把我们留给金兵，这也太不仗义了吧。

到了建炎四年（1130年）二月，宗弼追击赵构失败，于是准备回军。回军之前，气愤难平，一路烧着走，从杭州到嘉兴到苏州，基本上没给赵构剩下几间好房子，余杭也没能幸免。

金兵撤退以后，收到消息的曾忩又想起来自己是这里的县令，于是优哉游哉地赶回来上班。

这家伙倒也挺聪明，来上班的时候，居然还知道换上一件孝服。

刚进县城，就碰到一直没投降、坚持跟金兵打游击战的县尉杨汝为。

杨汝为看着曾经的老上级，一想到自己这三个月的艰苦卓绝就来气，冷冷地问："老子在这边出生入死的时候，你到哪里去了？"

曾忩指着自己的孝服，说："我母亲去世了，我也没办法啊，得回去守孝。"

杨汝为说："既然你母亲去世了，你就应该按照朝廷规矩，辞官丁忧，你还跑回来上班干吗？"

曾恳也不脸红，说："我这不是还没给领导汇报嘛，工作总不能耽误了……"

杨汝为没等他说完，一口痰就吐到他脸上，转身写了一个报告，把曾恳给揭发了。

随后，曾恳得偿所愿回家丁忧。

丁忧期满之后，曾恳重新出来上班，被朝廷任命为镇江通判。

上任的时候，镇江百姓一看是他，堵在衙门口抗议，说："这不就是当年在余杭县投降又逃跑的那个人吗？我们不要。"

朝廷没办法，于是把他弄到婺州（今浙江金华市）去当通判，谁知道婺州的百姓也听说过他的"光辉事迹"，依然不要。

两次任命都被百姓抵制之后，朝廷终于放弃了努力，从此以后，曾恳再也没有担任过任何职务。

此人结局——羞愧至死。

欺压百姓，死有余辜

《三朝北盟会编》记载，南宋绍兴二年（1132年）六月初一，湖南兵马副总管马友在潭州（今湖南长沙市）的闹市区，被自己的好兄弟、好搭档李宏所杀，背后给李宏撑腰的人，是大名鼎鼎的韩世忠。

马友虽然在朝廷里面有一个还不算低的职位，但是他在朝廷多数大臣心里没啥好印象。

马友是汤阴县人，跟岳飞是老乡，在当地就是一个不太安分的人。靖康之变时，他趁着一片混乱开始聚众为寇，在黄河流域这边大口喝酒大碗吃肉，跟张用、曹成、李宏等同样知名的草寇结拜为兄弟。

当然，他们也知道，自己能够在黄河流域混一碗饭吃，全靠乱世成全。不管是金人还是赵构得了天下，他们都没啥好日子过，早晚都得被收拾。

所以他们必须抱大腿，也就是接受招安。

马友先是接受了宗泽的招安，然后造反；又接受了杜充的招安，然后又反；又接受了杨惟忠的招安，然后再反；直到建炎四年（1130年）九月初三，德安知府陈规将其最后一次招安。

马友一直不停造反，原因很简单，要保命，而且想要获取更大的利益。

奉命打仗打不赢怕受到处分，于是造反；造反之后发现打不赢围剿的官军，于是投降；投降之后发现钱不够用，于是造反；造反之后发现年生不好、钱还不如投降时候拿得多，于是又投降……就这么反反复复，寻求自己利益的最大化。

朝廷知道这样的货色本来就没什么尽忠报国的念头，但是非常时期，有一支愿意跟着自己打仗的部队，哪怕战斗力差点、纪律涣散一点，也比他跟着金兵一起打自己强。

再说了，万一严加管束，这帮人能够改邪归正，说不定也能为朝廷大用。

绍兴元年（1131年），马友奉朝廷的命令去攻打盘踞湖南的孔彦舟，打到四月底，愣是把孔彦舟赶出了湖南，马友顺利进入潭州。

朝廷一高兴，就把马友封为湖南兵马副总管兼潭州知府，一代知名草寇终于修成正果。

当了潭州知府的马友，想的依然是怎么捞钱。

你别说，他虽然草寇出身，但是鬼点子倒也真不少（也可能是跟别人学的），居然想到了一个一本万利的方法。

马友在潭州当知府没多久，发现这里的酒水行业比较发达，实在是有利可图，于是就颁布了一项《酒法》，主要内容如下：

第一，官府不生产酒，只是酒水的收税工；

第二，关闭潭州城内所有的酒水作坊，一律不得从事生产工作，只负责卖酒，违者重罚；

第三，关闭潭州城外所有的酒水卖场，一律不得从事销售工作，只负责生产，违者重罚；

第四，所有进城的酒水，按升收税。

这项《酒法》颁布以后，潭州的酒水行业遭到了空前的盘剥。

城里的人想喝酒，不能自己酿，只能到市面上去买。

城外的人想卖酒，不能开卖场，只能运到城里去卖。

一进城，就要缴纳重税，一钻空子，就要受重罚。甚至搞得城外的人想要买酒，都不能直接去隔壁的酒厂，而是必须进到城里去买附加了税钱的高价酒，再从城里运回城外的家里喝。

对他们来说，捞钱真的是太容易了。单就这么一项，马友的收入就极其可观，自然也激起了不少的民怨。

有点好玩儿的是，马友被杀的当天早上，他兴冲冲地出门去天庆观拜神，还在神像之前抽签押字，抽了一个"市"字。

果然死于闹市之中。

那么，杀掉马友的李宏受处罚了吗？并没有，马友不太听话，韩世忠此行本来就是准备去收拾马友的，李宏杀掉马友之后，果断投降了韩世忠，成为他的手下。

对他们来说，到哪里混饭吃不是吃呢？好歹韩世忠比马友有前途多了。

马友这样的草寇加兵油子，毫无信用不说，还欺压百姓，惹了众怒，死有余辜。

北宋帝国的最后一次万邦来朝

靖康二年（1127年）正月初一，正旦，一年之中的第一天，一个万象更新、万物苏醒的日子。

那位曾经想把大宋帝国拖出泥沼、但是最终失败、并成为罪人（王安石被宋理宗指责为"万世之罪人"）的一代名相王安石曾经为这个日子写过一首脍炙人口的名篇：

> 爆竹声中一岁除，春风送暖入屠苏。
> 千门万户曈曈日，总把新桃换旧符。

这是27岁的钦宗皇帝赵桓执政以来的第二个正月初一。

去年的今天，同样是正旦，钦宗接过"大宋受命之宝"刚好七天，坐在明堂之上接受百官朝贺和万邦来朝，他听着范致虚吟诵着《贺登极表》，然后下诏改元，把年号从宣和改成了靖康。

一个属于他的时代来临了，尽管，他自己对自己的这个时代都心存不安，因为他知道，他之所以能够提前从44岁的父亲宋徽宗那里接手皇位，完全是因为这个表面上庞大的帝国，已经快要撑不住了。

据《宋史·钦宗本纪》和《三朝北盟会编》记载，就在他宣布改元的这一天，金兵已经攻陷了相州，和开封的直线距离，差不多150千米。

靖康二年的正月初一，比靖康元年的正月初一，情况更糟糕了一些。

带走一大笔赔偿金的金兵去而复返，这一次已经不是赔钱就能搞定了的，因为金兵已经在35天之前，也就是闰十一月二十五日攻破了开封外城。

上一次谈判的时候，钦宗还有金城汤池的砝码在手，而现在，他面临的局面就是当年樊哙在鸿门宴上得出的结论：人为刀俎，我为鱼肉。

所以，他不得不以一国之君的身份，屈尊纡贵去金营谈判。

让人唏嘘不已的是，谈判的地点是在青城，大宋皇帝祭祀天地之前更衣的行宫，一个很有仪式感的地方。

并且，金人放他回来，并不是因为谈判已经成功、双方已经和谈，而是让他回来催办款项的。

金人已经放心到了把他放回皇宫的程度，可见当时的敌我态势到了何等悬殊的地步。

从开封城破到正月初一的这一段时间里，金人已经从试探性地进入开封游玩，变成了明目张胆地在城内发号施令、张贴告示。

如果说北宋皇族已经变成笼中鸟、瓮中鳖的话，那么开封城就是那个在金兵手中可以随心所欲拿捏的笼和瓮。

到此时此刻，北宋政权似乎已经名存实亡。

但是正旦始终是要过的，帝国的威严是必须要维持的，帝国的礼仪也是必须要坚守的。

这一天的朝会上，钦宗先是去延福宫跟已经闹僵了的父亲徽宗道贺，随后回到大庆殿里端坐，等着百官朝贺、万邦来朝。

大殿的龙椅之下，各种法器仪仗整齐排列，百官穿着朝服依次站立，再往后是全国各地的举人。这是宋王朝一百多年来形成的规矩。

随后，诸州进献各地特产和祥瑞，钦宗皇帝脸上带着笑容，看着自己的子民。

也许，他心里在想：早知道去年三弟赵楷争皇位的时候让给他，自己也不用受这等惊吓和嘲讽。

接下来就是最能体现天朝上国荣耀的仪式——万邦来朝。前来向钦宗朝贺新年的使者，包括以下几个国家：

大辽（也不知道耶律大石的手下，还是耶律延禧的残部）、西夏、高丽、南交州（今越南一带）、回纥（西域一带）、于阗（在新疆和田一带）、三佛齐（今印度尼西亚、马来西亚一带）、南蛮五姓番（广西、云南少数民族政权）、真腊（今柬埔寨一带）以及大理。

值得一提的是，大理国此时的国王段正严，正是后来因为金庸小说《天龙八部》被我们熟知的段誉的原型。

这些国家的大使按照各自的礼仪给钦宗皇帝上贺之后，被安排去休息，只有关系最好、当然也是同样收到金国威胁的大辽和高丽使者，获得了赐宴的机会。

钦宗皇帝就这么匆忙但是不失礼节地完成了这个万邦来朝的仪式，百感交集，却又无可奈何，条件如此，现在已经是尽了最大的努力了。

稍微细心一点的人发现，少了一个国家的使者。

是的，就是正在催款的金国，那个如狼似虎的敌人。

钦宗皇帝已经没有资格再去要求金国派使者来贺新年了，虽然从地理位置上来说，他还是天朝上国，但是他已经非常清楚地认识到，他再也没有资格在这群梳着辫子的人面前摆天朝上国的姿态了。

当天一大早，他就下了两道命令，向城外的金兵最高指挥官粘罕示好。

第一道命令，是让城里的文武百官率领僧道去给驻扎在城墙上的金兵致贺，为了维持自己的最后的尊严，他下令只用以前两国平等交往时的礼仪，不能太过奴颜媚骨。

毕竟，这是当着满城百姓的面。

第二道命令，是让自己的两个弟弟济王赵栩、景王赵杞，带着礼物亲自去粘罕的军中祝贺新年。

两个弟弟顺利完成了任务，还拿到了粘罕的回礼。

粘罕还特别给面子，派了自己的儿子真珠大王亲自带着八个使者来到皇宫，给钦宗皇帝说了一声"新年快乐"。

万邦来朝的拼图，终于拼上了最后一块。

这是钦宗皇帝在开封度过的最后一个正旦，十天之后，他再度被金兵叫到了青城当人质，之后再也没有回到过开封城。

三月二十九日，钦宗以俘虏的身份随着粘罕北上，最后死在了燕京，然后被金世宗安葬在了赵家残破的皇陵巩义。

在钦宗此后的岁月里，他还度过了29个正旦节。

但是，这29个正旦节，他都是以臣子甚至是俘虏的身份度过的。靖康二年的这个正旦节，是他最后一次享受万邦来朝的荣耀。

不知道当时的他是一种什么样的心境。

我想，此后的每年正旦，当他跪在地上向金太宗、金熙宗、海陵王磕头的时候，他是最能回忆起靖康二年正月初一的情景的。

可能，他最羡慕的人，就是那个从来没想过能当上皇帝、却机缘巧合躲过了这个大劫数的九弟康王赵构吧。

古人真的用"滴血认亲"来做亲子鉴定吗

在没有人证、物证、文字资料作为证据，并且又无法对比长相的情况下，滴血认亲是古人做亲子鉴定的重要选择。

滴血认亲有两种方式。

一种是需要鉴定的双方都活着的情况下，取两人的血滴到水里，看能不能融合到一起。这种鉴定方式，熟悉周星驰电影的朋友应该很有印象，《九品芝麻官》里就用过这么一个桥段。

另一种就稍微麻烦一点，一方已经死亡（多数是长辈），只剩骨头，已经没办法取血了，就只能取活人的血滴到遗骨上，看血是不是能渗入骨中。

现代的科学已经证明了这两种方法都是不靠谱的，但是古人没办法，只能这么用——甚至大名鼎鼎的中兴四将之一刘光世，也曾经遇到过这个难题。

刘光世的父亲叫刘延庆，北宋末年的一员大将。

当然，这个"大将"的称谓，只是从他的职位而言，并不是从他的战绩而言。一听我这么描述，大家就能猜到，这人的战斗力一般。

其实不但战斗力一般，而且人品也不是特别好。

靖康元年闰十一月二十六日（1126年，也可能是1127年），当时开封城已经被攻破，城内人心惶惶，无论官民都想逃跑，包括刘延庆在内。

趋利避害，这可以理解，但是不管怎么说，刘延庆不应该逃跑，因为他的职务是提举四壁，也就是负责京城防务的前线总指挥。

当天晚上，刘延庆带着自己的儿子刘光国，以"帮钦宗杀开一条血路"为由，从里向外冲破万胜门。本来说好是在城外等着钦宗出来一起走的，但是钦宗还没出大内，刘延庆就带着数万军民一哄而散。

第二天一早，刘延庆一行人来到了城南的琼林苑，然后一路向西准备逃往洛阳、关中地区。抵达普安院的时候，和金兵的大队骑兵迎头相遇。刘光世和刘光国父子二人带兵直冲敌阵，死于乱军之中。

这个说法，听上去还是蛮壮烈的，但是其实史书上还有另一个记载。

刘延庆出城之后，被金兵骑兵追上，刘延庆慌不择路掉进了金明池（就是《金明池争标图》里那个地方，另一个说法是被追至龟儿寺）的时候被乱军所杀，刘光国带着王黼的爱妾张氏继续逃跑，逃了十余里被金兵追上杀死。

这两段记载真实性如何，我现在也说不准，因为刘延庆的儿子刘光世后来权倾朝野的时候，这些记录曾经被刘光世授意修改过，以掩盖他父亲的污点。

但是刘延庆死在开封附近的乱兵之中，这是一个不争的事实；因为开封一带沦陷，刘光世一直无法将父亲的尸骸下葬，这也是一个不争的事实。当然，刘光世也没闲着，多次出重金派人去开封附近寻找父亲的遗骨。

据《三朝北盟会编》记载，事情就这么一直拖到了绍兴二年（1132年）五月，有人从北方来找到刘光世，称带来了刘延庆的遗骨。刘光世问他怎么运过来的，这人说："把遗骨夹杂在甘草里，谎称贩卖药材，得以混过了边境关口。"

但是这具遗骨没办法辨别真伪，而且关于刘延庆是怎么死的，这人也一问三不知，只是一口咬定这就是刘延庆的尸骨。

有幕僚就对刘光世说："当时开封周边伏尸百万，万一他随便弄一具枯骨过来就说是令尊大人的遗骸怎么办？要不试试滴血认亲？"

幕僚的办法，就是让刘光世割皮滴血，看看他的血能不能渗入枯骨里（或劝光世割皮滴血以试验其骨，若渗血入骨中即真父骨也）。

刘光世脑袋还是蛮清醒的，先不说他是不是知道这个方法不靠谱，他至少明白，这样折腾下去永无止境，干脆就拒绝了这个要求，直接按照安葬父亲的礼仪，把这具遗骨葬在自己的驻地池州，也算是给了这起悬案一个交代。

海冬青

北宋徽宗政和四年（1114年），属于辽国管辖的东北地区女真族的一个部落首领完颜阿骨打起兵造反，率领区区2500人，向拥有百万雄兵的辽国发起了攻击。

谁都没想到，就这么一支装备落后、兵员稀少的部队，竟然在13年之后，灭掉了辽宋两大帝国，把耶律延禧、赵佶、赵恒三个皇帝抓到了东北。

那么，完颜阿骨打起兵造反的导火索是什么呢？说出来不怕你笑，一种鸟。

尽管这鸟是蛮凶狠的猛禽，但是它依然是鸟。它的名字，叫海冬青。

海冬青是满族也就是当年女真的最高图腾，飞得极高极快，据说十万只神鹰里面才能出一只海冬青，用于捕猎不但效率极高，而且非常彰显主人的身份。

女真人造反，就是因为契丹人非要抓他们的海冬青，抓不到就找女真人买，买的时候杀价不说，还仗着自己宗主国的官威趁机横征暴敛，终于把女真人惹毛了。

现在问题来了，契丹人为什么非要东北的海冬青呢？接下来，就让我们来一层层地分析这个因果关系，让大家伙儿看看，900年之前的这场蝴蝶效应，是怎么闹大的。

事情要从一个叫梁子美的人说起。

梁子美是山东东平人，曾祖梁灏是宋太宗朝的状元。当然，这些介绍不重要，大家知道，他就是《水浒传》里给蔡京置办生辰纲的梁中书的原型就行了。

公元1101年，宋徽宗即位，梁子美从广西调到河北路去担任一把手。在河北上班的梁子美一心想要更进一步，于是想方设法要讨宋徽宗的欢心。

想来想去，梁子美发现了一个很好的贡品——北珠。

所谓北珠，就是中国东北地区出产的淡水蚌珍珠，颗粒大，色泽鲜，珠光亮。梁子美在广西上过班，一眼就发现，北珠比岭南出产的珍珠不知道高出了多少个档次。

梁子美是舍得下血本的，他第一次下手，就花了三百万两银子，到宋辽边境托人买了一堆北珠献给宋徽宗。我们也不知道他到底买了多少颗，也不管这笔巨款最后是谁来买单，反正收到北珠的宋徽宗欣喜若狂，对梁子美赞赏有加。

梁子美的这一举动，顿时提醒了不少同样想要更进一步的同僚，于是大家都争先恐后地找辽国人做生意，不惜一切代价也要买北珠献给陛下。

珍珠不是工业流水线的产品，辽国人以前也没想到这玩意儿这么值钱，库存很快就被大宋的官员买空了。

怎么办？当然是赶紧去捞啊，这么划得来的生意，不做白不做啊！

特别值得一提的是，在得知格调忒高的文艺青年宋徽宗喜欢北珠之后，辽国的天祚皇帝耶律延禧也曾经动过念头，想自己也大规模地收藏北珠，但是被手下劝住了。

手下说："老大，这玩意儿虽然看着漂亮，但是实际上没什么用。现在宋人出高价收购，我们赶紧卖给他们，换成真金白银不好吗？"

同样都是亡国之君，耶律延禧就比宋徽宗要清醒很多，立刻采纳了这个建议，在东北地区大规模地收购和捕捞河蚌。

据《三朝北盟会编》记载，北珠的捕捞季节是在农历的十月，那时候东北已经很冷了，不少地区都已经结冰了，很多时候捕捞河蚌还得破冰潜水，极其辛苦。更重要的是，并不是每一个河蚌里面都有北珠，往往要捞几百个河蚌起来，才能找到一颗符合北宋这些财主需要的产品。

效率太低了，必须找捷径啊！

找来找去，他们还真找到了一条捷径。天鹅喜欢吃河蚌，吃了河蚌之后，珍珠消化不了，就存在天鹅的嗉子里，吐也吐不出来，排也排不出去。所以，杀掉天鹅之后在嗉子里找北珠，这个效率比冰天雪地派人潜水去捞可要高多了！

但是问题还没解决，天鹅这个物种，特别能飞，要抓天鹅，要么下毒、要么射箭、要么拉网，始终还是属于一种撞大运的捕猎方式，效率依然提升不起来。

经过实地考察，契丹人终于在女真人那里发现了一个效率高、成本低的办法：让海冬青抓天鹅。

天鹅再能飞，但是终究不是海冬青的对手。只要你驯养了一批能抓天鹅的海冬青，你想要多少天鹅就有多少天鹅，可以说是取之不尽、用之不竭了。

现在这个蝴蝶效应的链条终于成型了：梁子美献北珠——同僚效仿——辽国捞河蚌——提高效率杀天鹅——征集海冬青——横征暴敛——惹毛完颜阿骨打。

从梁子美行贿，到完颜阿骨打起兵灭掉辽、宋，在这个链条里，没有谁是无辜的。

唯一可怜的，就是那些被杀的天鹅——天鹅那么可爱，为什么要杀它……

好好的募捐，是怎么变成摊派的

南宋高宗绍兴三十一年（1161年），金国皇帝海陵王亲自带兵南侵，宋高宗赵构被迫迎战。

打仗就要花钱，而且是一个无底洞。赵构很快就发现财政有点吃不消了——当然，即便是吃得消，他也想尽量给自己留点积蓄。

据《建炎以来系年要录》记载，这一年的十月十六日，赵构终于忍不住，以户部的名义发了一封倡议书，劝有钱人出钱出粮来助军。

倡议书不长，大致意思如下：

大家伙儿都看到了，现在国家正在打仗，前方军费和军粮都比较吃紧，连陛下都把自己内藏库的私房钱拿出来助军了。

但是，金人残暴而顽固，这场战役一时半会儿打不完，所以，请全国各地的有钱人拿出你们的积蓄助军，保证我们打赢这场仗。

当然，朝廷不会白要大家的钱粮，凡是捐献的富民，朝廷都会根据你们捐款的数目给予奖励，给你们官职、待遇，甚至还能传给你们子孙后代，这也是光宗耀祖的事情。

说实话，站在当时的环境来看，这封倡议书已经写得非常人性化了：第一没有恐吓，说你们现在不给官兵，今后金兵杀过来也要把你们抢光；第二没有威胁，说万一不捐献的话有什么严重的后果，只是说"若曰拱手坐视漠然无意，其亦何颜"。

这封倡议书有效果吗？有的，而且效果非常明显。

倡议书发出去不到半个月，也就是十月二十九日，乌程、嘉兴、吴县、无锡、宜兴、丹徒、芜湖等地以退休官员为主的富民，就开始踊跃捐助粮食，给朝廷开具了一张清单，各个粮庄存粮多少，请朝廷自己去搬运，共计10万石。

赵构得了好处也不含糊，仅仅四天之后，也就是十一月初三，赵构就兑现了承诺，给这些人升了官。

这本来是一件好事：部队拿到了军粮，捐助的富民不但传递了爱心还收到了相应的回报，赵构节约了朝廷的资金还落了一个"言出必践"的好名声，简直就是多赢。

但是，这件事情被其他不怀好意、喜欢钻空子的官员发现了漏洞——原来捐献军粮，真的可以升官啊！

于是，不少州县的官吏开始动了歪心思，开始在自己的辖区内假传圣旨强行摊派，然后把这些强行收敛上来的钱粮作为自己的捐献，上报给朝廷，用于谋取自己的利益。

朝廷本来的意思是让家有余财的富民出钱换官，但是这些基层官吏为了自己的升官发财，不管居民家境如何、有没有余财，统统摊派，"或以物力高下、或计田亩多寡出钱，作本州献纳以为己功"。

就这样，好好的一件事，搞成了一出闹剧，弄得民不聊生、民怨沸腾。

到了十一月底、十二月初，已经有多起类似的事件发生，甚至连赵构都得到了消息。

十二月初四，正好金兵内讧杀掉海陵王撤军，双方的战争已经接近尾声只剩一些零星战场了，赵构发了一封诏书给这件事挽了一个口子，大概内容是：

第一，从现在开始，所有路、州、军的捐献活动都不能使用摊派的形式，全凭百姓和富民自愿；

第二，所有的捐献名单必须清晰，谁捐了就是谁的名字，不能以州县长官的名义来上报朝廷。

至此，这样一起扰民事件，才算是渐渐平息下来。

最后补充一句，到了十二月二十八日，秦桧的两个孙子秦埙和秦堪也出钱助军了，而且一出就是大手笔：金器5000两、银7000两、米20万石。

考虑到这时候，他们正在给自己的爹秦熺守孝不能当官，赵构还特地给他们下了文件：朕记着呢，等你们俩守孝完毕之后说一声，朕给你们升官。

南宋皇帝在杭州下命令，成都多久能收到

相比北宋来说，南宋的疆域已经缩小了许多。但是，对于没有现代交通工具和通信工具的宋人来说，还是存在距离的不方便。

比如说，从最东边的大城市首都临安（今浙江杭州），到最西边的大城市成都，我在地图上量了一下，直线距离1550千米，按照南宋时期的道路，水陆结合是多少千米，我不太清楚，但是至少不比这个距离短。

那么，有一个问题就比较有趣了：要是南宋的皇帝在杭州下一个命令，成都的衙门要多久才能收到呢？

《建炎以来朝野杂记》里面，有一段挺有趣的记载。

如果是特别紧急的命令，南宋的皇帝会用"金字牌递"的方式来传达。岳飞故事里面耳熟能详的"十二道金牌"，指的就是这个玩意儿。当然，这东西并不是小说里面描述的那种黄金打造的，而是木头做的牌子，刷上红漆，然后用金色的颜料写字。

据史料记载，一道金牌，从杭州到成都，最快的纪录是18天，"日行四百余里"。按照这个记载的话，考虑到宋代的一里差不多等于现在的410米左右，杭州到成都的路程，应该约等于3000千米。

金牌要在最紧急的情况用，所以需要送公文的人日夜兼程、跋山涉水，史书

上没说这样做的成本高不高，但是我们可以猜测得到——应该是非常高了，否则不会有其他等级的传递方式。

比金牌次一级的，是雌黄青字牌，史书上说了，"日行三百五十里"，算下来大概需要22天就能到达。

这个时间成本是巨大的，万一遇到紧急情况，20来天的周期，足以耽误很多事情。尤其是四川，战略位置非常重要。所以，宋光宗末年，赵汝愚任枢密的时候，就曾经下过一个命令：把花费的时间来作为对官员一项重要考核标准，甚至精细化管理到了从杭州到成都每一站的花费时间。

这项命令开始还执行得挺好，后来随着官员的懈怠，执行力逐渐降低。到宁宗开禧三年（1207年）十一月二十九日，朝廷下旨要成都制帅杨端明去杭州汇报工作，直到第二年的正月月末，杨端明才收到文件。

我们假想一下啊，宁宗在杭州突然想到了什么事情，需要杨端明面奏。于是他在杭州等啊等啊，等了50多天杨端明才收到命令，等杨端明风尘仆仆出现在他的面前的时候，时间已经过去了三个多月了。

杨端明见到宁宗的第一句话是："陛下，你找我什么事？"

宁宗回答："对啊，我找你什么事来着？"

多尴尬……

四川的消息如此的闭塞，以至于南宋中央朝廷对四川的掌控力逐年下降，"四川事，朝廷多不尽知"。但是在淳熙末年，有个天才的将军在四川挂帅时，解决了这个问题。

这个人叫丘崈（同崇），他想到的办法是：朝廷不主动问，难道我们不能主动汇报吗？

于是，他设立了一个名叫"摆铺"的机构，编制为40人，主要工作就是每个月的初三和十八，定期往杭州送工作简报，要求一个月之内能够从成都赶到杭州。这样做的效果非常之好，从此以后，"蜀中动息，靡所不闻"。

当然，这40个人是有要求的，必须能跑得远、跑得快。这么说起来，如果我穿越回南宋的话，正好我在四川，说不定就能在摆铺找到工作（编注：作者喜欢跑马拉松）。

这份工作的薪水如何呢？40个人，年工资总额（含差旅费）是8000两银子。如果没有当官的克扣，平摊到每个人身上，年薪就是200两银子，约等于现在的年薪6万元……

还要自负差旅费，可能稍微寒碜了一点。

所以，这个部门除了公干之外，也要接一些私活来补贴薪水。

当然，私活就不可能是随到随送了，必须得积累到100件（信件或者其他小物品），才一起送过去。而且，到了杭州之后，他们还能从杭州接活儿，送东西回成都。

不仅仅是成都，沿线的活儿，都可以揽。

那么，这种私活的耗时是多久呢？史书上也有记载，"自成都而东，尤不过月；自行在而西，或三十五六日"。

也就是说，从杭州到成都，要比从成都到杭州多花一个星期的时间。这也好理解，毕竟要走一段水路，逆流和顺流，总是有差异的。

宋徽宗在亡国前，密令表哥藏了一大笔复国资金

北宋靖康二年（1127年）二月初七，已经毫无退路可言的太上皇宋徽宗按照金人的要求，从开封的内城出来，去青城的金兵大营跟自己的儿子钦宗会合，一起当人质。

据《三朝北盟会编》和《建炎以来系年要录》记载，在出发之前，徽宗早就听到了风声。此时此刻，城已破，国将亡，徽宗知道自己已经无力回天，看着自

己满屋子的金银珠宝、古玩字画，也觉得全部留给金人太可惜了。

于是，他心中动了一个念头："要是能留下一点硬通货交给后来即位的君主，也能作为复国之资。"

于是，他想到了一个人——负责掌管皇室器械的王球。

王球并不是一个普普通通的小人物，他是宋英宗的外孙、德宁公主和驸马王师约的儿子，也就是说，他是宋徽宗的表哥。

徽宗跟王球说："你把宫里值钱的东西偷偷带点出去，好好藏起来，今后不管我的哪个儿孙或者宗室当了皇帝，你就把这些东西交给他，也算是我留给他的一点心意了。"

有了徽宗的指令，王球当然毫不含糊，杂七杂八地弄了一大堆，除了一些舍不得再加工的珠宝、玉器之外，还有大量的官银，数量达万斤。

王球在自己的私宅里将这些官银全部熔成50两左右一锭的银砖，一共200块，全部藏到一口废井里，然后用石头封好。

不得不说王球的运气也真好，不但他在这场大灾难中活了下来，这批银砖也躲过了金兵的搜查，一块不少地保存了下来。

但是王球一直不知道，这批银砖应该交给谁。

金兵撤走以后，开封城虽然有孟太后坐镇，但是掌权的是张邦昌，并不是徽宗所说的赵家人。

南京商丘倒是有康王赵构称帝，但是兵荒马乱的，又太远，王球完全没有能力把这一批银砖送到商丘去。长路漫漫，很有可能他刚一出门就被劫道的宰了。

王球只能继续观望——偏偏赵构这个熊孩子，打死不来开封。

到了这一年的六月二十九，徽宗当年的内侍陈烈为了讨好赵构，带着自己私藏的一批珠宝玉器赶到了商丘，想要以此博一个富贵。

但是谁知道赵构是个死心眼子，加上李纲在旁边撺掇，愣是以"玩物丧志"的理由，把这一批珠宝玉器砸了，也没说把它们换成军费。

陈烈一看这一招不好使，于是就想起了另一招——检举揭发。他就跟赵构说："当年太上皇龙德宫的金银珠宝，都被王球带出宫藏起来了，好大一笔钱呢，你们管不管？"

赵构一听，还有这么好的事儿？当然要管啊。

但是这事儿并没有马上执行，因为这时候粘罕避暑回了云中，天气渐渐要凉快了，金兵又要准备进攻了，赵构有点担心万一突然之间就打起仗来，这笔钱就落到了金兵的手里。

到了十月份，局面相对稳定的时候，赵构躲到了扬州，正巧王球也看清楚了局势，赵构可能就是唯一能够继承大宋江山的人了，于是就派人向赵构汇报。

赵构一看，瞌睡遇上枕头，正好啊，你都给送到扬州来吧。

于是，王球就在开封开始装船，准备从水路运到扬州去。结果还没出发，王球就被人举报了。

一个当年在宫里当差的士兵发现王球把银砖往船上搬，心想"当年都说你偷走宫里的珠宝，不知道藏到哪里去了，现在终于露出马脚了"，于是赶紧到开封府去告状，说王球要把当年宫里的银两带走私逃。

开封府当时掌火的两位，一位叫宗泽，一位叫杜充，一听来了一笔大业务，赶紧派人去拦截王球。

王球无奈，只能把这批银砖从船上卸下来，装车运到开封府，跟两位老大说："我不是私逃，也不是贪污，这是太上皇当年密令我留下来的复国资金，现在我接到当今陛下的命令，要运到扬州去。我是太上皇的表哥，我会乱说吗？"

宗泽和杜充也不管这些，指着手下刀口舔血的军人说："既然是复国资金，国都在哪里？就在开封啊！你送到扬州去，陛下也要让你发到开封来供我们守城打仗用，何必费力跑这么一趟呢……"

在明晃晃的刀光之下，王球当然也顾全了大局，于是就把这批银砖移交给了开封府，然后自己也南下追随赵构，算是了了一笔账。

很快三年过去了，到了建炎四年（1130年）九月十二日，朝廷又要跟金人和刘豫打仗，财政吃紧，宰相范宗尹突然灵光一闪："咦，当年让王球送过来的200锭银砖怎么一直没见着？哪儿去了？"

正巧王球也在行在（当时驻扎在越州，即今天的绍兴），于是就抓过来询问。王球身正不怕影子斜，实话实说："我当时都已经装船了，被宗泽和杜充拦下来，说直接用到前线了，你看，我手里收条都有。"

范宗尹对这个说法当然不满意，因为这时候，宗泽已经病故，杜充已经降金，他感觉王球有点耍"死无对证"的赖，要么根本就没这么回事，即便是有，也可能是跟宗泽和杜充一起私分了。

于是，范宗尹就把王球下到大理寺去严刑拷打，然后抄家。

王球果然也有一些隐瞒，一抄就抄出来一批徽宗龙德宫里的珠宝、玉器和印章。这些物证被送到赵构面前，赵构睹物思人怆然泪下，当场就准备宰了王球泄愤。然后大理寺的长官王衣就劝赵构说："王球虽然可以杀，但是他要是不贪墨这些东西，也全部被金人抢走了，今天也回不到陛下手里，还是饶他一命吧。"

赵构稍微消了消气，没有当场杀掉表叔王球，但是将他贬为庶人，不久王球就贫苦而死。

这批复国资金，至此也算是完成了自己的最后使命。

为什么世界上最早的纸币会出现在四川

大家在历史书上学到过一个知识点：世界上最早的纸币，叫"交子"，在北宋年间出现在成都地区。具体地说来，是在北宋真宗咸平年间（998—1003年）就由成都民间自主发行、然后到了北宋仁宗天圣元年（1023年）被官方正式承认。这个时间，比世界第二早了600多年。

北宋的首都是东京，在河南开封，是北宋的政治、经济中心。除了开封，北宋还有三个陪都，分别是北京大名府（今河北大名县）、西京洛阳府（今河南洛阳市）、南京应天府（今河南商丘市）。除了这些城市，今天的南京、扬州、杭州等都是当时非常繁华的大城市。

按道理来讲，不管是政治地位、还是经济地位，这么伟大的一个发明，都轮不到成都这个位于西南边陲的城市来完成。但是为什么，偏偏就是成都呢？

要回答这个问题，我们必须要先弄明白一个道理，为什么会出现纸币。

在纸币出现之前，人们使用的货币是按照货币材料的实际价值来排列的，主要有以下几种：金、银、铜、铁。是的，确实有铁钱这种货币的形式出现，而且历史悠久，虽然它最先是以假币的形式走上历史舞台的。

到了北宋初年，这几种货币在全国都是公开流通的，当然最主要的货币还是金、银、铜三种贵重金属。但是我们都知道，宋代的商业特别发达，经济总量上升到一个程度之后，政府就发现了一个很严重的问题：作为货币的金、银、铜等贵重金属的数量，满足不了市场流通的需求了。

换句话来说，商品太多，找不到足够的贵重金属来铸造货币了。

这事儿搁到今天就特别好解决，印钞票就可以了。但是那时候的探矿技术、采矿技术、冶炼技术远远没有今天发达，于是，历史悠久的铁钱就大规模地出现到了市场上参与流通。也就是说，铁钱的身份，从假币摇身一变，成了合法的货币了。

既然朝廷允许铁钱流通，那么全国都应该可以使用铁钱，但是朝廷下了一个很奇怪的命令——把四川划为"经济特区"，在这个特区里，只能用铁钱，不能用金、银、铜钱。

这个经济特区和我们现在打破脑袋争抢的经济特区完全不一样，这是赤裸裸的歧视啊同学们！但是朝廷既然是朝廷，这么做是一定有理由的。

第一，四川人有钱。四川"天府之国"的名声一直不是乱叫的，历朝历代都是中央政府的财政大后方。北宋的开国皇帝赵匡胤灭掉后蜀孟昶之后，发现他的马桶都是镶五彩钻的，一边装个样子勃然大怒，一边暗暗在盘算："原来四川人这么有钱啊！好，加重四川地区的税收，然后把他们的金、银、铜都给我运到开封，我打仗的时候要用。"

经过几十年的大肆搜刮，四川的金、银、铜已经少得可怜。但是经济还是要运行，货币不够用，怎么办？用铁钱吧。于是，中央政府在四川开办了铸币厂和铁钱管理局，专门负责铁钱在四川的生产和流通，然后又把江南、湖广地区的铁钱逐步都收拢到四川来使用，终于把四川变成了一个只能流通铁钱的特殊区域。

第二，四川地处边陲。大家看看北宋的版图就知道，四川自古以来就号称"蜀道之难，难于上青山"，山高路险，易守难攻，是一个很重要的位置，西南是大理国，西边是吐蕃（也叫乌斯藏），西北是回鹘、羌人，偶尔还要面对北方来的契丹人。打仗的时候，这些人要来抢东西；不打仗的时候，这些人要来做生意。不管是抢东西还是做生意，都有可能让自己的金银铜这样的硬通货流通到外国去。

在那个特殊的年代，这是很恐怖的行为。一旦竞争对手（尤其是北方的游牧民族）手里有了大量的金银铜，这些是可以直接变成军饷的。

既然有这么大的风险，所以，中央政府决定，在四川这个特别敏感的地区，只能使用铁钱。

宋代的中央政府是如此小心翼翼，以至于到了北宋末年徽宗崇宁年间（1102—1106年），他们连铁钱都不敢使用，担心金辽把铁钱拿过去直接熔化铸造成兵器，所以在铁钱里面掺锡，谓之"夹锡钱"。这种掺锡的铁钱，又脆又粉，别说做兵器了，做碗都担心碎掉。

既然四川成了这么一个奇葩的地区，苦的肯定就是老百姓了。尽管摊上这么一个背时的政策，但是生活还是要继续，只是麻烦很多。

铁钱刚刚流通的时候，10个铁钱兑换4个铜钱，后来逐渐变成10个铁钱兑换1个铜钱，黑市最猖獗的时候，14个铁钱才能兑换一个铜钱。铜钱的购买力本来就不强，现在换成铁钱就更悲剧。

我打个比方，以前到街上去扯几尺绢给老婆做新衣服，需要带300个铜板，但是现在就需要带3000个铁钱。同学，你晓得1000个铁钱有多重吗？铸币厂如果不短斤少两、使用过程中如果没有严重磨损，应该是现在的25斤重。3000个铁钱，就是75斤。给老婆买几尺绢要带75斤钱上街，如果没有小推车，我估计一般的男人都不怎么愿意。

这还仅仅是街面上的小宗交易，万一你要买房子、娶老婆、做生意，那简直就是遭大罪了，你得雇人推着车运钱过去交易，那都不是数钱数到手抽筋，是搬钱搬到全身抽筋。

携带不方便是一个很重要的原因，但是还有一个更重要的原因，铁矿比金银铜矿普及得多，虽然说不上取之不尽用之不竭，但是用来铸币是完全有富余的。一方面政府拼命铸造铁钱，相当于央行滥发货币；另一方面民间也私自铸币，相当于制作假钞。

双管齐下出现了巨大的通货膨胀，很快就把四川的经济搞得快要崩溃了。

在这样的情况下，一群懂经济的四川商人和银行家决定想个办法来扭转这个不利的局面。咸平年间，他们做了这么一个尝试：先把钱存到某个钱庄里，由钱庄给他们出具一个防伪的纸质收据，然后用这个收据去付款，收款人拿着这个收据到钱庄去提取现金。当然，钱庄也不能白做这件事儿，他们要收取一定比例的佣金。这个收据，就叫作"交子"。

这个流程，已经非常具有现代货币流通的感觉了。

既然已经是纸币了，就要解决两个问题：发行机构的问题，交易信用的问题。不能随随便便一个人鬼画桃符一张纸就说是交子拿到大街上买肉吃，那不科学，人家不认账；也不能想写多少就写多少，到时候提不了这么多现金事情又要闹大。

所以，这时候，必须政府出手了。

景德年间（1004—1007年），益州知州张泳决定要规范一下交子市场，把滥发纸币的、兑现困难的、携款潜逃的、佣金太高的不法商贩都清除出去，留下了16家钱庄和商铺，给予他们发行和兑换交子的权利。

据《宋史·食货志》记载，大中祥符元年（1008年），交子终于作为政府认可的合法货币出现在了市场上。到了宋仁宗天圣元年（1023年），中央政府也发现了使用交子的便捷，于是由政府牵头在成都发行了"官交子"，流通范围在整个四川，还拨了36万贯钱作为准备金（蛮专业的，并不是想弄多少就弄多少）。

如果说成都16家钱庄和商铺发行的交子只是民间交易凭证的话，那么1023年发行的官交子，就真正算得上是央行发行的纸币了，就类似于我们今天使用的钞票。

这一张看上去毫不起眼的楮树皮做成的纸，成了世界经济史上一个划时代的产物。它出现在四川并不是偶然，完全是当时北宋政府的经济政策、外交政策、军事政策的综合因素的产物。

其中更重要的，是四川人民为了维持北宋中央政权的稳定和繁荣，做出的巨大牺牲，以及他们在面对这种区域歧视的经济政策时做出的伟大尝试。

马屁精也有失误的时候

南宋建炎四年（1130年）九月，张浚指挥川陕大军在富平惨败之后，丢失了陕右大片土地。原先居住在这里的不少汉民就随着宋军一起南撤来到了四川。

这批南撤的汉民里，有不少读书人。第二年，绍兴元年，张浚为了笼络他们，就给朝廷上疏说："这些读书人心系大宋，愿意追随王师来到四川，应该给他们一个获取功名的机会，让他们免考进入下一轮。"

这个建议得到了宋高宗的认可，于是从陕西来到四川的二十多个进士全部都进入了公务员序列。

其中，在第二轮考试中获得第一名的，是一个叫姚岳的西安人。

这帮人既然获得了这么大的恩典，当然要千里迢迢去杭州谢恩。绍兴三年（1133年），姚岳等人到了杭州，结果正巧碰到了在这里述职的岳飞。

据《三朝北盟会编》记载，岳飞一看到姚岳，就特别喜欢，原因很简单——

岳飞的妈妈姓姚。岳飞于是向宋高宗申请，说："陛下，这个人的名字包含了我父母的姓氏，跟我特别有缘，能不能把他分配给我当属官？"

那时候岳飞刚刚平定了虔州的叛乱，正得宋高宗的喜欢。于是，姚岳就这么跟了岳飞，虽说没有飞黄腾达，但是这么多年跟着岳飞也算是实现了自己的人生价值。

9年之后的绍兴十一年（1141年），岳飞被杀，他手下开始分崩离析自谋出路，姚岳也不例外。

失去依靠的姚岳，因为挂着"岳飞旧部"的身份，一直得不到重用，就在中下级别文官的岗位上浮浮沉沉，也不知道什么时候才是个头。

等到岳飞被杀14年之后的绍兴二十五年（1155年），姚岳依然只是一个七品的朝散郎，挂个闲职混吃等死。

但是，这14年里，姚岳并没有闲着，他终于发现秦桧这个人特别喜欢被人拍马屁，有钱的送钱，没钱的耍嘴皮子。

姚岳是陕西流亡过来的，自然没钱，所以他只能耍嘴皮子。想来想去，他终于想到了一个很好的思路，他给秦桧提议，说："岳飞这样的乱臣贼子祸害朝廷大逆不道，大家一听到这个名字就觉得是个耻辱。但是他当年镇守的巴陵郡，至今还顶着岳州、岳阳军的名字，这简直是在为叛臣招魂，相国请把这两个地方的名字改了吧，免得岳飞遗毒无穷。"

秦桧一看，这个建议还算是深得我心，但是这个提议的人，姚岳，姚岳，也没说自己先改个名字啥的。

不过，秦桧还是接受了姚岳的建议，把"岳州"改成了"纯州"，把"岳阳军"改成了"华阳军"。

虽然姚岳自己并没有改名字，但是因为这个马屁拍得还算高级，开始走上了上升之路。有人就开始嘲笑姚岳，说："你当年还是岳飞的幕僚，现在怎么撇得这么干净呢，介绍一下先进经验也让我们大家长长见识呗。"

姚岳毫不脸红，一本正经地回答："什么岳飞的幕僚，我是陛下亲册的进士，我去荆襄也是陛下点头的，怎么是岳飞的幕僚，分明是陛下的臣子。"

一时之间，士论鄙视纷纷。

但是姚岳毫不在乎，并且觉得自己找到了一条升官的捷径。

到了绍兴三十一年（1161年），宋金准备打仗，姚岳被任命为荆门军知军，正巧得到消息，说御史中丞汪澈要来视察战备工作。

姚岳灵机一动，组织了一批民兵，配发了统一的服装和兵器开始军训。等汪澈一到，姚岳把这批民兵拉出来搞了一个军训成果汇报，汪澈一看，衣衫整齐、枪旗如法，果然非常喜欢。

这不是全部，姚岳又开始对这帮民兵训话，训话完毕的时候，民兵齐声大呼一声"喏"，简直就是洪亮整齐、震人心魄。

汪澈大喜过望，回去就向宋高宗汇报，给姚岳升了官。

姚岳就这么开始官运亨通起来，到了孝宗朝的时候，他已经升到了一个相当于副省级的官员。

他当然不满足，还想更上一层楼，乾道元年（1165年）夏天，担任淮南转运判官的姚岳觉得自己又找到了一个拍马屁的机会。

当时，淮西淮南一片正闹蝗灾，姚岳在自己的辖区内发现了一只抱草而死的蝗虫，决定以此作为祥瑞献给孝宗，博一个晋升的机会。

在这里需要解释一下，古时候的蝗灾来临，基本上没啥办法，只能靠它们自己飞走，如果蝗虫自己死掉，确实是一个非常好的消息。

当然，从今天科学的角度来看，蝗虫抱草而死，是因为真菌感染，真菌需要蝗虫带着自己的孢子到高处去散播，所以侵袭了蝗虫的神经系统，指挥它们在临死之前爬到草尖上去。

但是古人不懂这么复杂的事情，就觉得是上苍的恩泽和威严让蝗虫抱着食物自杀，预示着陛下圣明让老天满意。在历朝历代，都有将抱草而死的蝗虫作为祥瑞进献的记载。

于是，姚岳将这只抱草而死的蝗虫做成标本，再写了一封贺表，加班加点地送到杭州孝宗那里去。

但是他运气很不好，孝宗刚刚在太上皇高宗的眼皮子底下经历了隆兴北伐的失败，心里憋着一肚子的火。高宗虽然没责备他刚刚登基就心比天高主动挑起战争，但是孝宗心里非常不开心，刚登基的第一件大事就失败了，怎么说面子上都过不去。

然后，孝宗就收到了姚岳送来的祥瑞：一只死蝗。

孝宗勃然大怒："死蝗死蝗，你是要诅咒老子这个皇帝要死吗？"

一道命令下去，姚岳罢官，再不录用。

所以，这个故事告诉我们，靠拍马屁上位的人，其前途并不稳，因为指不定什么时候，他们突然就翻车了。

北宋食盐贸易战

北宋时期，西北边境一直不太平，最大的隐患就是党项人（羌人的一支）跟中原政权若即若离的方略。

这帮人在李继迁、李德明、李元昊等几代首领的带领下，纵横大漠，但凡是生活物资有点匮乏，就开始骚扰北宋的边境城市，搞得中央朝廷苦不堪言。

据《宋史·李重贵传》记载，曾经跟党项人打过多次交道的大将李重贵就曾经给赵光义分析过其中的难处。他说："这帮人住在沙漠里，跟着水草迁徙放牧，从来没个固定的家庭住址，找个人都找不到。关键是这种游牧方式特别适合打仗，打得赢就打，打不赢就跑（利则进，不利则走），实在是太让人头疼了。"

为了收拾李继迁，朝廷想了很多办法，有步步为营开荒筑城的，有派出骑兵千里追袭的，有布下陷阱守株待兔的，有虚情假意招安纳降的，到头来还是没有一个有用。

于是，一个天才的经济学家，提出了一个天才的策略：贸易战。

据《宋史·郑文宝传》记载，这个人叫郑文宝，进士出身，文化人。他曾经十二次从甘肃庆阳一带穿越沙漠到银川一带，可以说算得上是一个"党项通"了，甚至还相当熟练地掌握了党项语，不少党项的酋长都尊称他为"郑爸爸"（每宿酋长帐中，其人或呼为父）。

郑文宝经过几年的考察，终于发现了李继迁的经济命脉。

党项人占领的地方，都是西北的荒漠，没什么特产，当地人也没什么手艺，但是老天赏饭吃，他们那边产盐。所以，党项人最重要的经济来源，就是带着他们的盐来北宋的地盘，找边民换粮食以及其他生产资料，换完之后，再哼哧哼哧地拖回自己的居住地。

到处找粮食的李继迁，就盯上了这一群老老实实做生意的羌人，经常半路劫道，用来供应自己的军粮（也不排除其中有李继迁的内应）。可以说，这批生意人成了李继迁当之无愧的运输大队长。

针对这样的现状，郑文宝的贸易战策略如下：

第一，从现在开始，禁止大宋边民找羌人买盐，这样羌人就无法从宋民这里换粮食，李继迁就失去了经济来源，长此以往就不得不投降。

第二，西北边境老百姓生活用盐，可以从安邑、解县（都在山西运城市）两个产盐地调过去销售，政府还能赚点钱。

在赵光义看来，这个方案是如此完美，当即就签了"同意"两个字，然后在这两条命令后，又加了一个处罚标准：

陕西地区凡是有敢于贩私盐的，杀！

赵光义发布了这道诏书之后，就开始美滋滋地等着走投无路的李继迁灰溜溜地来负荆请罪。等来等去，等了几个月之后，李继迁投降的好消息没来，坏消息倒是等来了一大堆。

那些本来老老实实做生意的羌人，被活活逼成了劫匪。他们手里只有盐，没有粮食，总不能靠喝盐水过日子，没办法，只好组成武装力量，杀到北宋的地盘抢吃的，甚至还学会了屠城。

已经归顺了大宋的羌人（就是称呼郑文宝为"郑爸爸"的那一批），因为没有粮食吃，也开始跟着造反，"万余帐亦叛"。

更痛苦的是，尽管朝廷下了死命令，私盐的黑市始终禁止不了，而且还越禁越多（犯者亦众）。

最痛苦的是，虽然赵光义下了命令，把山西运城的盐供应西北，但是陕西的老百姓根本买不到盐，连大宋的子民都开始造反了。

赵光义整个人都快崩溃了——这是为什么呢？赶紧派人去调查。

查来查去，很快就把症结弄清楚了。

所有的问题都在于，山西的盐，根本没有运到陕西去。

原因在于，山西的盐贩子发现，大老远地把盐运到陕西甘肃这一带，赚不了什么钱。一个是路程太远，路上的损耗和成本比较高；第二个是行政命令摆着，他们加不了价。

所以，这些狡猾的盐贩子，拿着批文从仓库出发，假装往陕西方向走，没走多远就转小路，跑到河南、湖北这些比较近的地方卖了，既安全又快捷，价格还比陕西甘肃要高，何乐而不为？

贸易战不但没能搞定李继迁，反而让大西北乱成了一锅粥，赵光义非常沮丧，赶紧派钱若水去大西北安抚民心，"悉除其禁"，这才把民心安抚了下来。

那么，这场经济战失败的核心问题是什么地方呢？不在于当地的百姓不遵守规定，也不在于山西的盐贩子觉悟不高，而是在于赵光义太贪婪。

搞经济战本来就是双方消耗的一个过程，比的就是谁输得起。陕西甘肃的老百姓都要吃不上盐了，还得勒紧裤腰带跟羌人打仗，换谁也扛不住。

有没有解决小法呢？其实是有的，只需要赵光义慷慨一点，实行经济补贴就行。

西北的老百姓经济上受了损失，粮食卖不出去，政府按照平价收购，让老百姓手里有钱就行。

山西的盐贩子觉得成本高、售价低，不愿意把盐运到西北，政府出点血，把差价给人补上，让他们还能赚更多的钱，其实他们也愿意走这么一趟。

结果，赵光义就是舍不得这点钱，还想着赚点钱（官获其利），给大宋留下了西夏这么一个挥之不去的百年大患，让后世子孙苦不堪言。

高宗本纪中轻描淡写一句话，背后是一座城市的惨剧

《宋史·高宗本纪》里，有这么一句话："（建炎三年二月）甲寅，御营平寇前将军范琼自东平引兵至寿春，其部兵杀守臣邓绍密。"

这句话很规范，时间地点人物事件都很齐全，一个叫范琼的大宋将领在经过寿春的时候，他手下的士兵杀了当地的守臣。

听上去，就是一场内讧，死了一个人。

实际上，你翻开《三朝北盟会编》和《建炎以来系年要录》这两本史书一看，这哪里是一场死了一个人的内讧事件，这是一场不折不扣的屠城，是寿春城的一个惨剧。

建炎三年（1129年）年初，金兵对刚刚成立不久的南宋政权发起了一次斩首行动，从山东直扑赵构的驻地扬州，想要把宋徽宗唯一逃脱在外的儿子抓获，彻底剿灭赵宋王朝。

金兵一路势如破竹，从山东一直南下，杀得赵构一度丢失了皇位，多亏了孟太后稳住大局才让赵构复辟。

在这场战役中，因为金兵南下，从京师撤出来的范琼带着自己的部队去了东平，美其名曰"避敌锋芒"。但是谁知道金兵又开始进攻东平，范琼只得继续南下。

二月五日，范琼带兵南逃到了寿春府。

当时的寿春是一个大府，算是兵家必争之地。范琼虽然人品不好，但是带兵多年，基本的军事常识还是有。他知道金兵南下必然要进攻寿春，所以非常笃定地下了一个命令：军队不进城，绕过寿春继续南下长江流域。

虽不说渡过长江依托天险为自己争取逃跑的时间，至少要到长江边上保证自己随时能够渡江。

于是，范琼手下的甲兵们按照命令从城下打着旗帜列队而过，寿春府的驻防军队就在城墙上看热闹。

看着看着，有识字的士兵就认出了范琼的旗号——御营平寇前将军。然后一个喜欢多嘴的士兵就开始冲着城下的范琼部队大声嘲笑："御营平寇前将军，不会杀番人，只会走寿春城下过。"

范琼的手下都是老油子，哪里听得进去这样的嘲笑，于是就站在城墙下跟城上的士兵对骂，前进的部队就停滞了下来。

范琼得知情况之后，一方面觉得自己在军队里也算德高望重，怎么可能咽得下这口气；另一方面也担心人心散了队伍不好带，于是就在城外驻扎下来，给寿春府发了一个文件，要求对方交出这个多嘴的货色。

当时的寿春知府邓绍密，对比了一下双方的兵力，迫不得已决定认怂，于是抓了一个士兵送出城交给了范琼。范琼毫不手软，当众就把这个士兵砍了脑袋平息自己和手下的怒气。

砍完之后，范琼还不开心，借口军队没有粮食了，派了一支小部队进城去背粮。

邓绍密既然都已经认怂了，只能一怂到底，但是州府的驻军不服气了："你们本来就是打不过金人，吃了败仗南逃。说你两句，你也杀了我们的兄弟了，现在还要进城抢粮食，这简直就是欺人太甚啊。"

于是，驻军中有点血性的士兵就在一个姓丁的士兵的带领下，对进城背粮的范琼手下发起了攻击。

背粮的士兵为了减轻负重，没有穿甲衣，甚至可能都没带长兵器，当然不是驻军的对手，很快就被驻军赶出了城。

范琼一看，大怒，想不到对方居然敢还手，老子打不过金兵难道还打不过你？一声令下，士兵们披甲持锐冲进寿春城，见着驻军就杀。

驻军确实不是范琼的野战军的对手，很快就败下阵来。杀红了眼的范琼军队进城之后展开了一场大屠杀和大抢掠，逢人便杀，见财便抢，遇房就烧，杀得城中军民四散逃跑。

这场屠杀的结果相当惨烈，知府邓绍密被杀，寿春府治所下蔡县县令赵许之也被杀，州县官吏几乎被杀完，官私财物被洗劫一空，一大重镇寿春被烧成一片灰烬。

谁能想到，就是因为城墙上那个喜欢出风头的士兵多了一句嘴，就让这么一座大城轰然坍塌。

又有谁能想到，那么多官吏、百姓的生命和财产，只是一句"杀守臣邓绍密"就一笔带过了。

937 岁生日快乐，《资治通鉴》

据《宋史·神宗本纪》记载，北宋神宗元丰七年十二月初三，也就是公元1085年1月1日，经过了19年的努力，司马光主编的《资治通鉴》完稿。近两年之后，也就是1086年，北宋哲宗元祐元年，全书校对完毕，送到出版业最发达的杭州去雕版印刷。

这一年，穷尽心血的司马光溘然长逝，没有等到自己的这部和司马迁《史记》齐名的史书正式出版。

尽管在四十年前的庆历年间，毕昇就发明了活字印刷术。但是因为工艺的不成熟、印刷成品不美观等多种原因，《资治通鉴》的印刷依然采用的是木雕版。

这部巨著一共有400万字，需要7000块雕版才能刻完。这一刻，就是七年，直到元祐七年（1092年），这部万众期待的巨著才终于面世。

宋哲宗拿到这部书之后，异常兴奋，差不多所有省部级以上的干部，都被赐了一套书，以体现"盛世修史"的志得意满。

而这部书的雕版，就一直存放在杭州。这一套雕版，就是《资治通鉴》的祖版，又称元祐版或者杭州版。

几十年之后，另一个国家也对《资治通鉴》产生了浓厚的兴趣，那就是刚刚崛起不久的金国。金国之所以对这部书如此上心，原因很简单，他们作为一个刚刚从部落制发展起来的国家，很多制度、礼仪都弄不明白，想来想去，决定模仿伟大的唐朝。

而看过《资治通鉴》的人告诉他们，书里对唐朝描述得相当详细，完全可以当成他们的教材。

但是问题来了，《资治通鉴》不是公开发行的，也不对外出口，我刚才已经说了，这套书差不多只能流传到省部级这样级别的官员。

金国着急得不要不要的，总想着能找个机会搞一套书回去学习学习。

终于，到了一个众所周知的机会，1127年靖康之变，金兵把太清楼、秘阁、史馆、昭文馆、集贤院等皇家图书馆的藏书一抢而空，其中就包括了好几套《资治通鉴》。

金国人不知道，他们的这一个愿望差点就没能实现。

宋哲宗绍圣绍述期间，变法党重新掌权，开始全面清算元祐党人。司马光作为元祐党的首领，虽然死了也在劫难逃，连墓碑都被砸了。

变法党觉得还不够，一个叫蔡卞的人提了个建议：司马光主编的《资治通鉴》是元祐党的大毒草，也应该被禁，而且放在杭州的雕版也得毁掉，斩草除根。

蔡卞，著名奸臣蔡京的弟弟，司马光的死对头王安石的女婿。

他的提议得到了很多人的赞同，甚至连宋哲宗都动心了。但是这时候，一个读书人站了出来，他叫陈瓘，他只提了一个醒，就保住了这部书。

他在考题里面引用了宋神宗为《资治通鉴》做的序，意思很明显了：这套书虽然是司马光主编的，但是是你老爹的意思，你看着办吧。

金国人抢到了劫后余生的《资治通鉴》，依然不满足。这些都是成书，大家不够分，抄写太费时力，金国又极度缺乏雕版印刷人才，大宋都花了七年才印刷好，金国要弄，至少十多年，而且还刻不了这么美观。

怎么办？抢雕版！

建炎三年十二月（1130年初），宗弼（金兀术）率军攻陷了杭州，然后继续南下追击赵构。建炎四年二月（1130年5月），不怎么习惯在沼泽地里作战的金兵在南宋军民的抗击之下开始撤军，离开了杭州北上。

这一趟虽然没有追上赵构，但是收获极大。宗弼兴高采烈地命令手下大将赤盏晖"载《资治通鉴》版以归"。

归哪里？当然是望眼欲穿的金太宗完颜晟的首都，上京会宁府，也就是今天的黑龙江哈尔滨。

这一套7000块雕版，一共要装50辆大车。

从杭州到哈尔滨，路程超过了5000里，跨越浙江、江苏（可能有安徽）、山东、河北（含北京）、辽宁、内蒙古、吉林、黑龙江等这么一大片省份，要渡过长江、淮河、黄河、滹沱河、海河、辽河、松花江等大江大河，一路翻山越岭。

尤其是建炎二年年底（1129年），开封守将杜充为了阻止金国骑兵，挖开黄河，引黄入淮，造成了淮河流域的大片沼泽地带。

我完全无法想象，金兵是怎么在这样的条件下把这50大车的木板精心呵护运到北方的，但是史料显示，雕版送到哈尔滨的时候，是完整的。

《资治通鉴》的祖版，就这么一路颠沛流离，历经风吹霜冻、日晒雨淋，到了另一个国度，去开启他们的文明。

其后，可以无限印刷的金国开始疯狂发行这套史书，金熙宗、海陵王、金世宗、金章宗、金宣宗等历任皇帝，都对《资治通鉴》极其重视，就连末代皇帝金哀宗完颜守绪在战火纷飞的年代里，都要定期请专家讲授《资治通鉴》。

金国大臣也以学习《资治通鉴》为荣，甚至一代名臣完颜承晖还在自己家里挂着司马光和苏东坡的画像，说"吾师司马而友苏公"。

1153年，海陵王决定迁都，从上京哈尔滨迁到了中都燕京，也就是今天的北京。这一套雕版又完好无损地运到了北京城。

1214年，面对蒙古军队压境，金宣宗又决定迁都，从燕京迁到了南京，也就是今天的开封。史书上没有说这一次有没有带上雕版，但是据我的猜测，这一次迁都并非十万火急，而且他们也做好了中都陷落的准备，能搬的，应该都搬到开封了。

然而这一套书还是没有能挽救金国衰落的命运。

1232年年底，在拖雷的围攻下，开封也没能守住，城破，金哀宗仓皇逃难。从此，《资治通鉴》的祖版下落不明，极有可能毁于兵火之中。

不管它最后存放的地点是北京还是开封，它辗转了半个中国的文化苦旅总算是结束了，也算是完成了自己的使命。

那么，我们现在看到的《资治通鉴》是什么版本呢？

是绍兴三年（1133年）高宗下令重刻雕版重新印刷的，此后的所有版本都是在这个基础上发展出来的，可以说，绍兴三年的这个版本，成了《资治通鉴》的另一个祖版。

为了抢回徽钦二帝，赵构曾经计划过"仁川登陆"

南宋建炎元年（1127年）十月，在商丘登基的赵构出于自身的安全考虑，南下到了扬州，守着长江渡口，摆出一个进可收复开封、退可南渡长江的姿势。

这段时间，南宋军队和金兵的作战效果非常不好，虽然说不上是一两年前的那种一触即溃的局面，但是胜率实在是不高。

所以，赵构决定边打边谈，先服个软争取点时间整合军队，顺便看能不能在谈判桌上把战场上丢失的利益给找一点回来。

据《建炎以来系年要录》记载，第二年三月，赵构派了一个叫杨应诚的使者，担任大金、高丽国信使，尝试着先跟金国在外交层面上对话，再图进一步沟通。

杨应诚是一个外戚，他的曾祖名叫杨景宗，是宋真宗杨贵妃的弟弟。

杨应诚出发之前，给赵构提出了一个计划。

现在我们苦于无法穿过正面战场抢回二圣，不如我们派一支精锐部队，来一次大穿插、大迂回，从高丽国登陆，直插哈尔滨，那路程就近很多了。

从江南出发去高丽的航线，朝廷很熟悉，五六年前徽宗就派人去过，从明州（今浙江宁波市）下海，沿着海岸线北上，在淮河入海口离岸东行入海，然后到仁川登陆，去高丽的首都开京，也就是今天的开城。

赵构对这个方案非常感兴趣，召开了一次会议让大家讨论。

会上，一个叫翟汝文的官员提出了反对意见。他不是从军事上分析的，而是从外交上分析的。他说："高丽一定会反对这个计划的，他们的理由我都能猜到。高丽在金国眼皮子底下，今天要是答应了我们借道攻击燕京，明天如果金国要求借道攻击江南他们也没法拒绝。这就是个于我、于高丽双输的方案，纯粹是杨应诚为了个人荣誉欺罔君父的小算盘，陛下你千万不要信。"

赵构不听，他觉得，杨应诚反正都要去，不如试试。

翟汝文也是一个犟脾气，他直不愣登地对赵构说："我已经给宁波港的守卫下了命令了，坚决不许杨应诚下海。"

杨应诚一听，决定赌个气："你不让我从宁波入海，我从杭州出发！"

杨应诚是三月底出发的，经过了两个多月的海上漂泊，六月十四日，他们一行人不辱使命，真的抵达了开城，并且受到了高丽国王王楷的热情接待。

杨应诚一看气氛还算不错，就提出了借道攻燕的计划。

王楷是个聪明人，知道其中的厉害，金国正愁没借口收拾高丽，高丽当然不能主动送上门去，于是干脆利落地拒绝了杨应诚的计划："山东还在你们手里，你们为什么不从山东下海去辽东？"

杨应诚一看对方不答应，决定退一步：你要是不帮忙也行，让我们自己走一趟，也熟悉熟悉道路，以观后效。

所以，杨应诚又提了一个要求："那你看这样行不行，你派人给金国打个招呼，说我们要去谈判，然后你借我们二十八匹马，我们自备干粮就行。"

王楷依然不敢答应这个要求，但是自己不好意思当面拒绝，把杨应诚他们安排到驿馆以后，派了自己的门下侍郎傅佾（yì）来跟杨应诚谈。

傅佾的借口，果然跟翟汝文说的一模一样。

他说："我们已经得到情报，金国正在打造战船准备从海路去两浙。如果我们今天给你引路了，明天金国要求我们给他们借道攻击你们，你说，我们是答应还是不答应？"

杨应诚找不到话反驳，只能另辟蹊径，他说："金国又不会水战，怎么可能找你们借道。"

傅佾说："女真人也常年在海上往来，不像你们想的那么弱的。再说了，女真当年臣服于我们，现在天天想着让我们臣服于他们，他们强不强，难道我们还不知道吗？"

杨应诚依然不死心，赖在这里不走。

半个月之后，高丽派了中书侍郎崔洪宰、知枢密院事金富轼来慰问，杨应诚又提出了这个计划。

崔洪宰有些不太耐烦了，说："你们情报都没搞清楚，现在二帝不在哈尔滨，还被关押在燕京呢！"

崔洪宰是骗人的，这时候，徽钦二帝并不在燕京，而是在赶往哈尔滨的路上。一个多月之后，他们就将在哈尔滨接受屈辱的牵羊礼了。

但是杨应诚不知道这个情况，只能无言以对。

更大的羞辱还在后面。一个叫文公仁的官员笑嘻嘻地插话说："十二年前，我曾经代表高丽去开封上贡，当时我就对你们陛下（指徽宗）说过，不要相信金国，你看你们一直不听。"

杨应诚还没来得及消化这种情绪，崔洪宰又补了一刀："你们不要想着和谈了，金国即便是收到你们割让的土地，依然不会把二帝还给你们的。你们是大国，唯一的方法就是厉兵秣马，在战场上把二帝抢回来。"

杨应诚没回答，我估计他想的是：要是能硬碰硬在战场上抢回来，我还需要找你们借道？

就这样，杨应诚一直在高丽待了64天，王楷始终不松口，杨应诚无奈原路回国。

到了九月，赵构始终放不下这个计划，还想再努力一下，于是再派杨应诚从海路去高丽。

这时候，获得了昏德公和重昏侯爵位的徽钦二帝已经按照完颜吴乞买的命令去了韩州，也就是今天的辽宁昌图。

这一次，明白了南宋朝廷意图的王楷连面都没让杨应诚见，直接就把他赶下了海。

得到消息的赵构非常生气，在黄潜善的撺掇下准备派战船北上征伐高丽。

朱胜非一看，本来跟金国作战就焦头烂额了，这货居然还想海陆并进两线作战，赶紧当场否决了这个方案："高丽跟金国接壤，跟我们隔海，拒绝我们也是人之常情。再说了，越海征伐，当年燕京的教训还不够深刻吗？"

至此，赵构总算清醒过来，放弃了这个仁川登陆、直插金国大后方的作战计划。

宋仁宗的经济智囊团，真让人着急

北宋仁宗康定元年（1040年），因为西北的党项人李元昊正式上表称帝，跟北宋政府彻底决裂，宋仁宗开始了对西夏漫长而艰辛的征战。

打仗是要花钱的，除了各种军备之外，士兵们打仗的赏钱也是必不可少的。当时白银虽然是流通货币之一，但是白银的储备并不丰富，发给士兵们的赏钱和军饷还是以铜钱为主。

结果问题就来了，铜钱的面值并不高，士兵们在尸山血海里滚来滚去，身上揣一大包铜钱始终不方便。据《宋史·食货志》记载，陕西转运使张奎、知永兴军范雍就建议，发行大面额的铜钱，一枚当十枚小铜钱，也就是后来钱币市场比较珍贵的"康定元宝"。

这个建议怎么说呢？出发点是好的，仁宗脑袋一拍也答应了，于是相关部门抓紧时间就把大铜钱铸出来并且发行了。

据《宋史·任颛传》记载，大铜钱用了没多久，盐铁判官任颛（zhuān）就发现了一个很神奇的事情。

这帮子人发行大铜钱的时候，根本没考虑过铜的成本问题，一枚大铜钱的重量，只相当于五枚小铜钱的重量。也就是说，民间随便找几个熟练工，将五枚小铜钱熔化之后自己铸大铜钱，不算人工费的话，能够赚一倍。

这个问题把仁宗吓坏了，赶紧让人去做实验。

实验的结果，证实任颛说错了，并不是五枚小铜钱能够铸一枚大铜钱，而是三枚小铜钱就能搞定。并且，民间已经有很多人开始铸造大铜钱赚差价了。

朝廷大惊失色，赶紧将这个大面额的铜钱废止。

所以提醒一下收藏界的朋友，市场上如果出现了"康定元宝"，民间铸造的假币的可能性也很高，当然，依然还是宋代的，还是挺值钱。

大铜钱的经济试验算是以失败告终了，但是赏钱的事情依然没能解决，这依然是困扰仁宗的一个大问题。

很快，还是前文提到的这位天才的经济学家张奎，又提出了一个天才的想法。

这时候，他已经调任河东（可能也是任转运使，资料上不详细），为了帮陛下解决这个大难题，他开始在晋州和泽州两个地方发行大铁钱，同样是以一当十，也就是一枚大铁钱兑换十枚小铜钱，用来给西北筹措军费。

赵奎虽然忠孝感人，但是智商也确实感人。

铁这个玩意儿，在当时可比铜普遍多了，而河东地区的匠人，也比西北要普遍多了。

很快，以河东为中心，周边所有地方都开始出现了假的大铁钱，而此时朝廷已经发行出去了280万缗面值的大铁钱了。

这样的结果，导致河东、关中以及周边邻近地区的经济几近崩溃，然后另一个天才的经济学家又出现了，陕西转运使傅求。傅求看到这种状况，立刻请求玩了一个釜底抽薪的办法，调整大铁钱的面值，将以前的一兑十，断崖式下跌改成了一兑三。

宋仁宗同意了，然后同意的后果就是毫无准备的老百姓倾家荡产，上吊自杀者不计其数，"民出不意，荡产失业，多自经死"。

那么大铁钱后来的结果如何呢？

一兑三都已经止不住这个颓势，陕西的经济已经快要彻底崩盘，民间都已经开始重新流行最原始的"物物交换"的交易方式了，眼看这个社会秩序就要一片混乱了。

没办法，当前最重要的任务已经不是考虑要稳定物价了，而是要考虑怎么杜绝民间自己铸造的大铁钱了。

这时候，朝廷有人开始建议，说干脆就把大铁钱和小铜钱的兑换比例换成一兑一。

据《宋史·陆诜传》记载，这时候，终于出来一个相对靠谱的人，提点陕西刑狱陆诜（shēn），他说："你这个铁钱那么大一枚，你到民间去换一枚铜钱，恕我直言，这玩意儿不考虑它是货币，就单纯地是一个铁块，它也不止一枚铜钱啊。这样的亏本生意，哪个百姓会主动去干。不如改成一兑二，这样可能稍微好一点，做生意的人能够接受，造假币的成本就高了。"

终于，在这样的一番操作下，陕西的伪造大铁钱也慢慢开始退出交易市场，官方发行的大铁钱到庆历、皇祐年间，终于在一兑二的规则下，慢慢恢复了正常流通。

只可怜这些年来，被这些智商欠费的货色们折磨得生不如死的百姓们……

绍兴十五年，赵构和秦桧被哈雷彗星吓得瑟瑟发抖

公元1145年，南宋绍兴十五年。

此时绍兴和议已经完成了三年，岳飞也在大理寺被赐死了三年，赵构和秦桧搭档领衔的南宋王朝算是进入了"暖风熏得游人醉，直把杭州作汴州"的歌舞升平阶段。

这个时候的朝廷局势是这样的。

岳飞被杀了，刘光世病死了，张俊被罢职了，韩世忠赋闲了，中兴四将已经全部消失在权力中央，朝廷主战派已经没有任何实力了。

张浚、赵鼎、万俟卨、孟忠厚、洪皓、朱胜非等跟秦桧合不来的文官，罢的罢、死的死，朝廷基本上已经进入了秦桧的一言堂时代。

深得赵构信任的秦桧恩宠与日俱增，赵构甚至每逢十二月二十五日秦桧生日

的时候，都要在秦桧的宅子里赐宴，以表示自己的信任和宠爱。

甚至秦桧被人称为"圣相"，赵构也毫无猜忌。

这一年的四月初一，赵构在"甲第一区"赐给秦桧的新宅子落成了。

一人之下万人之上的秦桧，精心选择了一个好日子，于四月初三搬入自己的新家。

当天晚上的相府相当热闹，百官都来进贺送礼，赵构也非常恩宠地送上了自己的贺礼，清单如下：

内侍东头供奉官王晋锡带着皇家乐队去奏乐助兴，赏白银一万两，丝绢一万匹，铜钱一万缗，彩绸一千匹，金银器皿和锦绮帐褥六百零八件，鲜花一千四百枝。

场面之大，大家可想而知。

结果这一天，出大事了。据《建炎以来系年要录》记载，当天晚上四更天，东方出现了一颗彗星。

这一颗彗星，就是我们今天熟知的每76年就要出现一次的哈雷彗星。

彗星在历史上一直都不是什么好征兆，而对于秦桧来说，这个征兆更不好。因为上一次天空中出现彗星的那一天，是绍兴二年（1132年）八月二十七日。

而且同样是四更天。

我们不知道秦桧知不知道，他在绍兴二年看到的这一颗彗星跟他在绍兴十五年（1145年）看到的这颗彗星不是同一颗，但是他肯定记得，那一天他遭遇了职业生涯的重大挫折：他在和吕颐浩的政治斗争中失势，被罢相了。

那一次他输得干脆利落，毫无任何机会可言，而且此后进入了一个长达四年的闲置期，极其苦闷。

那一次，不但秦桧被收拾得很惨，连赵构自己都很害怕。

赵构随即开始吃素，并且在两天之后要求臣子们开始自查，看有没有什么做得不好的地方，立刻改正。

这颗彗星一直到九月十七日才消失，在天空中飞行了二十天。

在这二十天里，秦桧反正已经被一撸到底无所谓了，赵构倒是吓得小心翼翼，还在九月四日大赦天下，希望求得上天的原谅。

所以，绍兴十五年（1145年）哈雷彗星出来的时候，两个人都害怕了。

五月八日，哈雷彗星还在天上晃悠着。赵构在万般无奈之下，找来秦桧商量："老秦，这个彗星老是不走，我挺害怕的，你带大家伙儿商量一下，看有什么办法能够搞定它。"

秦桧自己也怕，回答说："太宗、真宗朝出现彗星的时候，都是赶紧把积压的案件全部突击审理完，该判的判，该流的流，不让监狱里再有犯人。"

补充一句，太宗朝端拱二年（989年）的那个彗星，还真是哈雷彗星。

赵构听到这样的回答，马上开始采取行动，当天就下了一个手诏，要办四件事：自己不再到主殿办公；每天的伙食降低标准；给全国老百姓减负；全国各级监狱抓紧时间审案。

到了五月十二日，赵构再下诏书大赦天下，同时警醒文臣武将要兼爱内外、爱惜民力。

这段时间，赵构连自己五月二十一日的生日天申节都过得提心吊胆，接待金国贺使的时候将赐宴活动从主殿垂拱殿安排到了紫宸殿。

等到六月十三日，哈雷彗星终于拖着尾巴消失在天际，赵构才终于松了一口气。

更松了一口气的人是秦桧。

自从彗星出现之后，秦桧一直非常担心。宋王朝因为星变罢相的例子不是没有过，崇宁五年（1106年）二月三日，蔡京就是因为星变从宰相的位置下来的。

秦桧一直担心有人会借机弹劾他，虽然这段时间赵构对他极其恩宠，但是现在和谈已成，他的价值还有多大，他一直在试探。

再加上六月一日，不但天上有彗星，而且还出现了日食，可谓是"凶上加凶"。

在这段时间里，秦桧一直战战兢兢地防备着有人会上疏以彗星和日食为由请求罢相。这种事情，只要有人提，赵构就不得不考虑，哪怕是稍微意思一下让他暂离相位，也会对他的布局产生不可估计的后果。

好在这样的事情并没有出现，赵构也依然力挺他。除了正常的工作沟通之外，赵构还在六月三日去秦桧新家慰问，六月十一日加封了秦桧的夫人、儿媳和三个孙子，算是给秦桧狠狠喂了一把定心丸。

两天以后，彗星消失，秦桧也觉得自己熬过了一劫。

史料上没有记载，这段时间到底有没有胆大的官员上疏请求罢相以顺天命。

但是六月二十四日，秦桧和赵构之间进行了一次非常深刻并且意味深长的谈话。

秦桧对赵构说："士大夫们喜欢横议，对国家大事没有任何好处。"

赵构点头同意说："对对对，靖康之变就是这样。我见过当时士大夫们的奏状，翻来覆去就是李纲党和耿南仲党吵架，没有一个人为国家着想。"

秦桧附和说："靖康之初，金太宗当时给了斡离不很大的自主权，当时要是有人愿意以国事为重，好好处理和斡离不的关系，怎么会闹到这步田地。"

赵构说："是啊，后来的生灵涂炭，都是因此而起的。所以国家大事，必须要有人担当起来。"

秦桧回答："这样的大事，只有英明的陛下才能拿定主意，我们怎么有这样的能力。陛下您做决定，我们唯您马首是瞻就是最好的。"

至此，君臣二人对士大夫的横议问题看法，严重达成了一致，秦桧的一言堂地位，更加坚固了。

你知道，以前两国皇帝要交换一张画像有多麻烦

大辽兴宗重熙二十一年十二月十七日，也就是北宋仁宗皇祐四年（1053年

年初），辽兴宗耶律宗真在上朝的时候突然和大臣们感叹了一句："我和宋朝的皇帝约为兄弟，结盟十年了，双方一直和和气气的没闹什么矛盾。听说这个皇帝挺不错的，我还不知道他长什么样。你们和宋朝的使者说，让他们送一幅画像来吧。"

这一道命令下达之后，大臣们就把这件事情当成一个要事来处理。

十二月五日是辽兴宗的生日应圣节，次年正月初一是正旦，按照两国的外交政策，北宋都是要派使者去辽中京大定府（今内蒙古赤峰宁城县）祝贺的。按理说，辽兴宗下这个命令的时候，正好有北宋的使者在。

但是这帮使者回来没给宋仁宗汇报，他们直接就把这个消息掐断在自己的手中。

原因其实很好理解。

十年之前，也就是庆历二年（大辽重熙十一年，1042年），辽兴宗趁着北宋跟西夏打仗的困境，大兵压境要求北宋割让关南十县给辽国，最后这件事情以仁宗增加岁币十万两、绢十万匹而告终，史称"重熙赠币"。

北宋的使者心里还憋着一肚子火，或者说有一种防备的心理，不知道辽国又要起什么幺蛾子，会不会涉及魔魅之类的巫术要远程加害仁宗。多一事不如少一事，这事儿就当没听过算了。

辽兴宗满怀期待地等，等到重熙二十三年（1054年）年底，北宋的使者来给他祝寿和拜年的使者都来了两轮了，他也始终没有等到仁宗的画像。

辽兴宗心说，宋朝的画师哪怕是再有拖延症，也不至于拖这么久啊。他心里已经隐隐意识到，可能是仁宗对他还有那么一点点不信任。

没什么，他就用自己的诚意来打动仁宗吧。

到了重熙二十四年（1055年）年初，他再派了使者带着自己和辽景宗、辽圣宗三代皇帝的画像去开封，利用四月十四日仁宗生日乾元节的机会，换一张仁宗的画像回来。

仁宗看到这个阵势，心里有点害怕。

辽兴宗太热情了，其中到底有没有阴谋，他心里根本没底，再说，他也不知道对方送过来的三张画像到底是不是真的，万一对方拿自己的画像过去做魇魅，大宋这边能不能反制都说不准。

于是，仁宗就把这件事情含含糊糊地糊弄过去了。

但是他不知道，辽兴宗留了一手。

前来祝寿的使者里面，有一个叫耶律裹（niǎo）履的宗室，别的能耐一般，画画倒是辽国的一把好手，甚至因为画辽圣宗的画像画得好减免了死罪。

耶律裹履来到开封以后，赶上仁宗赐宴。他的座位不太好，和仁宗之间隔着装饰用的鲜花，但是他硬是在花瓣间的缝隙中记住了仁宗的长相。

回程路上，他就开始画仁宗的画像，等到离开北宋边界的时候，他拿出画像给北宋钱行的官员看，官员大惊失色："这也画得太像了吧！"

据《辽史·耶律裹履传》，耶律裹履将画像带回了辽国。

非常遗憾的是，我们不知道辽兴宗有没有见到这幅画，因为辽兴宗五月就出发去秋山游猎，八月病逝，一直没有回中京。

辽兴宗去世以后，辽道宗耶律洪基继位，不知道为什么，他也一直念念不忘跟仁宗交换画像的事情。毕竟，耶律裹履带回来的画像，虽然很像，但是只能算是"偷拍"，不正式。

辽道宗清宁三年（仁宗嘉祐二年，1057年）三月，辽国利用给仁宗祝寿的机会，再派使者耶律防来求仁宗的画像。

对方如此执着，仁宗也不好意思再糊弄了，于是就让负责接待的御史中丞张昪（biàn）去跟使者说："要我的画像也可以，我和兴宗是兄弟，现在你们的皇帝算是我的侄儿，辈分礼节不能乱，你们先把皇帝的画像送过来，我就给你。"

耶律防大喜过望，回国之后立刻就向辽道宗汇报了这件事，辽道宗也毫不迟疑地派了使者带着自己的画像，在当年的九月赶到了开封。

请注意，九月不是一个派使者的常规时间，这帮人过来，是专门送画像的，诚意简直到了让仁宗无法拒绝的地步。

仁宗答应了。

辽道宗清宁四年（仁宗嘉祐三年、公元1058年）正月初二，宋仁宗的画像被送到了辽道宗的手里。这一桩交换画像的外交工作，历经四年终于完成，而最初提出要求的辽兴宗，已经去世两年多了……

1127 年中秋的一道诏书，引出一个神仙故事

建炎元年（1127年）八月十五，中秋。

据《建炎以来系年要录》记载，这一天，登基才三个多月的赵构没有放中秋假，他在南京应天府（今河南商丘市）发了一道诏书给留守开封的宗泽，让他送一个人过来。

这个人叫谯定，是涪陵人（今重庆涪陵区），被后世称为巴蜀理学之涪陵学派的开创者。

谯定所学很杂，少年的时候学佛，后来又学儒，然后又学易，哲宗元祐年间游学到了开封之后，听说程颐在洛阳讲课，于是西奔洛阳求学。

谯定一学就上瘾了，抛弃了自己以前所有的学说，开始全心全意跟着程颐学理学。

到了绍圣四年（1097年），程颐因为入籍元祐党被发配到涪陵监视居住，谯定也决定跟着老师一起回到家乡，一边陪老师一边学习。

他们学习和讲课的地方，就被涪陵人称之为"读易洞"，后来改名为"点易洞"，再后来变成了今天依然存在的"周易园"。

谯定在四川又待了20多年，然后来到了风云变幻的靖康初年。

这时候的皇帝，已经从哲宗变成了徽宗再变成了钦宗。钦宗登基没多久，就到处寻访能人，时任御史中丞吕好问就推荐了谯定。

接到诏书的谯定来到了开封，担任崇政殿说书。

但是在接受面试的时候，谯定的观点和大臣产生了冲突。心高气傲的谯定接受不了这样的批评，还没上任就辞职不干，留在开封当了一个平民。

当然，他这样满腹经纶的人是肯定不会沿街乞讨的，虽然是乱世，依然有热爱学习的士人对他进行爱的供养。

运气非常好的是，谯定在靖康二年（1127年）的那场大劫难之中活了下来。

赵构登基以后，也学着自己的大哥钦宗到处挖人，推荐谯定的人，是尚书右丞许翰。

接到诏书的谯定决定去应天府见新皇帝，实现自己的满腔抱负。

但是谯定运气不好，赵构八月十五日发了诏书之后，九月二十七日就南下去扬州躲避金兵，放弃了中原地区。

那时候的通信极不畅通，很有可能谯定接到命令的时候，赵构已经不在应天府了。

但是谯定不知道，在应天府扑空之后只好跟随着逃难的大部队，一直南下去了扬州。

到了扬州之后，一片混乱的赵构根本顾不上他，谯定只好住在一个客栈里，穷得叮当响，也不知道是讲学还是卖字，就这么苦熬到了建炎二年年底（约1129年初），终于等到了赵构的召见通知。

但是，他的运气依然不好，还没等到跟赵构见面，金兵就攻到了扬州，赵构在建炎三年（1129年）二月三日仓皇过江逃走。

谯定又失去了一次实现抱负的机会。

非常神奇的是，跟靖康二年（1127年）开封那次死里逃生一样，谯定又逃过了死亡数十万人的扬州大劫。

不过，经过这次挫折以后，他再也没有了当官的心思，转身回到了四川。

回到家乡的谯定并没有继续留在涪陵，而是继续西行到了青城大面山（位于今四川都江堰市，后来改名为赵公山，现在依然在），在这里隐居了下来。

说是隐居，其实也不算特别隐，至少周围的百姓和官员都知道他。

谯定有文化、有师承、精通佛道儒，在都城混过，见过各种各样的大官，还跟皇帝聊过，这样的人自然会受到乡民的崇拜。

说句不好听的，如果他再给大家伙算算命、测测字什么的，那也是手到擒来的事情。

所以，谯定在都江堰这片创出了很大的名声，大家都不敢称呼他的名字，称之为"谯夫子"，就连他居住的地方，也被称为"谯岩"。

谯定在大面山生活了很多年，具体多少年没人知道，什么时候死的也没人知道。

有史料说他出生于仁宗天圣元年（1023年），那么他到大面山隐居的时候，也是100多岁的高龄了。

我觉得这个数据可能颇有几分夸大，因为赵构和他的大哥钦宗大概率不会下诏书去召一个100多岁的老头儿来当官，这个百岁老头也没那么强的能力从应天府一路追踪到扬州，再独自回到四川。

但是他把自己打扮得仙风道骨，再弄得神出鬼没一点，也是极有可能的。

所以，都江堰这一片的百姓都对他非常尊重，樵夫、牧童、沈乌贼这类经常参加越野活动的人群，倒是偶尔有撞见过他的，回来都纷纷说自己见到了谯神仙。

这些见闻一直流传到了孝宗淳熙年间，算起来谯定都150多岁了，还有人见过他。

这个事情，终于惊动了一个后来名垂青史的大人物。

这个人就是陆游。

陆游从乾道八年（1172年）被任命为成都府路安抚司参议官，到淳熙三年（1176年）离开四川，因为公务不太繁忙，所以开启了四川的深度旅游之旅。

成都离都江堰很近，陆游也听说了谯定的神仙传说，于是决定自己也去找一找。

当然没找到，但是却给陆游提供了一个写诗的素材。

这首诗是这样的：

> 寄谢谯夫子，今年一出无。
>
> 万缘随梦断，百念与形枯。
>
> 云护巢松谷，神呵煅药炉。
>
> 凭高应念我，白首学征租。

从"今年一出无"这句话我们可以看出来，当地依然有传说，谯夫子曾经在大面山开炉炼妖，时不时就要出来现形一下。

当然，陆游自己也发了一个牢骚，说自己头发都白了，还要去学征税这样的具体事务。

陆游在这首诗的题记里，介绍了谯定的生平，说他已经130多岁了（跟前文有些误差），住在山上一个非常险峻的地方，每隔几年才出来一次。

并且，谯定并不是一个人在这里隐居，他还有一个小伙伴，不是，是老伙伴。

这个伙伴更加有名，名叫姚平仲。

姚平仲是西北名将姚古的养子，靖康二年（1127年）正月十三日驰援开封，随后在二月一日深夜突袭金国大营，想要活捉金军统帅斡离不，逼他们退兵。

但是这次偷袭失败了，姚平仲随后不知所踪。

但是这次偷袭犯了一个大忌讳，当时康王赵构正在金营当人质，这次偷袭差点害死了赵构。

所以，姚平仲后来也不敢去赵构的朝廷任职，就这么在大面山跟着谯定一起当神仙。

陆游也知道这件事，所以这一次拜山，他写了两首诗，另一首就是写姚平仲的。

> 太尉关河杰，飞腾亦遇时。
>
> 中原方荡覆，大计易差池。
>
> 素壁龙蛇字，空山熊豹姿。

烟云千万叠，求访固难知。

在题记里面，陆游也说了姚平仲的经历，说他劫营失败以后，骑着骏马逃走。建炎初年赵构召他去当观察使，但是他出于种种考虑拒绝了这个征召（换我我也拒绝），然后逃到了都江堰。

一直到淳熙初（1174—1175年），还有人在大面山的丈人观道院见过他，这时候姚平仲已经年近90，留了一把紫色的长胡子，相当有范儿。

遗憾的是，陆游也没见到姚平仲，只能遗憾地欣赏了一下姚平仲留下的书法，转身离去。

至于姚平仲什么时候死的，也没人知道了⋯⋯

毕竟是神仙嘛。

一个北宋降将，差点搞垮西夏

北宋靖康元年（1126年）九月，也就是金国的西路军统帅粘罕攻破太原的那一个月，在西北发生了一场规模很小的战斗。一直在谋求扩大领土的西夏崇宗李乾顺趁着北宋朝廷自顾不暇，出兵围攻今宁夏海原县西北的西安州。

围城没多久，西安州的守军就在通判任得敬的带领下投降了西夏，于是就被西夏任命为代理知州。

这一场战斗，在《宋史·钦宗本纪》里面只有一句话："是月，夏人陷西安州。"

没有人能想到，这么一场一笔带过的战斗，会在今后的几十年里影响西夏的政局如此之深，而这一切，都是因为这个降将任得敬。

任得敬的籍贯不详、履历不详、岁数不详，但是既然他在北宋堪称繁华鼎盛的徽宗朝都只是这么偏远一个小州的通判，很明显混得不怎么样。

但是就这么一个混得不怎么样的人，在西夏从政期间却表现出了极其强大的钻营本领，处处讨好西夏贵族，渐渐开始风生水起。

据《西夏史稿》和《西夏书事》记载，南宋绍兴七年（1137年），任得敬把自己17岁的女儿任氏献给了54岁的李乾顺。

任氏颜值极高，而且出身汉人家庭，知书达理，非常讨李乾顺的喜欢。李乾顺的皇后耶律南仙（契丹成安公主）在1125年自尽以后，李乾顺一直没有重新册立皇后，于是任得敬看到了这个天大的机会，他开始充分发挥自己的人脉，找到西夏的宗室和权臣去说好话，终于在1137年的八月，成功将自己的女儿扶上了皇后的宝座。

任得敬一跃而成西夏的国丈，迈出了自己在西夏政坛最重要的一步。

任氏当了皇后没两年，1139年，李乾顺去世，将自己的皇位传给了16岁的儿子李仁孝，也就是后来的夏仁宗。

李仁孝并不是任皇后的儿子，但是他的母亲早逝，所以任皇后作为先帝唯一的皇后，自然而然地成了太后。

任得敬的职位和地位也开始水涨船高。

但是任得敬知道，单凭"外戚"这个身份，还不足以让他朝着更高的位置攀登。在接下来的几年里，他开始展示自己的军事才能。

1140年，他主动申请带兵平定了夏州（今陕西靖边和内蒙交界处）的叛乱；1143年，他平定了威州（今宁夏同心县）、定州（今宁夏平罗县）的叛乱。

这三场大胜让他积累了足够的政治资本，1147年，他尝试着进入西夏的中央政府工作，但是被当时的御史大夫热辣公济弹劾，未能成行。

不过任得敬并没有气馁，他继续利用自己女儿任太后的影响力，以及自己的权贵圈子不断给李仁孝施压，终于在1149年成功地以外戚身份担任了尚书令。

1156年，任得敬在投降西夏整整30年之后，终于如愿以偿地当上了西夏的国相，成为一人之下万人之上的重臣。

随后，任得敬将自己的弟弟任得聪任命为主管兵权的殿前太尉，另一个弟弟任得恭任命为首都兴庆府的府尹，任氏兄弟一门正式掌控了西夏的朝政。

权倾朝野的任得敬已经开始不满足于只当一个国相了。

1160年，任得敬逼迫李仁孝封他为楚王，然后把自己的族弟任得仁封为南院宣徽使、侄儿任纯忠封为枢密副都承旨，开始一步一步地蚕食西夏的政坛。

1165年，任得敬眼看自己已经羽翼丰满，开始准备跟李仁孝分庭抗礼。他征调了大批民夫去黄河东岸的灵州（今宁夏灵武市）筑城，并且把当地的监军司官衙改成了自己的宫殿。

是的，明目张胆地改为宫殿。

要知道，灵武是当年西夏太祖李继迁最早设立的都城，在这里修宫殿，意味已经非常明显了。

此时，西夏朝廷已经对他无可奈何了，只能眼睁睁地看着他一步一步做大做强、再创辉煌。

任得敬非常清楚，李仁孝虽然很好对付，但是李仁孝的后台金国不好对付。这时候，他想到了自己曾经的"大宋子民"的身份，准备跟南宋建立关系，获取赵构的帮助。

1167年五月，他派人绕道吐蕃进入四川，给四川宣抚使虞允文送来一封蜡丸密信，相约夹击吐蕃。虞允文这么聪明的一个人，当然知道任得敬的目的并不是雪域高原上的吐蕃，而是贺兰山下的西夏，于是就给他回了一封蜡丸，同意了与他勾结。

但是没想到的是，虞允文送过去的蜡丸被李仁孝截获了。鉴于信里写的都是关于吐蕃的事情，李仁孝也没什么直接借口去跟金国告状，这事就这么搁置了下来。

但是李仁孝对任得敬的戒心越来越强了。

任得敬也意识到了这个问题，他决定试探一下金国的口风。

1167年，任得敬生了一场并不严重的病，他借口西夏的医疗条件一般，趁着西夏派人去金国贺新年的机会，去请求金国提供医疗援助。

金世宗于是派了御医王师道去给任得敬治病，出发之前是这么交代的："这人不是什么善茬，治不好就放弃治疗，治得好就给他治一下，但是一个月之内必须回来。"

这点小病当然很快就被王师道治好了，于是任得敬在第二年派了自己的弟弟任得聪去谢恩、送礼物。结果金世宗回答说："你的身份不应该直接谢恩，要谢恩也是你们皇帝来谢，你把谢表和礼物拿回去。"

经过这一番试探，任得敬知道自己在金国皇帝心中的分量还不够重，这也让他产生了一种深深的危机感。

1169年，西夏朝廷发生了一件让任得敬有些恐慌的事情——他的女儿任太后驾崩了，也就是说，他在朝廷最大的靠山没有了。这让任得敬加紧了夺权的步伐。

1170年，任得敬决定殊死一搏。他假冒李仁孝的名义给金国上表，说西夏愿意将西南路和灵州等地分给任得敬自立为国，请金国承认。

他准备一拿到金国的确认函之后就去跟李仁孝摊牌，要求和李仁孝平起平坐，甚至计划今后把李仁孝赶到甘肃敦煌、瓜州一带，自己独立占据银川。

拿到奏报的金世宗有点迷糊，问大臣们的意见，尚书令李石等人说："他们的内政，我们干涉什么，再说了，他们越分裂，我们越安全。"

但是这个意见被金世宗否了："一个皇帝怎么可能无缘无故把土地分一半给大臣，我觉得这事儿有点蹊跷。我好歹也是四海之主（他真没吹牛），如果不能照顾好小兄弟，今后还怎么立威。不行，这事儿不能贸然答应。"

于是，在金世宗的坚持下，金国退回了任得敬的申请和礼物，并且给李仁孝写了一封信，说："你们夏国的土地是我大金赐给你爹李乾顺的，你不好好守着，为什么要分给你的臣子？是不是有什么难言之隐啊，你派个人过来好好跟我汇报一下，我为你做主。"

收到这封信之后的李仁孝大惊失色，平时尊重任得敬让他一人之下万人之上也就够了，想不到他还不满足，要分裂自己的土地自己当皇帝。

正好太后也死了，加上宗主国也支持，46岁的李仁孝毫无顾忌，迸发出了无比的英勇，联和宗室李仁友先是趁着任得敬在灵州的机会诱捕了任得聪和任得仁，然后又在八月的最后一天（不知道是二十九还是三十）把任得敬骗过来，干净利落地处死。

权倾朝野的任得敬就这么败在了李仁孝的手中，几无还手之力。

不过，一个北宋降将，用30年的时间登上国相的位置，然后把持朝政14年，几乎颠覆了西夏的政权，也算是一个传奇人物了。

死要面子的辽兴宗

1044年，也就是北宋仁宗庆历四年、辽兴宗重熙十三年，辽兴宗耶律宗真几经权衡，一气之下做了一个决定：他要亲率十万大军西征，给西夏的李元昊一点颜色看看。

耶律宗真之所以要这么干，是因为他觉得自己很没有面子。

当时的局势是这样的，李元昊在宝元二年（1039年）给北宋朝廷送来一封信，表示自己不再愿意当北宋的藩属，正式称帝。

北宋这些年来为了确保西夏不扰边，在他们身上花了不少精力和金钱，现在一看李元昊翅膀硬了想要单飞，心里当然不乐意。

不乐意就只有兵戎相见。

但是谁知道李元昊的党项军队战斗力实在是超群，连续取得了三川口、好水川、定川砦（同寨）三场大战役的胜利，把宋仁宗为首的北宋朝廷都打蒙了，宰相吕夷简都吓得感叹说："一战不及一战，可骇也！"

宋军将仗打成这样，北边的契丹终于看到了可乘之机。

1042年，耶律宗真派了使者刘六符来开封趁火打劫，要求北宋朝廷将太原和关南十县还给契丹。

解释一下，这是宋辽之间的一个历史遗留问题。关南十县，也就是瓦桥关以前的十个县，本来是石敬瑭当初割让给契丹的"幽云十六州"的一部分，后来被周世宗柴荣北伐的时候抢走了。契丹觉得这是辽国的土地，北宋觉得他们继承了后周的政权那就应该是北宋的土地，澶渊之盟的时候北宋占据主动，所以就把关南十县从法理上拿回来了。

至于太原，北宋建立之初是北汉的地盘，北汉是契丹的藩属国，后来被赵光义灭了之后才把太原收归北宋版图的，契丹心里也一直不乐意。

现在看见北宋被李元昊揍得鼻青脸肿的，耶律宗真觉得机会来了，于是陈兵幽州，摆出一副南侵的样子，逼着宋仁宗割地。

宋仁宗当然不愿意遭受两面受敌的局面，只好派富弼去谈判，谈的结果是北宋增加十万两白银、十万匹绢的岁币，土地的问题就再也不提了。

这件事，在历史上称之为"庆历增币"或者"重熙增币"。

拿到钱的耶律宗真很开心，再加上辽国和西夏的关系一向比较好，李元昊的老婆都是辽国的公主（假公主，宗室女儿），耶律宗真就决定充一回老大哥，来替西夏和北宋两个小老弟调停调停。

毕竟，辽国一直都是以大国自居的。

1043年，耶律宗真派人去通知李元昊："好了好了，差不多就得了，你不要跟宋朝打仗了。"

但是谁知道李元昊这时候膨胀了，而且对耶律宗真这种行为非常不满："怎么着，你在宋朝拿到钱了，但是我还没拿到啊，你不分给我钱就算了，现在还来充大哥，上下嘴皮一碰就要我收手，凭什么？"

于是李元昊就不干。

耶律宗真说："你这样让我很难办啊？"

李元昊一听这话，抽出一根烟叼到嘴里，站起来就把桌子掀了，说："难办？那就别办了！"

　　场面闹到这个程度，太不给大国面子了，耶律宗真实在是下不来台了，于是就出现了本文开头的一幕，御驾亲征。

　　但是耶律宗真没想到的是，李元昊实在是太狡猾了，他充分利用了自己的半沙漠半草原地形，硬生生把辽军拖入了人困马乏的绝境，然后利用一场大风沙将耶律宗真打得惨败，耶律宗真最后是带着几十个贴身侍卫才逃回了辽中京。

　　回国之后的耶律宗真越想越觉得丢面子。

　　他一直觉得自己是宋夏两国的老大哥，现在两个小老弟干架了，他气宇轩昂地去调停，调停不成就亲自出马去教训这个不听话的李元昊，谁知道反被李元昊给打得丢盔弃甲的，简直是奇耻大辱。

　　怎么办？今后还在不在道上混了？

　　想来想去，耶律宗真决定绷面子绷到底，他想："反正也没有现场直播，宋朝也不知道我到底打没打赢，我说赢了就是赢了呗。"

　　据《宋会要辑稿》记载，耶律宗真派人在第二年的二月，自掏腰包给宋仁宗送来了"战利品"：三百匹马、两万头羊，以及九龙车一辆。

　　然后通报了对夏作战的胜利，希望赵家小老弟放心，他已经摆平了李元昊。

　　然而，耶律宗真不知道的是，在此之前，李元昊就已经派人给开封送来了真实的战报和真正的战利品。

　　契丹大国自掏腰包绷面子的戏，穿帮了。

岳飞的部队，为什么敢叫"岳家军"

　　每次说到岳飞之死，总是有人说："军队都是皇帝的，岳飞一个带兵的敢把自己的军队叫'岳家军'，这是找死啊。"

但是事实上，叫"岳家军"在当时并不犯忌讳，当然也不会成为赵构对岳飞下杀手的原因。

这件事的根源，要从宋太祖赵匡胤杯酒释兵权开始。

赵匡胤在960年建宋之后，非常清晰地认识到一个问题：他是怎么从柴家夺取皇位的，他的手下就能怎么从赵家手中夺取皇位。

为了避免这种情况发生，他从第二年开始，将手下这些能征善战的武将们的兵权都解除，给他们高官厚禄，让他们和皇家联姻，以此来确保自己政权的稳定性。

但是这时候大宋王朝刚刚建立，周边强敌环绕，不留武将打仗是不行的。所以，他曾经想过走回老路，提拔一个自己最信得过的人来掌管军队，比如符彦卿，但是这个提议被赵普无情否决了。

赵匡胤还想做最后的努力，他说："我对符彦卿那么好，他怎么忍心背叛我？"

据《宋史·赵普传》记载，赵普一句话就说服了赵匡胤："周世宗对您不好吗？"

于是，赵匡胤换了一个思路，用另一套模式来解决这个问题。这个模式有三点：

第一，大型军事活动的指挥权收归中央政府，镇边的武将们除了应对突袭的时候具备有限的军事权之外，不得擅自调动任何部队参战或者换防；

第二，设立更戍法，部队不定期、无规律换防，平时将领只负责训练军队，打仗的时候再给你派一支军队，兵不知将、将不知兵，想造反你就不知道怎么下手；

第三，以前节度使在自己的辖区内享受最高决策权，基本上等同于小一号的皇帝，现在节度使变成一个荣誉称号，辖区内文官负责行政权和司法权，转运使负责经济权。

这样一来，赵匡胤以牺牲军队战斗力为代价，确保自己政权不会遭遇武将叛乱的危险。事实上，整个北宋一朝，这方面的效果是非常明显的，没有任何武将能够对中央政权产生威胁。

但是这套体系对军队战斗力的削弱越来越严重，以至于到了北宋末年，宋军在和辽国、金国的作战中战绩一塌糊涂。

唯一有点儿例外的就是西北的军队，因为这些部队近百年来一直都在和西夏作战，不管是训练还是战斗都保持了相当的延续性，他们算是北宋军队中的佼佼者。

北宋灭亡之后，南宋政权虽然从政治制度方面算是延续了北宋，但是在军事制度上，南宋政权在悄悄发生变化。

朝廷稍微有点儿远见的人都认识到，如果还是继续沿用北宋的军事制度，他们永远打不赢如狼似虎的金国，刚刚建立起来的南宋政权极有可能被扼杀在摇篮里。

建炎三年（1129年）三月三日，也就是导致赵构失去生育能力的扬州溃逃之后的一个月，张浚、张虞卿（张齐贤的后人）等二十人上疏说："以现在的局势来看，只有在长江以北的区域重新恢复藩镇制，才能够抵抗金兵的进攻了。"

朱胜任也建议："如果陛下担心藩镇制后果太严重的话，可以采用'一国两制'的方案来进行，在淮河以北设立特区，用藩镇制；在淮河以南还是采用郡县制。"

这个建议非常合赵构的胃口，但是并没有来得及执行，因为两天以后就发生了"苗刘兵变"，赵构被迫退位。

虽然赵构经历了这一次武将叛乱的大风波，但是金兵强大的压迫力，让他不得不开始朝着藩镇制的方向进行妥协。

一年之后的建炎四年五月三日，范宗尹建议说："当年太祖收兵权取消藩镇，朝廷安全了一百五十年，确实是非常好的办法。但是现在国家多难，四方的守将被捆住了手脚，导致战斗力大为减弱，不如把河南、江北的几十个州划出来重设藩镇，先挡住金国再说啊？"

这个建议在朝廷里引起了很大的争议，但是范宗尹又补充了一句："现在全国上下占地为王的盗贼不下十处，已经隐隐然有藩镇的格局了。与其让这些人成气候，不如朝廷自己来设藩镇，该招抚的招抚，该剿灭的剿灭，还能拱卫王室，天下归心。"

这番话果然打动了赵构，他决定按照这个方式执行。

半个月之后的五月二十三日，得寸进尺的范宗尹又提出："设立藩镇之后，虽然帅臣有了军事权、行政权、人事权，但是如果不能世袭的话，他们的斗志还是不高啊。"

但是世袭问题触碰到了赵构的底线，他坚决反对说："不可能让他们世袭，除非有了大功劳，朝廷才可以赏赐给他们世袭的权利。"

于是，在这样的思想指导下，南宋政权开始慢慢放开武将的权力，终于开始涌现出韩世忠、刘光世、张俊、岳飞、吴玠、吴璘、杨存中等能够独当一面的名将，而正是这些人利用自己对军队的熟悉程度和指挥效率跟金兵抗衡，扭转了从北宋末年到南宋初年的颓势，最终为赵构赢得了绍兴和议的机会。

这些武将们再也没有执行赵匡胤定下的"更戍法"，不用换防、不用由朝廷分配军队，自己训练自己的手下，打仗的时候带着自己熟悉的士兵去作战，将兵之间彼此熟悉，战斗力自然提升得很快。

在这段时间里，武将们的权力之大，连文官们都有些担心了。

比如绍兴六年（1136年）二月十日，赵构就将岳飞镇守的襄阳府路改名为京西南路，把唐州、邓州、随州、郢州、金州、均州、房州、信阳军等地全部划给了岳飞，并且给了他极大的人事权，知州、通判以下的所有官员允许岳飞自行任免。

绍兴十年（1140年）闰六月十八日，王之道就上疏专门说到了这一点："今日之兵，分隶张俊者则曰张家军，分隶岳飞者则曰岳家军，分隶杨沂中者则曰杨家军，分隶韩世忠者则曰韩家军……"

也就是说，那时候所有的大将手下的军队，都被冠以了自家军的称号，并不是岳飞一个人这么叫，这在朝廷已经是一个极其普遍的现象。

当然，赵构当然知道这样的情况不能持续，绍兴十一年（1141年）四月二十四日，他和金国的和谈进入到一个实质性的阶段之后，他就非常果断地学习赵匡胤的做法，将韩世忠、张俊、岳飞的兵权罢免，从实质上解决了藩镇的问题。

当然，唯一留了一个特例——西北的吴家。

这些年来，吴玠、吴璘、吴拱三兄弟（没写错，是兄弟）在西北战功卓著，符合赵构在建炎四年（1130年）说的"有大功可以世袭"的方针，并且以当时的局面来看，也只有吴家才能守得住川陕大后方。

事实证明，就是这个地区的藩镇后来出了问题，开禧二年（1206年），吴璘的孙子吴曦勾结金国叛宋，直接导致了宋宁宗的开禧北伐刚一开头就不得不收尾。

最后来几句总结陈词：

第一，岳飞的部队叫"岳家军"，并不是他不懂事、嚣张，而是朝廷当时的军事政策如此，几乎所有的部队都这样，岳飞一点都不特殊；

第二，南宋初期的确在某种程度上恢复过藩镇制，但仅仅是作为战时的特殊政策，绍兴和议开始进行之后就立刻取消了；

第三，事实证明，藩镇制的战斗力，的确强于更戍法，但是皇家为了自身安全，不得不自废武功。